21世纪高职高专系列规划教材

旅游经济学

主 编 丁 侃

副主编 吕 敏

参 编 闫来英 严宽荣

西南师范大学出版社

内容提要

本教材根据现代市场经济理论和西方经济学的理论与方法，在充分吸收和借鉴旅游学研究最新成果的基础上，运用多学科的知识和方法，较为全面系统地阐述了旅游经济学的基本理论和方法。全书主要内容包括：旅游经济学概述、旅游经济活动、旅游产品、旅游需求与供给、旅游市场及开拓、旅游价格及策略、旅游消费及效果、旅游收入及分配、旅游投资决策与评价、旅游经济效益与评价、旅游经济管理、旅游经济发展战略等。

本书融理论与实践于一体，既有定性的理论研究，又有定量的实证分析，从而具有较强的理论性、科学性、系统性和应用性。本教材不仅可用于广大高等院校旅游管理专业及相关专业师生的教科书，也可作为高等职业教育和自学考试的专业教材，而且对于从事旅游经济研究、旅游产业管理、旅游市场营销、旅游经济分析等方面的人员也具有重要的参考价值。

图书在版编目（CIP）数据

旅游经济学/丁侃主编．—重庆：西南师范大学出版社，
2008.11（2009．2 再版）
ISBN 978-7-5621-4322-2

Ⅰ．旅…　Ⅱ．丁…　Ⅲ．旅游经济学—高等学校：技术学校—教材
Ⅳ．F590

中国版本图书馆 CIP 数据核字（2008）第 170170 号

21 世纪高职高专系列规划教材
旅游经济学

主　　编： 丁　侃
副 主 编： 吕　敏
策　　划： 周安平　卢　旭
责任编辑： 钟小族
特约编辑： 杜有珍
封面设计： 辉煌时代
出版发行： 西南师范大学出版社
地址：重庆市北碚区天生路 1 号
邮编：400715　市场营销部电话：023－68868624
网址：http：www.xscbs.com
经　　销： 全国新华书店
印　　刷： 重庆华林天美印务有限公司
开　　本： 787mm×1092mm　1/16
印　　张： 12.75
字　　数： 281 千
版　　次： 2009 年 2 月　第 2 版
印　　次： 2009 年 2 月　第 1 次印刷
书　　号： ISBN 978－7－5621－4322－2

定　　价： 20.50 元

编写说明

作为高等教育的重要组成部分，高等职业教育是以培养具有一定理论知识和较强实践能力，面向生产、面向服务和管理第一线职业岗位的实用型、技能型专门人才为目的的职业技术教育，是职业技术教育的高等阶段。目前，高等职业教育教学改革已经从专业建设、课程建设延伸到了教材建设层面。根据国家教育部关于要求发展高等职业技术教育，培养职业技术人才的大纲要求，我们组织编写了这套《21世纪高职高专系列规划教材》。本系列教材坚持以就业为导向，以能力为本位，以服务学生职业生涯发展为目标的指导思想，以与专业建设、课程建设、人才培养模式同步配套作为编写原则。

从专业建设角度，相对于普通高等教育的“学科性专业”，高等职业教育属于“技术性专业”。技术性专业的知识往往由与高新技术工作相关联的那些学科中的有关知识所构成，这种知识必须具有职业技术岗位的有效性、综合性和发展性。本套教材不但追求学科上的完整性、系统性和逻辑性，而且突出知识的实用性、综合性，把职业岗位所需要的知识和实践能力的培养融会于教材之中。

从课程建设角度，现有的高等职业教育教材从教育内容上需要改变“重理论轻实践”、“重原理轻案例”，教学方法上则需要改变“重传授轻参与”、“重课堂轻现场”，考核评价上则需改变“重知识的记忆轻能力的掌握”、“重终结性的考试轻形成性考核”的倾向。针对这些情况，本套教材力求在整体教材内容体系以及具体教学方法指导、练习与思考等栏目中融入足够的实训内容，加强实践性教学环节，注重案例教学，注重能力的培养，使职业能力的培养贯穿于教学的全过程。同时，使公共基础类教材突出职业化，强调通用能力、关键能力的培养，以推动学生综合素质的提高。

从人才培养模式角度，高等职业教育人才的培养模式的主要形式是产学结合、工学交替。因此，本教材为了满足有学就有练、学完就能练、边学边练的实际要求，纳入新技术引用、生产案例介绍等来满足师生教学需要。同时，为了适应学生将来因为岗位或职业的变动而需要不断学习的情况，教材的编写注重采用新知识、新工艺、新方法、新标准，同时注重对学生创造能力和自我学习能力的培养，力争实现学生毕业与就业上岗的零距离。

为了更好地落实指导思想和编写原则，本套教材的编写者既有一定的教学经验、懂得教学规律，又有较强的实践技能。同时，我们还聘请生产一线的技术专家来审稿，保证教材的实用性、先进性、技术性。总之，该套教材是所有参与编写者辛勤劳作和不懈努力的成果，希望本套教材能为职业教育的提高和发展做出贡献。

这就是我们编写这套教材的初衷。

目　录

第一章　旅游经济学概述

本章作为旅游经济学的概述，主要阐明旅游经济学的学科特征、研究对象、研究内容和研究方法。通过本章的学习，我们可以从总体上掌握旅游经济学理论体系的结构，分析旅游经济学与其他有关学科之间的关系。

第一节　旅游经济学的学科特征

一、旅游经济活动的由来

19 世纪上半叶，随着资本主义登上历史舞台，商品经济迅速发展，全球市场逐步形成，社会生产力大幅度提高，产生了一大批新兴资产阶级，他们有足够的财富与闲暇时间，可以经常外出旅游，因而成为当时商务旅游和度假旅游的主要推动者和组成者。由此，旅游经济活动的需求要素基本形成。

作为旅游经济活动另一要素的旅游供给，在英国产业革命和世界经济浪潮的推动下，以前所未有的速度发展。欧美一些国家，兴起了专门为满足游客需要、以获取利润为目的旅游经营行业，如餐饮业、旅馆业、交通运输业等，它们构成了最初的旅游供给体系。对旅游发展有决定意义的组织形式——旅行社则创建于 19 世纪中叶。旅行社作为旅游供给体系中的核心成员，将各自独立存在的旅游双方连接起来，旅游活动开始呈现有组织、有计划的特点，旅游产业的进一步演进成为可能的。

旅游经济活动是在旅游活动和商品经济发展到一定程度时萌生的，是在旅游供给与旅游需求的相互运动中完成的。可以设想，旅游者在外出旅游的过程中会不可避免地产生各种各样的需要，具体包括食、住、行、游、购、娱等，这必然会形成相当程度的商品与货币交换关系。首先，旅游者为满足旅游活动中的各种需要，必须支付一定数量的货币购买旅游产品，而旅游供给者则要投入大量的资金和人力，用来开发旅游资源，建造旅游设施，组织旅游服务，然后才能将旅游产品按一定的价格出售给旅游者。旅游供给与旅游需求的交换以价值为基础，以价格的形式在旅游市场上实现。由此可见，旅游经济活动是商品经济发展的结果，它本质上反映了旅游需求者与旅游供给者之间通过商品交换发生的经济联系，是这些联系所产生的经济现象和经济关系的总和。

通过商品交换关系进行的旅游活动，就是旅游经济活动。随着世界范围内旅游活动的兴起，参与旅游活动的人越来越多，旅游者的活动范围不断扩大，旅游活动中的商品交换关系不断拓展，旅游业也将逐渐成为世界上最大的产业。

二、国内外对旅游经济的研究

旅游经济的研究是在旅游活动发展的基础上，随着旅游经济活动由国内向国外、由区域向世界范围的扩展而逐步深入的。在一个半世纪的时间内，不少专家、学者、政府机构人士和有关国际组织都从经济角度对旅游活动进行了探索和研究。

（一）国外对旅游经济学的研究

国外对旅游经济学的研究起步较早，可以分为两个时期。第一个时期是 19 世纪后期至第二次世界大战，第二个时期是第二次世界大战后至今。这与旅游经济活动发展的两个时期基本一致。

第一个时期中，旅游活动的发展主要限于西欧、北美一些国家范围内，旅游活动的规模还不很大，旅游对社会经济的作用还未完全显现出来，旅游需求与旅游供给的矛盾运动还未完全展开。一些专家和学者已敏锐地觉察到游客的这种流动对国家经济发展的重要性，开始对其进行研究。在这个时期，人们对旅游经济的研究还未深入地涉及旅游经济活动的本质和规律。

第二个时期的研究工作不仅有许多专家和学者参与，而且不少旅游企业集团、旅游行业组织和政府有关部门也分别从业务的发展和对工作的指导角度开展了研究。这个时期旅游活动已由北美、西欧两个区域迅速扩展到全世界，大众旅游已成为时代的潮流，旅游经济活动已深入到全球的经济体系之中。因此，在这个时期，对旅游经济活动的本质和规律性的研究取得了不少成果。

1. 旅游业的性质与旅游经济活动运行的特点

不少专家、学者论述了旅游业是一个新兴的产业，该产业主要由旅馆业、旅行社业和交通客运业组成。旅游业的发展以旅游活动的发展为前提，反过来，旅游活动的发展又推动了旅游业的繁荣。旅游业的发展不仅刺激了相关行业的发展，而且会对整个社会经济产生增殖作用。这方面的研究成果主要有 1969 年美国迈克尔·彼得斯的《国际旅游业》、1974 年英国伯卡特的《旅游业的过去、现在和未来》、1980 年美国唐纳德·伦德伯格的《旅游业》、1984 年美国夏威夷大学教授朱卓任等的《旅游业》以及田中喜一等人的《旅游事业论》。有些学者如波纳德·布恩斯和玛丽·贝特纳还进一步分析了旅游业的经济活动不同于制造业的特点，说明了旅游产品的生产与消费的同时性。

2. 旅游供需关系与市场营销

这方面的代表性著作有罗伯特·门克因托希与夏希肯特·古普塔的《旅游的原理、实践与哲学》、布莱恩·阿切尔的《旅游需求预测》、彼德·格雷的《国际旅游贸易》以及瓦汉·克拉蓬与罗思菲尔德的《旅游市场营销》。他们分别论述了旅游需求与旅游供给原理，叙述了主要的旅游需求预测方法，探索了旅游市场营销的战略、策略以及旅游产品的定位原则、宣传推销的手段和方法。

3. 旅游业的经济效益

这方面研究主要集中在旅游投资与收益的比较、旅游宏观经济效益与旅游微观经济效益以及游客开支对旅游目的地国家或地区的经济和社会生产的作用。主要著作有 1955 年意大利特罗伊西的《旅游及旅游收入的经济理论》，1978 年前南斯拉夫马思科维奇的《旅游经济学》，英国的布莱恩·阿切尔的《发展中国家的旅游业：某些经济考虑》、《旅游增殖：目前研究水平》，1974年澳大利亚工业局的《澳大利亚旅游业的经济意义》，1983年亚太经社理事会政府间旅游发展会议文件《亚太经社理事会地区旅游业的经济作用研究回顾》与《旅游经济作用分析：方法论》等。

4. 旅游规划与旅游资源开发

从事这方面工作的主要是政府有关部门及机构，也有少数专家和学者，他们主要研究旅游资源的测量与评价、旅游目的地开发与规划等方面的内容。这方面的著述主要有1981年美国商业部经济发展局的《通过发展旅游业创造经济增长与就业》的报告、1987年亚太经社理事会有关文件中的《旅游工程建设中优先次序的确定》与《通过标准分析促进旅游建设与实施》、美国朱卓任的《度假地的开发与管理》、新西兰道格拉斯与皮斯的《旅游开发》等。

（二）国内对旅游经济的研究

我国对旅游经济的研究起步较晚，然而，随着对外开放政策的实施及旅游业的蓬勃发展，我国学术界、教育界和政府有关部门迅速开展了对旅游经济问题的研究，并取得了一定的研究成果，先后发行了一批旅游专业书刊，出版了多种不同版本的《旅游经济学》教材。其中孙尚清主编的《中国旅游经济研究》一书不仅对1978年以来我国旅游经济运行的方方面面进行了比较透彻的分析和总结，而且还就20世纪90年代我国旅游业的发展战略作了深入的探讨。1993年魏小安与冯宗苏主编的《中国旅游业：产业政策与协调发展》，从制定科学的旅游产业政策角度论述了我国旅游经济的诸方面结构。此外，郝索、唐留雄、罗明义、王大悟等分别从旅游产业经济、旅游经济分析方法、旅游产业组织等角度对旅游经济学的研究作了深入拓展。这些情况说明我国对旅游经济的研究正在逐步深入。

（三）旅游业对中国经济的贡献

根据世界旅游及旅行理事会（WTTC）的研究，旅游及旅行业在促进中国及世界未来经济和社会发展方面有着巨大的经济潜力。2004年中国旅游及旅行业创造了1360万个直接就业岗位，其对GDP贡献为2892亿元。WTTC的报告指出，中国未来10年旅游及旅行业前景十分乐观。截止2013年，旅游及旅行业年增长率将达10.9%，旅游及旅行业GDP贡献将达8446亿元。2013年，旅游及旅行业每年直接就业将达1610万个工作岗位。

WTTC的总裁让·克劳德·鲍姆加腾说："我们认为中国将成为全世界从未有过的旅游经济大国。中国政府将为满足这种消费需求奠定基础，促进交通网络和基础设施的发展以及旅游目的地的规划和建设。"

二、旅游经济学的学科特征

旅游经济学是现代经济学的一个分支。经济学是研究人类社会在各个发展阶段上各种经济活动、经济关系和经济规律的学科总称。旅游经济学则是以经济学的一般理论为指导，研究旅游经济活动中各种经济现象、经济关系和经济规律的科学。因此，旅游经济学同其他学科相比较，具有自身的特点。

（一）旅游经济学是一门应用性学科

旅游经济学同经济学之间既有区别，又有联系。经济学是把整个社会经济作为一个整体，从生产、交换、分配和消费诸环节的内在联系及其矛盾运动中，揭示整个社会经济发展的一般规律性，属于理论经济学的范畴。而旅游经济学则是以经济学的一般理论为指导，专门研究旅游经济活动中特有的现象及矛盾，揭示旅游经济发展的规律、条件、范围和表现形式，从而指导旅游经济健康地发展，因而具有较强的应用性，属于应用经济学的范畴。

（二）旅游经济学是一门产业经济学

旅游经济学本质上属于产业经济学的范畴。产业经济学是针对某一产业或领域的经济活动进行研究，从而揭示该产业经济运行的内在规律及其外在形式的科学。旅游经济学作为一门产业经济学，研究旅游经济活动过程中各种经济现象之间的内在联系，揭示旅游经济运行中的特殊矛盾及规律，并把经济学的一般原理用于指导旅游经济活动，以促进旅游业健康、持续地发展。

（三）旅游经济学是一门基础学科

旅游经济学是旅游专业的基础学科，但又不同于旅游学和旅游管理学。旅游学是以世界为整体，研究旅游活动产生、发展及其运行规律的科学，目的是揭示旅游活动的内在性质、特点及发展趋势。而旅游经济学则是在旅游学理论的指导下，揭示旅游活动在经济领域中所发生的矛盾运动以及经济关系的发展规律等。旅游管理学则是在旅游经济学的指导下，研究旅游经济活动的合理组织及科学管理，以提高旅游经济运行的效率和效益。因此，旅游经济学是旅游专业的基础学科。

（四）旅游经济学是一门新兴的边缘学科

旅游经济学随着其形成和发展已逐渐成为一门独立的学科，具有区别于其他学科的特点。但是，旅游经济活动的综合性特点决定了旅游经济学实际上是一门新兴的边缘学科。因为研究旅游经济学不仅要以经济学、旅游学的理论为指导，还必须借助各学科的理论及研究成果来丰富旅游经济学的内容。例如，只有运用心理学、地理学、资源学、社会学、统计学、市场学等学科的理论和方法，来综合考察旅游活动在经济领域中的各种反映，才能加深对旅游经济内在规律及其运行机制的认识，更好地掌握旅游经济的理论和方法。

三、旅游经济学与其他学科的关系

（一）旅游经济学与经济学的关系

旅游经济学是一门经济类的应用学科，经济学理论在本学科中也是适用的。政治经济学和西方经济学理论无疑是旅游经济活动分析的理论基础。但是，旅游经济学又有自身的特点。例如，旅游产品不同于制造业产品，它是服务型产品，具有生产与消费同一性的特点，销售手段有其特殊的方面。旅游收入分配过程虽然也区分为初次分配与再分配过程，但其内容和表现形式却是不同的。旅游消费显示着一种较高的消费档次和独特的最大满足抉择的途径。旅游经济学的研究必须以政治经济学和西方经济学基本理论为基础。旅游经济活动除了受经济活动中一些共同规律的作用以外，还有其运动的特殊规律和表现形式。因此，旅游经济学规律与经济学的一般规律是个性与共性的关系。

（二）旅游经济学与旅游学的关系

旅游经济学是旅游学的一部分，它与旅游学的关系是特殊与一般的关系。旅游活动是一种综合性的社会现象，旅游学研究的范围较广，涉及多种学科，如经济学、管理学、心理学、地理学、社会学等，其中每一门学科的理论与旅游学的结合便形成了旅游经济学、旅游管理学、旅游心理学、旅游地理学、旅游社会学等。旅游经济学从经济学这个角度研究旅游活动中反映的诸多关系中的经济关系，从经济角度对旅游学进行研究。

（三）旅游经济学与其他旅游学科的关系

旅游是一种综合性的社会经济现象，从不同侧面在理论上反映和概括这种现象的学科甚多，除上面提到的有关学科之外，还有旅游心理学、旅游社会学、旅游法学、旅游市场学、旅游管理学、旅游饭店管理、旅行社管理、旅游交通管理等。这些学科同旅游经济学的关系大致可分为两类。

第一类是与旅游经济学成平行关系的学科，如旅游心理学、旅游社会学、旅游法学、旅游地理学、旅游美学等，它们都从旅游活动的不同侧面来探讨旅游与有关学科边缘结合的特点和规律，都属于旅游学的分支学科。它们同旅游学的关系与旅游经济学同旅游学的关系相同，都是特殊与一般的关系。因此，旅游经济学同它们的关系是平行的，它们之间相互联系的纽带为旅游活动。

第二类是与旅游经济学成纵向关系的学科，如旅游市场学、旅游饭店管理、旅游交通管理、旅行社管理、旅游管理学等。其中，旅游市场学、旅游管理学是旅游经济学的延伸，即以旅游经济学的原理为基础，从宏观和微观的角度出发分别在旅游管理和旅游市场方面进一步分析和研究。旅游饭店管理、旅行社管理、旅游交通管理均属于旅游企业管理，它们以旅游经济学的基本原理作指导，仅从微观角度探讨旅游行业中企业经营与管理的思想、原则、方法和技术。由此可见，旅游经济学同这些学科的关系是抽象与具体的关系。这些学科都是旅游经济学的基本理论在各个具体领域的应用和具体化。

第二节　旅游经济学的研究内容

一、旅游经济学的研究对象

任何一门学科都具有不同的研究对象，这是由各门学科不同的矛盾规定性决定的。要确立一门学科，首先要确定各门学科的研究范围或领域，其次要确定它们的研究角度。同样的研究范围或领域，又可以从不同的角度来研究。例如，旅游现象，可以从经济、管理、心理、地理等角度来研究，从而形成了旅游经济学、旅游管理学、旅游心理学、旅游地理学等学科分支。正是由于研究角度的多样化，一门学科才形成了一个由多种学科分支构成的学科体系。

各门学科都有各自不同的矛盾规定性，从而决定了不同的学科有各自不同的研究对象。正如毛泽东所说：“科学研究的区分，就是根据科学对象所具有的特殊的矛盾性。因此，对某一现象的领域所特有的某一种矛盾的研究，就构成某一门科学的对象。”①

旅游经济学研究的对象是旅游经济活动中旅游产品的需求与供给的矛盾。这一矛盾贯穿于旅游经济活动过程的始终，它规定了旅游经济学的研究对象既不同于其他经济学，也不同于旅游学科中的其他学科。旅游产品在其需要与供给的矛盾中必然产生种种经济现象，涉及多种经济关系，存在支配其矛盾运动的规律。因此，旅游经济学主要研究的是旅游经济活动的运行及其运行过程中所产生的经济现象和经济规律。

旅游经济学是从经济学角度研究旅游现象的一门学科分支，是旅游学科体系的一部分。旅游经济学的研究对象是旅游经济现象及其运动规律。旅游经济学的研究对象不同于其他部门的经济学，也有别于旅游学的其他学科分支。它既包括旅游经济过程，即生产、流通、分配、消费各个环节，又包括物和人的生产力要素，以及自然、社会、历史等内在的经济因素；既涉及旅游经济领域本身，如中央和地方、部门、企业之间以及国家、企业与个人之间的利益关系的协调，又涉及旅游经济与其他经济部门的关系；既研究我国旅游经济的发展，又研究我国旅游业与国外旅游者或旅游资源的经济联系。它是通过对旅游经济活动运行过程中各种经济现象和经济关系的研究，揭示作用于旅游经济活动的基本因素及其内在规律性，以寻求解决这些矛盾、调节这些关系的最佳手段或策略，例如价格手段、营销策略、投资决策、产业政策等等，以此来推动旅游业协调、稳定、持续地发展。

二、旅游经济学的研究结构

旅游经济学研究的出发点是旅游产品。旅游产品是旅游者、旅游产品经营者与旅游目的地国家或地区政府之间发生经济联系的纽带。旅游经济活动就是围绕着旅游产品的供给与需求这一主要矛盾展开的。随着这一矛盾的发生、变动与缓解，一系列旅游经济领域内的矛盾和关系、旅游经济与其他部门经济的矛盾和关系以及中国旅游经济与其他国家乃至整个世界经济的矛盾与关系必然随之变动。影响和调节这些经济关系与矛盾的主要经济手段有旅游产品价格、旅游市场营销、旅游投资数量和方向、旅游产品政策等。因此，旅游经济的研究结构可描述如下（见图1－1）：

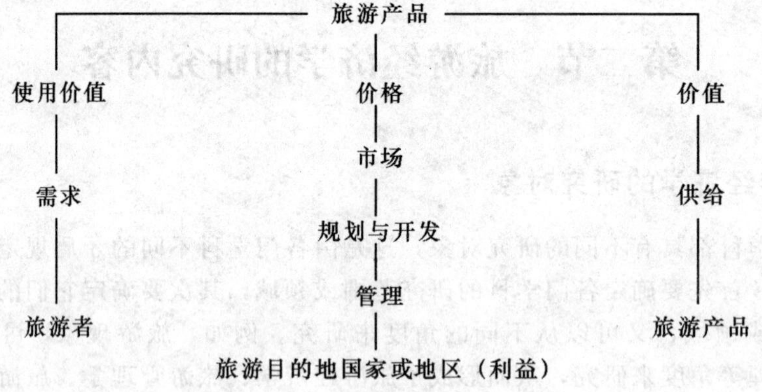

图1－1　旅游经济学的研究结构

① 毛泽东选集．第1卷．北京：人民出版社，1991：309

三、旅游经济学的研究任务

旅游经济学通过对旅游经济活动运行过程中各种经济现象、经济关系的研究，探索和支配旅游经济活动的规律，以更好地指导旅游实际工作，促进旅游业的协调、稳定、持续发展，获得更大的经济和社会效益。旅游经济学研究的主要任务有：

（1）揭示影响和作用于旅游经济活动的基本经济因素和经济关系。任何一种经济活动的产生和发展都是由一定的相互联系和相互作用而形成的经济关系变动的结果。影响和作用于旅游经济活动的因素很多，既有反映旅游目的地国家（或地区）和旅游客源国（或地区）总体经济发展水平的经济因素，如国民（内）生产总值、国民收入、经济增长率、人均国民（内）生产总值、人均国民收入等，也有反映旅游目的地国家（或地区）有关经济部门发展状况的因素，如交通运输业、建筑业、邮电通讯业、农业、轻工业、商业所提供的产品或服务数量、质量、价格等。这些众多的经济因素都会在不同程度上影响着旅游经济活动，其中有的起正向推动作用，有的起逆向制约作用。在旅游经济活动运行的不同时期、不同环节上，它们影响或作用的的程度也不同，有的起主导作用，有的只起一般作用。因此，旅游经济学研究的主要任务之一就是揭示影响和作用于经济活动运行的基本经济因素和经济关系，并从中探索支配旅游经济活动的规律性。

（2）在研究旅游经济活动的基础上，寻觅和获取旅游业发展的最佳经济和社会效益的途径。在社会主义市场经济条件下，发展旅游业，无论是国际旅游业还是国内旅游业，既要重视经济效益，也要讲究社会效益。二者在社会主义根本利益一致的情况下是统一的，但是有时也存在着矛盾。经济效益包含着不同的层次，既有国家和地区的利益，也有旅游企业如饭店、旅行社、车船公司、商店等的利益，还有为旅游者提供服务的个人利益。三者之间也是统一与矛盾的关系，每一层次的经济利益都是由一定的经济因素相互作用而形成的。因此，如何调节诸多经济因素，协调和处理好各个方面的经济关系，从而使各个方面获得最佳经济效益是旅游经济学研究的又一任务。

（3）为制定旅游业发展方针、政策和法规提供理论基础。旅游业发展的方针，政策和法规是指导一定时期内旅游业发展的基本准则，是协调和调节旅游业内部各方面关系的行为规范。然而，旅游业方针政策的制定需要一定的经济理论作指导。旅游经济学是旅游经济运行的科学总结，它揭示了旅游经济活动过程中各种经济现象之间的内在联系及规律，一方面对旅游业的经营起指导作用，另一方面也为旅游业方针、政策和法规的制定奠定了理论基础。

四、旅游经济学的研究内容

旅游经济学是从经济学的视点研究旅游活动中的经济现象、经济关系和运动规律的一门分支学科。也就是说，旅游经济学主要研究旅游经济活动中各个环节的相互关系及其内在的规律性。旅游经济学是与旅游经济活动同步发展的。

首先，旅游业在各国居于越来越重要的地位，它作为一门新兴产业，已经成为国民经济体系中的一个重要组成部分。

其次，旅游经济学是一门独立的学科，有其明确的内涵和外延。由于产品的无形性、旅游消费与旅游生产的同一性、旅游产品的不可转移性等特点，旅游现象日渐表现出自身的特殊规律。这是决定旅游经济学成为一门独立学科的缘由，也是导致旅游经济学形成的物质条件。

第三，旅游业是一门朝阳产业，又是世界上发展最快的产业部门。随着世界经济的发展，人们可自由支配的收入和闲暇时间明显增多，旅游日益大众化、全球化。以上种种态势为旅游经济学的发展开辟了广阔的前景。

第四，旅游业作为一项综合性产业，对其他相关行业和部门具有极大的带动作用，与世界各国的经济也有着紧密的联系。因此可以说，旅游业与国民经济及其相关行业的经济关系、与世界经济的联系，成为旅游经济学研究的一个重要部分。

概括地说，旅游经济学研究的内容就是旅游经济活动运行的各个主要环节及其相互关系。而其具体内容主要包括以下几个方面。

（一）旅游经济的形成及其产业标志

旅游经济是社会生产力发展到一定历史阶段的产物，是国民经济的有机组成部分。因此，研究旅游经济学首先应明确旅游经济的形成及发展特点，明确旅游经济产业的性质及其主要标志，并从社会经济发展的角度把握旅游经济在国民经济的重要地位，以及对社会、文化和生态环境的作用和影响。

（二）旅游产品的开发及供求关系

旅游经济活动是以旅游产品的需求和供给为出发点的，但旅游产品具有不同于其他物质产品的属性和特点，因而我们必须研究旅游产品的科学含义及构成，把握旅游产品的特性，并根据旅游产品的市场供求及影响因素，制定合理的旅游产品开发策略，实现旅游产品的供求平衡。我们要通过研究旅游供给与旅游需求这一旅游经济活动的基本矛盾，根据供给与需求的经济学原理，分析旅游供给与旅游需求的特点，研究旅游产品的生产、销售和价格策略及其影响因素。

（三）旅游产品的经营成本及效益

追求旅游经济效益是旅游经营者从事旅游经营活动的主要目标，也是旅游目的地国家发展旅游业的基本目标之一。因此，我们要研究旅游的经营成本及投资、旅游的收入及分配、旅游的经济效益指标体系，并通过对旅游经济宏观和微观的效益分析对旅游经济效益的实现作出合理的评价。

（四）旅游经济的结构及发展

旅游经济学不仅研究旅游经济现象及其运行机制，还要研究旅游经济活动中的各种经济关系，它们会从不同方面对旅游经济的发展产生影响。旅游经济活动涉及的各种经济关系，即旅游主管部门、旅游企业、相关部门和相关企业之间的关系，旅游客源国、旅游接待国和旅游产品供给国之间的关系等，这些关系是一定经济联系的反映，对旅游经济的发展会产生不同程度的影响。因此，要研究旅游经济结构与旅游经济发展也就需要研究旅游经济结构中的各种经济关系，并在此基础上制定适应国民经济总体发展目标的旅游发展战略、规划和计划。

第三节 旅游经济学的研究方法

旅游经济学是一门综合性的学科，其研究的内容十分广泛，涉及多种学科的内容。因此，要使旅游经济学的研究成果具有科学性并能对世界工作具有指导意义，就必须选用科学的研究方法。马克思主义辩证唯物主义和历史唯物主义，是研究任何学科都必须遵循的根本指导思想和方法，也是研究旅游经济学必须遵循的基本指导思想和方法。具体讲，在研究旅游经济学的过程中，必须坚持以下几种方法。

一、理论与实际相结合的方法

理论与实际结合是社会科学研究中一个很重要的方法。理论带有普遍性，对世界具有指导意义，然而实际是丰富多彩的，一方面需要理论的指导，另一方面在不同的时间、地点和条件下，又会呈现出许多新的情况、新的问题，需要进行科学的概括和总结，从而修正或丰富原有的理论。科学的理论来源于实践又指导着实践，理论是对实践的概括和总结，同时又必须接受实践的检验。在旅游经济学的研究中，必须坚持理论与实践相结合的方法，通过旅游实践活动丰富和完善旅游经济理论；还要特别注意基础研究与应用研究并重，一方面通过分析、解决旅游经济活动中的实际问题，充实、深化旅游经济理论，另一方面将理论研究成果运用于旅游实践，促进旅游基础理论与实践活动的全面发展。

因此，在旅游经济的研究中，运用理论和实际相结合的方法含有两层含义。其一是运用经济学的有关原理，去分析旅游经济活动中的经济现象和经济关系，解释旅游经济的有关经济问题，说明经济学的有关原理在旅游经济中的运用、旅游经济的具体表现形式和特点。二是在经济学有关原理的指导下，根据旅游经济活动运行的实际，对有别于其他经济运行的经济现象、经济关系及其变化进行科学的总结，并将其上升为理论，然后再放到实际中进行检验，用以指导实际工作。事实证明，运用理论与实际相结合的方法研究旅游经济学十分必要。这是因为，旅游经济学是一门新兴的学科，在许多方面还不成熟，有待在实践中不断总结、丰富和完善；并且，我国旅游业发展较晚，也迫切需要理论与实际相结合的旅游经济理论作指导。

二、定性分析与定量分析相结合的方法

任何事物都是质与量的统一。旅游经济现象同各种自然、社会现象一样，不仅具有质和量的规定性，而且也在不断变化。因此，在研究旅游经济学时，对各种经济现象和经济关系必须在研究质的同时，也研究量的变化，将定性分析、定量分析结合起来。定性分析就是探索和确定事物的本质特征。分析和确定旅游经济活动中各种经济现象的本质特征是旅游经济学研究的主要任务之一。例如，旅游者到某地旅游，这一现象在现代旅游经济活动中表现为旅游者愿意花一定的时间，按照一定的价格购买该地的旅游产品。旅游需求就是旅游者这种行为的科学概括，它的本质特征就是由旅游者的意愿、一定的时间和一定的价格来规定的，这种本质特征决定了旅游需求同其他旅游经济现象间的本质区别。定量分

析就是探索和研究量的变化引起的旅游活动的变化。以前例来说，如果旅游产品价格或闲暇时间发生了变化，旅游需求就必定受到影响，从而引起旅游活动的变化。通过定性分析揭示事物的本质特性与规律性，使定量分析有明确的方向；通过定量分析认识事物的程度和范围，使理论观点更精确，更科学。因此，旅游经济研究必须采取定性分析与定量相结合的方法。

三、系统分析的方法

旅游经济活动是社会活动的一个组成部分，是多维系统中的一个子系统。因此，我们应该摈弃从单一角度考虑问题的方法，不只局限于旅游经济活动的一隅之地，要从不同角度、运用多方面的知识，来研究旅游经济活动的总体特征，从整体上把握旅游经济的理论体系。另外，由于旅游经济活动是不断发展变化的，我们在系统分析时要考虑其动态特点，这种动态性的系统分析也可以视为开放性的分析。

四、抽象思维与形象思维相结合的方法

旅游是一种多元化的社会现象，旅游经济活动也具有综合性的特点，既有很强的经济性，也有较强的人文色彩。况且，旅游经济活动在我国刚刚兴起，其本质特征和内在规律性并未充分显示，大量的现象和情况仍需描述或归纳。因此，旅游经济研究采用经济学科的抽象法和人文学科的形象法，有利于我们由浅人深、由表及里地了解旅游经济活动的全貌。

[思考与练习]

1. 旅游经济学是如何产生的？
2. 旅游经济学的研究任务和内容包括哪些方面？
3. 旅游经济学的研究方法有哪些？

第二章 旅游经济活动

旅游经济是社会生产力发展到一定阶段的产物，是商品生产发展的结果，是国民经济的重要组成部分。本章从分析旅游经济的概念入手，阐述旅游经济的运行环节和基本性质，分析旅游经济的形成发展过程和旅游经济产业化的标志；并从社会系统的角度阐述旅游经济在国民经济中的地位，以及旅游经济对社会、经济、政治、文化及环境的作用和影响。

第一节 旅游经济活动的运行

一、旅游经济活动的概念

人们的旅游活动、旅游现象由来已久，而旅游经济现象却不是这样。旅游经济现象是在一定的社会经济条件下所产生并随着社会经济发展而发展的一种综合性社会活动。旅游经济是指由旅游者的旅游活动引起的，旅游者同旅游企业之间以及旅游企业同相关企业之间的经济联系。

(1) 旅游经济活动是旅游活动发展到一定阶段的产物。

旅游活动虽然在人类社会的远古时代就已经存在，但那时的旅游活动仅仅是王公贵族等富豪人消闲、寻乐的行为。尽管后来一些文人骚客出于某种目的也外出旅游，但他们的旅游更多地表现为个人的行为。

旅游活动发展成为旅游经济活动，是以商品经济的发展为基础的。18 世纪 30 年代，从英国开始的工业革命使人类社会的经济生活发生剧烈的变化，它不仅导致了生产技术的革命，而且引起了整个生产方式的重大变革。产业革命促进了生产手段，尤其是交通运输工具的改善，使社会化大生产的规模扩大，市场空间范围扩展。汽轮机、火车的产生为人们有目的的大规模、远距离的旅游活动提供了便利的物质技术条件。1845 年，英国的托马斯·库克成立了第一家包括食、住、行、游等旅游活动在内的旅行社。以后，诸如旅行社、旅游饭店、旅游交通等各种以经营旅游业务为主的企业纷纷建立，各种旅游的经济活动逐渐成为社会经济活动的重要组成部分。于是，具有现代意义的旅游经济就正式形成了。

(2) 旅游经济活动在发展过程中和社会经济活动一样，经历了由低级到高级的不同发展阶段。

在旅游企业产生之前，旅游活动的经济性质很不明显，尤其是在商品生产和发展的初期，旅游者的食、住、行、游都是自己解决的，基本上不存在旅游产品的交换。随着社会生产力的提高，人们的物质资料越来越丰富，对旅游的质量要求有所提高，与此同时，旅游供给不断出现，旅游产品多样化，从而使旅游经济活动有了一个飞跃的发展过程。1845年，第一家旅行社的出现标志着旅游业的形成，它使旅游经济活动进入了一个快速发展的阶段。旅行社的成立使旅游需求者和旅游供给者之间每一项分散的、个别进行的旅游活动进一步社会化。

二、旅游经济活动的性质和特点

（一）旅游经济活动的性质

1. 旅游经济活动是旅游者的旅游需求和旅游经营者的旅游供给的结合

旅游经济活动是由旅游者的空间移动现象而引起的旅游客源地、旅游目的地和旅游联结体三者共同运动表现出的需求与供给之间的联系。在现实旅游经济活动中，旅游需求与供给两者之间的关系表现为旅游者支付一定量的货币向旅游经营者购买旅游服务，而旅游经营者则事先投入一定量的货币，进行旅游吸引物的开发、旅游设施的建设等工作，然后以一定的价格向旅游者提供和出售旅游服务，从而以价格的形式得到补偿和收益。

2. 旅游经济活动是围绕着旅游者的活动展开的

旅游者在旅行过程以及在目的地的停留过程中，需要旅游经营单位提供各种相关的服务，以满足其旅游活动的需要，因此，旅游经济活动是一项包括食、住、行、游、购、娱等六项活动的综合性社会经济活动。这些活动的实现涉及国民经济与社会的众多行业和部门，形成了地区之间、行业之间和部门之间错综复杂的经济关系。

3. 旅游经济活动的本质是通过商品交换所形成的各利益主体之间的活动

旅游经济活动所涉及的利益主体包括有旅游需求的旅游者和旅游供给方的旅游经营者及政府。各经济利益主体都在各自的目标效用函数的指引下追求各自利益的最大化。虽然旅游者、旅游经营者和政府是三个不同的利益主体，他们都追求各自利益的最大化，但是利益三方中有任何一方在追求自身利益最大化时，如果不顾及另外两方的利益，则其自身的利益最终也不可能完全得以实现。

（二）旅游经济活动的特点

1. 旅游经济活动的普遍性

现代旅游经济活动与以往的旅游经济活动不同，其最大特点之一就是它不再是以少数富有者为主参加的活动。目前，参加旅游的人数越来越多，人员越来越普及，旅游不再是少数权贵们的活动而成为人人都能享有的权利。为了使旅游同其他社会基本需要协调一致，各国应将旅游纳入国家发展的内容中，使旅游度假真正成为人人享有的权利。旅游活动的大众化发展，产生了大量的旅游需求，又促进了旅游资源的开发和旅游接待的建设，为旅游者提供了更为方便的旅游条件和旅游服务，从而促进旅游经济活动又进一步向大众化普及。

2. 旅游经济活动的全球化

现代旅游经济活动已不再局限于国内旅游或近距离旅游，而是突破了地域的界限，发展成为全球性的旅游经济活动。现代科学技术的发展、通讯手段的现代化，特别是航空运输业的发达，大大缩减了国际间的距离，为全球性的旅游提供了物质技术条件。旅游经济活动的全球化发展，增进了各国政府、企业及人们之间的交流和联系，同时又促使国际投资中的相当比例投入到旅游活动中来。全球性的旅游经济活动已成为世界经济一体化的重要组成部分。

3. 旅游经济活动的规范性

旅游经济活动在其发展中，逐渐形成了 一种有组织的规范化模式。无论是国际旅游还是国内旅游，通常都由旅行社作为主要的组织者，统一组织分散的旅游者，形成团队旅游。旅游者只需承担一定的费用就可以尽情地旅游，不用再为旅游活动中的食、宿、行等问题操心。旅游经济活动的全球性特点使得各国旅游企业的服务规范通常都按国际惯例来制定。同时，旅游经济活动的规范性，又进一步促进了旅游经济活动的全球化。

4. 旅游经济发展的持续性

旅游经济发展的持续性是指从第二次世界大战之后，旅游活动进入了现代旅游经济发展时期，其一直保持着高速度增长。自20世纪50年代以来，整个世界旅游经济的发展盛况空前，始终保持着很高的增长率。旅游经济的迅猛发展，使其在国民经济中的地位和作用有了显著提高。合理开发旅游资源，大力发展旅游经济活动，对维持社会经济的持续发展将会具有巨大的推动作用。

第二节 旅游经济的地位与作用

一、旅游经济的地位

旅游经济是随着第三产业中的旅游业的发展产生的，并在国民经济中占有越来越重要的地位。旅游经济在国民经济中的地位如何，主要取决于旅游业的性质、发展规模及运行状况。

首先，从旅游业的性质看，旅游业是一个以提供服务为主的综合性服务行业。其次，从旅游业的发展规模看，随着社会生产力的提高和社会经济的发展，旅游业在国民经济中日益占据重要地位。最后，从旅游业的运行状况看，旅游业符合当今世界经济发展的总潮流，与发展“绿色产业”相适应，而且旅游业还是一种“朝阳产业”，正展现着良好的发展势头。从现代旅游经济发展的实证分析，当今世界上经济发达的国家，同时也是旅游经济发达的国家，即经济越发达，旅游业在国民经济中的地位就越高。如瑞士、法国、美国、日本、新加坡等国家和地区，旅游收入在国民经济中都占有相当比重。

二、旅游经济产业化标志

（一）旅游消费需求的集中化

工业化不仅使社会物质生产极大丰富，还使社会需求在结构上发生了深刻变化，促使国民经济体系中的产业结构不断进行调整，一些适应现代化社会需求的新兴产业便应运而生。旅游产业即是为适应人们的需求重心由过去保障生存的低层次需要，逐步转向注重个性发展和精神享受的高层次需要变化而产生与发展起来的。旅游不仅使人们达到愉悦身心、增进健康、陶冶情操、扩大交流之目的，而且也为社会提供了广泛和集中的市场需求，为旅游产业化的发展奠定了可靠的坚实基础。

（二）旅游产品供给的专业化

旅游产品的生产经营部门为适应旅游需求的日益扩大，必然要使自己的生产经营迅速集中，并从其他行业分离出来，专门从事旅游产品的生产和供给，成为向游客提供食、宿、行、游、娱、购综合性一条龙服务的新兴产业。现代旅游经济在20世纪能有如此大规模的发展，是和英国的托马斯·库克旅游公司、美国的运通旅游公司和比利时的铁路卧车公司逐步发展为世界旅游业务代理的三大公司，以及为数众多的旅游公司如雨后春笋般在各国出现分不开的。旅游产业将世界旅游经济发展推上了新的阶段。

三、旅游经济的作用

旅游产业是国民经济的重要组成部分。在国民经济体系中，旅游产业与其他产业相比，有明显的关联、启动和先导作用。具体表现在以下几方面。

（一）增加外汇收入，平衡国际收支

任何国家要扩大对外经济合作，就必须增加外汇收入。而一个国家增加外汇收入主要通过两个途径：一是通过对外贸易获得贸易外汇；二是通过非贸易途径获得非贸易外汇。旅游业作为非贸易外汇收入的主要来源渠道，作用是非常突出的。

（二）推动贫困地区脱贫致富

旅游业是一个产业关联大的劳动密集型产业。由于旅游业的种种特性，其日益成为消除地区贫困的有效途径。世界旅游组织秘书长弗郎·加利表示，发展旅游业有助于促进自由贸易平衡、可持续发展和消除贫困。在世界旅游组织第十五届全体大会上，众多国家的旅游部长一致认为，旅游是更好的经济发展助推器。

（三）扩大就业机会

旅游业是劳动密集型产业，建设旅游经济强省，对扩大社会就业有较强的促进作用。旅游业就业门类多、容量大、门槛低、包容性强，对不同层次的劳动力都有需求，能够提供多样化的就业机会。我国旅游业每增加1个直接就业岗位，就带动社会就业4～5人。加快发展旅游业，能拓宽更大的就业空间，缓解社会就业压力和矛盾，有利于维护社会稳定。

（四）改善国民经济结构，促进和带动全社会各项事业发展

旅游业是国民经济不可分割的重要组成部分，它的发展受国民经济发展水平制约。旅游业的发展离不开交通、城建等相关部门的支持，同时旅游业的发展兴旺又促进城建、交通、科技文化、商业、工业和手工业等相关部门的发展，大大增加了第三产业在国民经济中的比重，使国民经济结构呈良性发展。

（五）大量回笼货币，加速经济发展

据不完全统计，从1985年到1992年，国内旅游的回笼货币约1300亿元，1995年回笼货币1170亿元。国家和地区的经济迅速发展，需要大量的资金投入。而发展国内旅游业对吸引外资、发展经济、实现货币回笼、积累资金所起的作用不可低估，并可作为国际旅游业发展的先导，为国际旅游业的发展积累资金，逐步打好社会基础设施和旅游设施的基础。

[思考与练习]

1. 怎样理解旅游经济活动的概念？
2. 阐述旅游经济形成的条件及过程。
3. 旅游经济产业化的标志有哪些？为什么？
4. 旅游经济的特点有哪些？
5. 旅游经济在国民经济中有何重要地位和作用？

第三章　旅游产品

旅游产品是旅游业存在和发展的基础，是旅游经济活动的主体。旅游产品的品种、数量和质量直接关系到旅游业的兴衰和旅游经济的可持续发展。本章从分析旅游产品的概念开始，主要阐明旅游产品的内涵、价值构成和主要特性；分析旅游产品的表现形态、构成要素及内外部关系；阐述旅游产品生命周期的主要阶段、变化形态及延长旅游产品生命周期的策略；并全面介绍了旅游产品开发的内容、开发策略及开发原则。

第一节　旅游产品的概念

一、旅游产品的含义

旅游产品是指旅游者以货币形式向旅游经营者购买的一次旅游活动所消费的全部产品和服务的总和。作为旅游经济的一个专门概念，旅游产品不是指旅游者在旅游过程中所购买的某一单项产品或服务，也不是指旅游者所购买的各种产品和服务的简单叠加，而是指在一次旅游活动中实现，并由一系列单项产品和服务有机组成的综合产品。这些单项产品和服务有机地联系，紧密地配合，不可分割。而对这些单项产品和服务的消费，在时间上有明显的时序性，在空间上有明确的定点性。例如，先要有交通工具把旅游者运送到旅游目的地，然后才有旅游者在目的地的食宿和游览；旅游者一定要亲自到旅游点去，一定要身临其境才能产生旅游消费。因而，旅游产品的生产和消费完全依附于旅游活动。旅游活动开始，旅游产品的生产和消费随即开始；旅游活动结束，旅游产品的生产和消费也随之结束。因此，科学地认识和理解旅游产品的含义，应从以下三个角度来把握。

（一）旅游产品是一个整体概念

从旅游经济理论的角度看，旅游产品是一个整体概念，它是由多种产品组合而成的综合体。具体地讲，一条旅游线路就是一个单位的旅游产品。在这条线路中，除了向旅游者提供各类旅游吸引物以外，还包括沿线提供的交通、住宿、餐饮等保证旅游活动顺利进行的各种服务。例如，飞机上的一个座位，旅馆里的一间客房、一张床位、一顿美餐，或是在游览点内导游人员的一次讲解活动，都只是整体旅游产品中的单项产品或服务，亦称单项旅游产品。每个单项旅游产品都是整体旅游产品的一个组成部分，这些单项旅游产品一般通过旅行社将他们组合起来，形成能满足旅游者各种需要的整体旅游产品。通常，团队旅游者多数由旅行社安排参加包价旅游，即购买整体旅游产品；而散客旅游者或团队中的个别旅游者，则根据自己的特殊需要而购买单项旅游产品。因而，旅游产品有整体旅游产品和单项旅游产品之分。整体旅游产品是满足旅游者旅游活动中全部需要的产品（或服务），如一条旅游线路、一个专项旅游项目。单项旅游产品则主要指住宿产品、饮食产品及交通、游览、娱乐等单方面的产品（或服务）。

（二）旅游产品是一段旅游经历

从需求方面看，即从旅游者的角度来看，旅游产品是指旅游者花费一定的时间、费用和精力所获得的一段旅游经历。这个经历包括旅游者从离开常住地开始，到旅游结束归来的全部过程中，对所接触的事物、事件和所接受的各种服务的综合感受。旅游者眼中的旅游产品，不仅仅是其在旅游过程中所购买的一个饭店的床位、一次飞机或火车的座位，或是一个旅游景点的参观游览、一次接送和导游服务等等，而是旅游者对所有这些方面的总体感受。换句话说，旅游者用货币换取的不是一件件具体的实物，而是一次旅游经历。这说明构成旅游产品的诸多单项产品和服务，在质地上应当是均一的，如果厚此薄彼，就会引起产品畸形以致有损于整个产品的形象和价值。例如，在一次旅游活动中，有一件单项产品或一项服务的质量特别低劣，以致引起旅游者的不满，那么这个旅游产品的整个身价也许就会因此一落千丈，信誉也许就要因此扫地，这个旅游产品的再生产、再销售也就会遇到困难。实践证明，在旅游产品的产、供、销全过程中，只有一丝不苟地按时、按地、按质、按量地组织好整个旅游产品的生产、销售及消费，保证整个旅游活动过程各个环节的衔接和配合，才能最佳地实现旅游产品的价值，使旅游者获得一次良好的旅游经历及感受。

（三）旅游产品是一种服务产品

从供给方面看，即从旅游经营者角度来看，旅游产品是指旅游经营者凭借一定的旅游资源和旅游设施，向旅游者提供的能满足其在旅游活动中所需要的各种产品和服务。通过旅游产品的生产与销售，旅游经营者达到赢利的目的。旅游产品最终表现为活劳动的消耗，即旅游服务的提供。旅游服务是旅游行业的员工凭借旅游资源、旅游设施以及其他必要的劳动资料，在旅游活动过程中，为满足旅游者的需求而为其提供的各式各样的劳务。必须指出，旅游服务是与有一定使用价值的有形物质结合在一起的服务，只有借助一定的资源、设施和设备，旅游服务才能得以实现。旅游产品与其他产品的不同点，就在于服务的使用价值不是以物的形式来体现其效用，而是通过人的活动、通过提供劳务发挥其有用性。也就是说，旅游服务不是作为物而有用，而是作为活动而有用。作为物而有用的产品，要先把这个产品生产出来才能消费；而作为活动而有用的产品——服务，既不能先于消费而生产，也不能贮藏起来待价而沽。服务的生产和消费是同步进行的，二者同时开始，同时结束。例如，行李员把行李搬进客房的过程标志着服务开始；搬运结束，服务也就终止。因此，旅游产品是以服务形式表现的无形产品。

二、旅游产品的使用价值和价值

旅游产品之所以能成为商品，是因为它具有一般商品所具有的基本属性。它和其他商品一样，也是使用价值与价值的统一，也要受价值规律的作用及各种因素的影响。

（一）旅游产品的使用价值

商品的使用价值，是指其能满足人们在物质方面或者精神方面的某种需要。旅游产品同样也具备这种属性，只是旅游产品的使用价值具有区别于其他产品的特殊性质，具体表现在以下几方面。

1. 旅游产品具有多种使用价值

其他产品只能满足人们在消费上的某种需要，而旅游产品在旅游活动中能满足旅游者从物质方面到精神方面的多种需要。一般商品其使用价值通常只有一种，而旅游产品则有多种，从提供基本的生活需要，如食、住、行等开始，继而提供更高层次的满足人们发展的需要，如观光、游览、疗养、娱乐等。

2. 旅游产品的使用价值具有多效用性和多功能性

一个完整的旅游产品，例如到某国或某地去旅游，虽然可以根据旅游者的需要、旅游产品的成本及旅游市场的供求状况等，制定出高、中、低等若干档次的旅游产品供给及相应的价目表，但无论是哪一规格档次和价格等级的旅游产品，其使用价值都必须是多效用、多功能和综合性的，而不能只管吃的、不管住的，或者只管住的、不管行的和游的等等。也就是说，离开了旅游活动的多效用性和多功能性，就无所谓旅游产品的存在。

3. 旅游产品的使用价值包括正常使用价值和附属使用价值

在旅游产品的使用价值构成中，有的使用价值属于正常的，是构成旅游产品使用价值的基本部分；而有的则属于非正常的，是构成旅游产品使用价值的附属部分。例如，旅游者在旅途中突发疾病，旅游经营者就必须及时提供医护条件及相应服务等。尽管这些服务不属于旅游产品使用价值的正常内容，但若发生了，旅游经营者也要义不容辞地提供。

（二）旅游产品的价值

价值是商品的经济本质，旅游产品之所以是商品，还因为它具有价值属性。旅游产品的价值实体和其他任何商品的价值实体一样，都是人类无差别的、一般的、抽象的劳动。旅游产品的价值与一般商品相同，也基本由两个部分组成：一是转移价值，即旅游服务所凭借的建筑物、服务设施的折旧，向游客提供饮食和日用品的原材料消耗等；二是新增价值，包括支付旅游从业人员用以维持劳动力再生产所需消耗物质资料的价值和旅游从业人员创造的剩余价值。从价值决定和价格形成的角度来看，旅游产品的价值具有其特殊的性质，主要表现在以下几方面。

1. 旅游服务价值量的确定

服务是旅游产品的核心，服务质量的好坏直接影响旅游产品的质量和形象。在服务设施条件相同的情况下，服务方式、服务效率和服务态度的差别会产生迥然不同的服务效果。高质量的服务反映旅游产品的质量好，价值大；低质量的服务反映旅游产品的质量差，价值小。服务质量的优劣虽然与投入劳动量的多少有一定关系，但无直接影响，更重要的是与从业人员的文化素质、性格修养、职业道德水平等密切相关，这主要反映人类社会交往关系的标准，而与劳动量投入的多少无直接关系。因此，只有提供高质量的服务，才能保证旅游产品的价值及其实现。

2. 旅游吸引物价值量的确定

旅游吸引物是决定旅游者流向的主要依据，是旅游产品构成的重要内容。旅游吸引物种类繁多，在价值量的计算上差异也较大。一类如人文景观吸引物中的历史遗产、文物古迹、建筑物等，除了是前人劳动的结晶外，历代人们的维修保养也付出了大量劳动，故其价值难以估量。更重要的是这些吸引物具有无法替代的历史价值，这种价值不能以消耗多少劳动量去衡量，而这种价值的不可估量性反映在价格上即为垄断性。另一类是吸引物中的自然现象和社会现象。没有人类劳动的投入就没有价值。因此作为旅游产品构成中的自然景观，一般是经过人类开发后具有了可进入性的吸引物。而社会制度、风土人情、传统生活方式等社会现象则是经过漫长的历史演进积累而成的，其中蕴藏着人类的智慧与创造，是人类脑力和体力劳动的结晶，并具有别人无法模拟的独特性，也具有不可替代的社会价值和历史价值，在价格上同样表现为垄断性。

3. 旅游设施附加值的价值量确定

旅游产品中那些具有几何形体和物理、化学等属性的旅游设施，同市场上的其他物质产品一样，其价值无疑是由凝结于其中的社会必要劳动量来决定的。但是，由于这些设施介入旅游活动过程，并受旅游经济活动的特点所影响，因而其价值决定和价格形成又有一些特别的地方。例如，在某一种产品的生产成本既定的条件下，进入旅游活动中的产品的价值和价格，就要比进入其他经济活动中的价值和价格高一些。这是因为旅游者在旅游活动过程中享受这些设施的环境条件和服务内容要比其他活动优越得多，而这些环境条件和服务内容是旅游从业人员用劳动创造出来的，因而其价值和价格自然也就要高些。因此，旅游设施在旅游产品的组合过程中其价值量也会发生变化而产生新的附加值。综上所述，旅游产品与一般商品一样同样受价值规律的作用，但它独特的、历史的、社会的、自然的因素，使其价格除了主要由其价值决定外，还受制于旅游产品各部分所体现的人与人的关系和垄断因素的作用。

三、旅游产品的特性

旅游产品作为一种以服务为主的综合性产品，其生产不同于一般物质产品的生产。一般物质产品的生产过程是独立于消费过程之外的，而旅游产品的设计组合虽也独立于消费者之外，但其生产只有与消费过程相结合，完成对消费者的服务，才能算生产过程完成。因此，旅游产品除了具有一般物质产品的基本属性外，还具有自己独特的产品属性。

（一）旅游产品的无形性

虽然旅游产品构成中确有一部分物质产品供应，如航班的机位、住宿的客房、餐饮、景点设施等，但服务性的产品供应如导游、接待服务等却占有很大比重，旅游线路、日程、节目的设计编排，更属于构成旅游产品的不可缺少的软件部分。因而，旅游产品的无形性首先表现在旅游产品的主体内容是旅游服务。只有当旅游者到达旅游目的地享受到旅游服务时，才能感受到旅游产品的使用价值。而当旅游者在作旅游目的地的选择时，一般见不到旅游产品的形体，在其心目中只有一个通过媒介宣传和相关渠道介绍所得到的印象。其次，旅游产品的无形性还表现在旅游产品的价值和使用价值不是凝结在具体的实物上，而是凝结在无形的服务中。旅游者只有在旅游活动中享受到交通、住宿、餐饮和游览娱乐的服务时，才能认识到旅游产品使用价值的大小。也只有当旅游者消费这些服务时，旅游产品的价值才能真正得以实现。旅游产品的这一特性表明，在大体相同的旅游基础设施条件下，旅游产品的生产及供应可以具有很大差异，因此旅游产品的深层开发和对市场需求的满足较多地依赖于“软开发”，即无形产品的开发，也就是提高旅游服务的质量和水平。

（二）旅游产品的综合性

旅游经营者出售给旅游者的旅游产品，通常是包括食、住、行、游、购、娱在内的综合性产品。因此，旅游产品的综合性首先表现在它是由多种旅游吸引物、交通设施、住宿餐饮设施、娱乐场地以及多项服务组成的综合性产品。这种综合性既体现为物质产品与服务产品的综合，又体现为旅游资源、基础设施和接待设施的结合。其次，旅游产品的综合性还表现为旅游产品的生产涉及众多的部门和行业。其中既有直接向旅游者提供产品和服务的旅馆业、餐饮业、交通部门、游览点、娱乐场地以及旅行社等旅游企业和部门，也有间接向旅游者提供产品和服务的部门和行业，如工业、农业、商业、制造业、建筑业、轻工业、纺织业、食品业、金融、海关、邮电、文化、教育、园林、科技、卫生、公安等；既有物质资料生产部门，又有非物质资料生产部门；既有经济类部门，又包含非经济类的政府部门和行业性的组织等。这一特征表明，旅游产品作为一种综合性产品，其开发所涉及的因素较复杂，制约条件也较多。

（三）旅游产品的依存性

旅游产品的原料或资源投入中，有很大部分属于公共物品。某些旅游吸引物如自然景观或人文景观，基本上属于公共物品，具有非排他性与一定程度的消费非竞争性，因而旅游产品对于公共物品具有较强的依存性。没有良好的基础设施和相关条件，旅游产品的生产和供给会十分困难。首先，作为旅游产品构成中的许多景观是自然存在或历史遗留的，并由政府投资进行建设与保护，因而是一种公共物品，任何旅游者都可以自由观赏，任何旅游经营者都可以将其作为自己销售的旅游产品的一部分而获利。其次，作为旅游产品构成中的基础设施是全社会所共同享有的，这些基础设施以服务于社会各个行业的公益性目的而存在，旅游产品在其组合过程中只是部分地利用或暂时性利用，并不排斥其他行业或部门对公共基础设施的利用。当然，并非所有的旅游吸引物都是公共物品，如企业以赢利为目的而投资兴建的某些景点就不是公共物品，某些可供游人观赏的景观也并非都具有公共物品的消费非竞争性，因为这些景点本身会受到游客容量限制，而使其具有一定的竞争性。

（四）旅游产品的同一性

旅游产品是一种特殊的最终消费品，它满足的是人的精神文化需求，因而旅游产品具有生产与消费的高度同一性。首先，与物质产品的生产相比较，旅游产品是一种经过深度加工的高附加值产品，原来分散存在于各个行业的不同产品，经过旅游经营者的设计、开发、组合与销售，大大提高了其原有价值，所附加的多数为劳务性价值。其次，旅游产品只有进入消费过程才能实现其价值。旅游产品生产与消费具有时空同一性，必须有现场消费的旅游者，旅游产品才开始生产，旅游者一旦离开生产立即终止。因此，旅游产品生产不像物质产品生产那样可以暂时贮存起来。旅游产品的同一性决定了旅游产品不仅不能贮存，而且一旦旅游消费结束就自然解体，因而旅游产品是一种最终消费品。

（五）旅游产品的替代性

虽然现代旅游消费越来越成为人民大众的基本生活消费，但它毕竟不同于基本物质生活消费，而要受到政治、经济、社会等各方面复杂因素的影响，表现为较高的需求弹性和替代性。首先，旅游产品与其他商品之间存在互相替代关系，旅游产品的价格同其他商品价格的不同变化，会引起旅游产品需求量的变化。例如，旅游产品的价格下降而当地娱乐业价格不变，则意味着旅游需求量将增加而娱乐业的需求量将减少。其次，旅游产品本身也具有很强的替代性。外出旅游是为了获得一种新鲜的体验，不同的旅游目的地各有千秋，消费者选择的余地很大，选择亦带有随机性，这就导致不同旅游目的地和不同类型的旅游产品相互替代性很强。实践表明，旅游产品的需求价格弹性、需求收入弹性和交叉弹性都比较高，从而使旅游产品经营具有较大风险，同时竞争也很激烈。

（六）旅游产品的外向性

外向性是旅游产品与生俱来的特点，旅游产品只能存在于开放经济之中，相当于一种就地出口的特殊“外贸产品”。这种就地出口的特殊“外贸产品”存在两大出口优势，一是换汇成本低，二是不存在贸易壁垒。但旅游产品的外向性同时也决定，一国的旅游产品只是国际旅游市场中的旅游产品的一部分，它必须与国际旅游市场中其他产品相配合，并参与国际旅游市场的激烈竞争，才能真正在国际市场中实现一国旅游产品的价值。由于旅游产品是开放经济中存在的外向性产品，因而旅游产品的营销不但要着眼于国际旅游市场需求变化，而且要考虑汇率变动、国际市场竞争因素等。特别是旅游接待国旅游产品的总体形象是旅游产品发展的重要因素，因而必须搞好旅游名牌产品的建设。

第二节　旅游产品的构成

一、旅游产品的形态

旅游产品的形态是指旅游产品的存在形式和表现类型。第二次世界大战前的传统旅游产品形态，主要有观光旅游产品、文化旅游产品、商务旅游产品、度假旅游产品等。第二次世界大战后至今，这些传统旅游产品不断丰富和发展；同时，为适应旅游者的新需求，又逐渐产生了一些新兴的旅游产品。其中主要有满足旅游者健康需求的康体旅游产品、满足旅游者发展需求的业务旅游产品、满足旅游者享受需求的享受旅游产品和刺激旅游产品等。

（一）观光旅游产品

观光旅游产品是以满足旅游者观赏游览自然风光、城市风光、名胜古迹等旅游需求为目的的旅游产品。这类旅游产品，在世界许多国家又被称为“观景旅游”产品。世界上传统观光旅游产品种类很多，主要有自然风光、城市风光、名胜古迹等。第二次世界大战后世界旅游市场竞争日益激烈，各国为适应旅游市场的需求竞相开发新的旅游产品，各种新的观光旅游产品不断涌现，其中主要有微缩景观、“外国村”或“外国城”、“仿古村”或“时代村”、国家公园和主题公园、野生动物园、海洋观光等。上述传统观光旅游产品及战后新发展起来的观光旅游产品，构成了世界观光旅游产品的主要部分。其中，部分观光旅游产品不仅仅是单纯的观光旅游产品，其文化内涵也很丰富。

（二）文化旅游产品

文化旅游产品是满足旅游者了解旅游目的地文化需求的旅游产品。当今世界文化旅游产品种类繁多，其中主要有博物馆旅游、艺术欣赏旅游、民俗旅游、怀旧旅游、宗教旅游等。随着社会经济的发展，世界新兴出现的文化旅游产品主要有文化旅游区或旅游文化中心、大型艺术节等。文化旅游产品通常蕴涵着较为深刻而丰富的文化内容，产品吸引对象一般都具有相当高的文化素养和造诣。

（三）商务旅游产品

商务旅游指人们为了经营洽谈、会晤或交流信息等而外出进行的旅游。商务旅游的过程是商务旅游者花钱购买旅游产品和服务的综合消费过程。商务旅游产品通常具有下述特点：

（1）目的地选择取决于工作需要或由他人决定。

（2）商务旅游很大程度上限于城镇。

（3）商务旅游时间较短但比较频繁。

（4）独立性。几乎所有的旅游产品都可以独立提供一种使用价值，以满足旅游者在旅游过程中某一方面的需要，而不需再借助或依赖其他的旅游产品。但是，对于某些物质产品而言，它的使用价值必须依赖其他的有形产品的使用价值才能够显现出来。如照相机必须依赖胶卷才能够发挥它的使用价值，否则再好的照相机也只是“废物一个”。

（5）兼容性。旅游产品的兼容性表现在，几乎所有的旅游产品都可以整合到一起而不影响其使用价值的发挥。对于同种旅游区产品而言，它们本身就具有一定的同质性，因而理所当然地具备兼容性。例如，同一行公司（饭店、航空公司、旅行社等）之间的兼并与重组就是这种兼容性的表现。但是，旅游产品的兼容性更突出的表现在不同产品的兼容上。当我们把不同的旅游产品整合在一起时，如航空公司开办住宿或旅行社开办餐饮服务，这些不同旅游产品的使用价值并未受到影响，它们相互之间成了对方的外扩产品，在有些情况下这种整合还有利于旅游产品使用价值的发挥。

（6）延展性。所谓旅游产品的延展性是指对同一旅游区产品的使用价值可以发生转换或进行拓展。例如，饭店向旅游者提供的旅游产品是餐饮服务，但是有些饭店提供餐饮服务的同时还向旅游者展示一种文化，从而丰富了旅游者的知识面。这时，它们所提供的旅游产品的功能就发生了延展。

早期的传统商务旅游产品，仅能为商务旅游者提供客店及餐饮服务。随着现代旅游经济的发展，商务旅游产品还包括会议旅游、奖励旅游、大型商业性活动等。商务旅游越来越频繁，同时，商务旅游设施和服务也向现代化方向迅速发展，并为各类企业家、经营者、营销人员及经济工作者提供多方面的服务。

（四）度假旅游产品

度假旅游是指旅游者利用假期进行休养和消遣的旅游方式。度假旅游一般具有下述特点：一是度假旅游的地点相对固定；二是度假旅游更强调休闲和消遣；三是度假旅游在某一地区停留的时间相对较长；四是度假旅游者的重复性比较高；五是度假旅游者一般不需要导游。

世界上深受度假旅游者所喜爱的传统旅游产品有海滨旅游、乡村旅游、森林旅游；新兴出现的度假旅游产品有度假村或度假中心（度假区）、野营旅游等。度假旅游产品主要指度假地而言，成功的度假地应具备下述条件：一是自然景色优美；二是拥有令人满意的住宿设施；三是有良好的气候，最好可形成全季候旅游接待；四是要有完善的体育、娱乐设施；五是有便捷的交通、通讯条件。

（五）康体旅游产品

康体旅游产品指能够使旅游者身体素质和体况得到不同程度改善的旅游活动。任何一种旅游活动都有益于旅游者的身心健康，但康体旅游产品更是如此。作为新兴的旅游产品，康体旅游产品包括体育旅游和保健旅游，体育旅游有滑雪旅游、高尔夫球、漂流、海滨滑水、探险等；保健旅游主要有健身旅游，疗养旅游，考察森林、湖泊、山地、花卉、鸟兽等。康体旅游者的康健动机较为突出，对旅游目的地有特殊的要求，通常需要一定的设施、器材和场地等条件。

（六）业务旅游产品

近些年来，世界上已有越来越多的旅游者，开始由单纯休息性的消极旅游转向积极旅游，即在外出旅游的同时，把学习和探求专业业务知识、技能作为主要目的，以满足求知的需求。当然，作为传统的观光旅游产品和文化旅游产品，一般都可以使旅游者开阔视野、增长知识，促进旅游者业务水平的提高。商务旅游产品中的会议旅游、奖励旅游，其内容多数也是业务性很强的活动。但第二次世界大战后至今，为满足旅游者的需求，旅游市场上出现了新兴业务旅游产品，其中主要有修学旅游、工业旅游、务农旅游、学艺旅游以及科技旅游、考察旅游等。这些旅游产品都是为了满足旅游者某一方面的特殊需要，因而亦称为特种旅游。

（七）享受旅游产品

与其他社会活动相比较，旅游被视为一种享受。随着物质生活水平的提高，人们必然会产生享受需求。为满足人们的享受需求，世界上许多国家陆续推出了享受旅游产品。目前主要有豪华列车旅游、豪华游船旅游、美食旅游、超豪华旅游等。享受旅游也被人们称为“花大钱”的旅游，通常具有下述特点：一是费用特别高；二是可以自己安排旅游路线及住宿地点；三是可以自由地参加各种娱乐活动；四是有专业的服务人员。

（八）探险旅游产品

探险旅游，指旅游者从未见过、听过或经历过，既标新立异又使人特别兴奋或惊心动魄的旅游活动。探险旅游产品一般具有以下特点：一是旅游目的地非同寻常；二是旅游活动中旅游者处于高度紧张和兴奋状态；三是能充分满足旅游者的好奇心；四是能使旅游者留下难忘的记忆。世界各国的探险旅游出现时间虽然不长，但探险旅游产品种类和项目繁多。目前主要有秘境旅游、海底旅游、火山旅游、沙漠旅游、惊险游艺旅游、斗兽旅游、观看古怪比赛旅游等。

二、旅游产品的构成

对旅游产品的构成可以从不同的角度进行分析，一般来讲，可以从旅游经营者和旅游消费者两个角度进行分析。从旅游经营者方面分析，旅游产品的构成又可以按市场营销、劳动表现形式进行划分；从旅游消费者方面分析，旅游产品的构成又可以按消费形式、旅游需要程度进行划分。

（一）从旅游经营者分析

1. 按市场营销划分

按市场营销理论，旅游产品由核心部分、外形部分和延伸部分所组成。核心部分是指与旅游资源、旅游设施相结合的旅游服务，能满足旅游者从事旅游活动最基本的需要，是整个旅游产品的基本部分。外形部分是指旅游产品的质量、特色、风格、声誉及组合方式等，是旅游产品特质向生理或心理效应转化的部分，属于旅游产品向市场提供的实体和劳务的外观和款式。延伸部分是指提供给旅游者的优惠条件、付款条件及旅游产品的推销方式等，是旅游者购买旅游产品时所得到的附加利益的总和。旅游者在旅游过程中购买的是整体旅游产品，在旅游产品核心部分的基本功能确定之后，产品的外形部分和延伸部分诸因素决定了旅游者对旅游产品的评价。因此，旅游经营者在进行旅游产品营销时，应注重旅游产品的整体效能，除了要突出旅游产品核心部分特色外，还应在外形部分和延伸部分上形成产品的差异性，以赢得市场竞争的优势。

2. 按劳动表现形式划分

按劳动表现形式划分，旅游产品可分为实物、劳务和吸引物。实物包括旅游设施、旅游购物品等，是以物化劳动表现出来的，具有物质等属性的实体存在物。劳务是活化的劳动，其效用蕴藏在服务人员的各种服务活动之中。吸引物包括自然吸引物和社会吸引物，自然吸引物如阳光、气候、海水、森林、名山大川等自然生成物，不包括任何人类劳动的成分，但这些自然物却是旅游产品不可缺少的自然基础，是整个旅游产品不可缺少的载体；社会吸引物如古代建筑、文化遗址、园林景观、历史文物等古代人类的劳动结晶，其价值是再生产这类产品的社会必要劳动所无法决定的，其经济学意义上的价值是无法估量的。旅游产品中的实物可以以独立的形态而存在，是产品组合中的手段性成分；劳务只存在于活动过程之中，其效用的发挥必须凭借旅游资源、旅游设施以及其他必需的劳动资料，是产品组合中的灵魂性成分；自然和社会吸引物以自然界的存在物和古代人类劳动及文化积淀物的形式而存在，是产品组合中的基础性成分。

（二）从旅游消费者分析

1. 按消费形式划分

按消费形式划分，旅游产品由食、住、行、游、购、娱六部分组成，即分别向旅游者提供饮食、住宿、交通、游览、购物、娱乐的消费内容。住宿和饮食向旅游者提供生活和设施条件的消费；交通是向旅游者提供实现旅游活动的手段；游览是向旅游者提供旅游活动的中心内容；购物是向旅游者提供辅助性消费的内容和形式；娱乐则向旅游者提供了所需要的主要感受和体验。从消费结构来说，旅游产品的食、住、行、游、购、娱六个要素，其消费潜力是不同的。饮食存在着消费极限，增加消费的途径是提高饮食质量；住宿和交通的消费也是有限度的，提高消费的办法是增加服务内容和多档次经营；游览和娱乐的消费弹性较大，增加消费的方式是加大投资，丰富游乐项目；购物是消费弹性最大的环节，主要通过发展适销对路的旅游商品来提高消费水平。

2. 按旅游需求程度划分

按旅游需求程度划分，旅游产品可分为基本旅游产品和非基本旅游产品。基本旅游产品是指旅游者在旅游活动中必需的且需求变动较小的旅游产品，如住宿、饮食、交通等；非基本旅游产品是指并非旅游活动必需的且需求变动较大的旅游产品，如旅游购物、医疗保健服务、通讯服务等。基本旅游产品和非基本旅游产品的划分，有助于旅游目的地国家或地区的旅游经营者针对不同的旅游市场，提供不同内容的旅游产品，使旅游产品更好地满足旅游者的消费需求；同时，也有助于旅游者在选择和消费旅游产品过程中，有计划地调整自己的消费结构和档次水平，使旅游活动更轻松舒适，以达到益身益心的目的。

三、旅游产品的构成要素

旅游产品的形态主要标志旅游产品存在的形式和表现类型，旅游产品的构成主要反映旅游产品在不同侧面或不同层次的构成内容，旅游产品的构成要素则表明不同形态的旅游产品是由不同的内涵性构成要素所组成的。一般而言，旅游产品的基本构成要素主要包含旅游吸引物、旅游设施、旅游服务和可进入性四个方面。

（一）旅游吸引物

旅游吸引物是指一切能够吸引旅游者的旅游资源及条件，它既是一个地区能否进行旅游开发的先决条件和旅游者选择目的地的决定性因素，也是构成旅游产品的基本要素。旅游吸引物的存在形式，既可以是物质实体，也可能是某个事件，也可能是一种现象。旅游吸引物的类型可以从不同方面进行划分。

1. 按旅游吸引物的属性划分

按旅游吸引物的属性可划分为自然吸引物、人文吸引物、特产吸引物三类。自然吸引物包括气候、森林、河流、湖泊、海洋、温泉及火山等自然风景资源。人文吸引物包括文物古迹、文化艺术、城乡风光、民族风情及建设成就等人文旅游资源。特产吸引物则主要包括土特产品、风味佳肴等。

2. 按旅游吸引物的开发程度划分

按旅游吸引物的开发程度可以划分为早期开发的、近期开发的、正在开发的、尚未开发的四类旅游吸引物。早期开发的旅游吸引物，指开发时间很长且具有接待能力的旅游景物。近期开发的旅游吸引物，指最近开发的且具有接待能力的旅游景物。正在开发的旅游吸引物，指已经进行规划并正在开发或即将开发的旅游景物。尚未开发的旅游吸引物，指尚未开发但具有旅游价值的各种自然景观和人文景物。

3. 按旅游吸引物吸引力的大小划分

按吸引力的大小可以划分为“热点”、“温点”、“冷点”三类旅游吸引物。“热点”旅游吸引物，指参观游览的人很多，甚至环境容量已经达到饱和的旅游点。“温点”旅游吸引物，指参加游览的人保持中等水平的旅游点。“冷点”旅游吸引物，指目前去参观游览的人还比较少的旅游点。

4. 按旅游吸引物是否消耗划分

按是否消耗可以划分为消耗性、非消耗性旅游吸引物。消耗性旅游吸引物，是指如土特产品、佳肴名菜等必须由再生产来补充，才能持续满足旅游消费的吸引物。非消耗性旅游吸引物，指自然景观、人文景观中那些可以长期反复使用而不会消耗的吸引物。

（二）旅游设施

旅游设施是完成旅游活动所必须具备的设施、设备和相关的物质条件，是旅游者到达旅游目的地和旅游业取得效益的基本条件，也是构成旅游产品的必备要素。旅游设施在旅游产品构成中不是确定游客流向的主要因素，但旅游设施不配套则会影响或阻碍旅游者对旅游吸引物的追寻。旅游设施一般分为专门设施和基础设施两大类。

1. 专门设施

这是指旅游经营者用于直接服务于旅游者的凭借物，通常包括游览设施、交通设施、餐饮设施、住宿设施等。游览设施指旅游点建设的供人们登临、游览、憩息的设施和设备。交通设施包括交通通道和交通工具两个方面，通道是指到达旅游目的地的路径，工具指运送方式和设备。餐饮设施指为旅游者提供餐饮服务的场所和设备，包括餐馆、冷饮店、咖啡厅、饮食店等。住宿设施是旅游者在旅行途中的“家”，是能够提供多种服务功能的饭店、度假村、别墅等。

2. 基础设施

这是旅游业乃至旅游目的地城镇赖以生存和发展的基础。其内容包括城镇（风景区）道路、桥梁、供电、供热、通讯、给排水、排污、消防、环境保护和环境卫生，以及城街区美化、绿化、路标、路灯、停车场等。这些设施是为了满足城镇居民生产生活需要而提供的。这些基础设施不直接对旅游者提供服务，但在旅游经营中它是直接向旅游者提供服务的旅游部门和企业必不可少的。可以说，上述专门设施如游览、交通、食宿等设施，都是建立在这些基础设施上面的，如果没有这些方面的措施和设备，上述专门设施的功能就不可能得到有效发挥。

（三）旅游服务

旅游服务是旅游产品的核心。旅游者购买并消费的旅游产品，除了在餐饮和旅游活动中消耗的少量有形物质产品外，大量的是对接待服务和导游服务的消费。旅游产品之所以能以一种混合体的形态出现，主要是由它的服务性质所决定的。旅游服务的内容可以从不同角度进行划分。

1. 从服务产品的产生过程划分

从服务产品的产生过程划分，包括服务观念、服务技术和服务态度。服务所表现的是一种人与人的关系，因而服务观念是从事服务工作的前提。只有建立完整的合乎实际的服务观念，达到社会认知、自我认知和工作认知的协调一致，才可能具有积极主动的服务精神和服务态度。服务技术是从事服务工作的基础，高超而娴熟的服务技术会成为一种艺术表演，使表演者和欣赏者从中获得享受。因而服务技术水平的高低就成为评判服务质量的标准。服务态度是服务工作的外在集中表现，不仅表现出服务人员对旅游者的尊重和理解，而且也表现出服务人员的气度修养和文明素质，因此是旅游者关注的焦点。

2. 从服务产品的静态角度划分

从服务产品的静态角度划分，旅游服务包括服务设施、服务项目和服务价格三部分。服务设施是旅游服务的物质基础，其现代化水平决定了旅游服务能达到的水平和标准；同时服务设施的完善程度也从客观上影响和制约着旅游企业能否提供多功能的服务。服务项目是在服务设施基础上的扩大和深化，服务项目内容的多少决定着是否能为旅游者提供方便、快捷和高效的服务形式和内容。服务价格是服务质量的货币形式，与服务质量有着可逆的线性关系，不同的价格反映着所提供的不同等级的服务，这是国际旅游业的通行原则。

3. 从旅游服务的经营阶段划分

从旅游服务的经营阶段划分可分为售前服务、售中服务和售后服务三部分。售前服务是旅游活动前的准备性服务，包括旅游产品设计、旅游线路编排、出入境手续、货币兑换等。售中服务是在旅游活动过程中向旅游者直接提供的食、住、行、游、购、娱及其他服务。售后服务是当旅游者结束旅游后离开目的地时的服务，包括送到机场车站、办理有关手续、托运行李、委托代办服务等。

（四）可进入性

可进入性是旅游产品构成的基本因素之一，它不仅是联结旅游产品各组成部分的中心线索，而且是旅游产品能够组合起来的前提性条件，具体表现为进入旅游目的地的难易程度和时效标准。可进入性的具体内容主要包括以下几个方面。

1. 交通的通达条件

交通运输是进行旅游产品组合的必备条件，一个没有良好交通条件的旅游目的地是不可能吸引大量旅游者的。交通条件包括对外交通的工具种类，如车辆、飞机、船舶等；对外交通联系，如国际和国内交通的联结与方便程度等；区内地方交通的种类、数量、能力、布局以及区外交通和区内资源地联结的情况等。

2. 通讯的方便条件

通讯设施也是旅游产品组合中不可缺少的必备条件，尤其是旅游产品技术组合中不可缺少的重要因素。与交通条件的先行作用一样，旅游产品中通讯设施具备与否，其配套状况、规模、能力以及线路布置，都将直接影响旅游产品的质量及旅游业的投入产出效益。

3. 手续的繁简程度

这包括出入境签证手续的难易、出入境验关程序、服务效率和频率、咨询信息等。这不仅影响到旅游目的地的客流量大小，而且对旅游产品的成本、质量、吸引力等都有重要的影响作用。

4. 当地社会的承受能力

主要指当地社会公众对旅游开发的态度、社会公众舆论、社会治安状况、社会管理水平、人口密度、交通管理等状况。这些都是影响可进入性的重要因素。

第三节　旅游产品的生命周期

一、旅游产品生命周期阶段

产品生命周期是指一个产品从它进入市场开始到最后撤出市场的全部过程，这个过程大体要经历推出、增长、成熟、衰退的周期性变化。旅游产品亦是如此，也有其推出期、成长期、成熟期、衰退期四个阶段的生命周期变化。一条旅游路线、一个旅游活动项目、一个旅游景点、一个旅游地开发等，都将经历这一由兴至衰的过程。旅游产品生命周期的各个阶段通常是以销售额和所获利润的变化来衡量的；同时，处于不同生命周期阶段的旅游产品也有着不同的特点。

（一）旅游产品的推出期

在推出期，旅游新产品正式推向旅游市场，具体表现为新的旅游景点、旅游饭店、旅游娱乐设施建成，新的旅游路线开通，新的旅游项目、旅游服务推出。在这一阶段，产品尚未被旅游者了解和接受，销售量增长缓慢而无规律；旅游企业的接待量很少，投入费用较大，经营成本较高；企业为了使旅游者了解和认识产品，需要做大量的广告和促销工作，产品的销售费用较大。在这个阶段内，旅游者的购买很多是实验性的，几乎没有重复购买，企业也通常采取试销态度，因而企业往往销售水平低，利润极小，甚至亏损。但这个阶段，市场上一般还没有同行竞争。

（二）旅游产品的成长期

在这一阶段，旅游景点、旅游地开发初具规模，旅游设施、旅游服务逐步配套，旅游产品基本定型并形成一定的特色，前期宣传促销开始体现效果。这时，旅游产品在市场上拥有一定的知名度，产品销售量迅速增长；旅游者对产品有所熟悉，越来越多的人试验使用这一产品，重复购买的选用者也逐步增多；企业的广告费用相对减少，销售成本大幅度下降，利润迅速上升。这一阶段，其他旅游企业看到产品销售很好，就有可能组合相同的产品进入，市场上开始出现竞争。

（三）旅游产品的成熟期

在产品的成熟期内，潜在顾客逐步减少，大多属于重复购买。旅游产品的市场需求量已达饱和状态，销售量达到最高点。在前期销售量可能继续增加；中期处于不增不减的平稳状态；后期的销售增长率趋于零，甚至会出现负增长。利润增长也将达到最高点，并有逐渐下降趋势。这一阶段，很多同类旅游产品和仿制品都已进入市场，扩大了旅游者对旅游产品的选择范围，市场竞争十分激烈，而且还有来自更新产品的替代性竞争，差异化成为竞争的核心。

（四）旅游产品的衰退期

旅游产品的衰退期一般是指产品的更新换代阶段。在这一阶段，新的旅游产品已进入市场，正在逐渐代替老产品。旅游者或丧失了对老产品的兴趣，或由新产品的兴趣所取代。原来的产品中，除少数名牌产品外，市场销售量日益下降。市场竞争突出地表现为价格竞争，价格被迫不断下跌，利润迅速减少，甚至出现亏损。

根据以上对旅游产品生命周期的规律性分析，我们可以得出以下几条结论：一是任何旅游产品都有一个有限的生命，大部分旅游产品都经过一个类似S形的生命周期；二是每个产品生命周期阶段的时间长短因旅游产品不同而不同；三是旅游产品在不同生命周期阶段中，利润高低不同；四是对处于不同生命周期阶段的旅游产品，需采取不同的营销组合策略；五是针对市场需求及时进行旅游产品的更新换代，适时撤退或改造过时旅游产品以免遭受不应有的损失。

二、旅游产品生命周期的变异

一般旅游产品都经历过推出、成长、成熟、衰退的生命周期，但也有很多的旅游产品会产生变异形态。其中有两种主要的变异形态较为典型，即时尚产品的生命周期和延伸产品的生命周期。

（一）时尚旅游产品的生命周期

时尚旅游产品的生命周期只有两个阶段，一个是快速增长阶段，另一个是显著暴跌阶段。时尚旅游产品一般具有以下特点：

(1) 一般传播媒介可能愿意用大量时间或空间对时尚旅游产品加以宣传，如目前的生态旅游、漂流旅游、迪斯科舞等，许多电视、杂志、报纸等会主动加以宣传，而不需要旅游企业付费做广告。

(2) 时尚旅游产品常常随着产品推出前的大量宣传而到来，因此生命周期中没有明显的缓慢增长的推出阶段，往往一开始就呈现出高速的增长。

(3) 在时尚旅游产品的目标市场中，没有明显的选择行为，如早期选用者、中期选用者、晚期的大多数消费者等。整个市场的选择同是在产品推出后的短时期内发生的。

(4) 时尚旅游产品营销组合的目标在于快速的市场进入，同时产品常常被一个分界很清楚的市场所选取，这一市场通常是一个特殊的年龄集团。

(5) 大多数时尚旅游产品是非基本旅游产品，其消费者常常自以为与其他人相比有显著的差异性或特殊性。

(二) 延伸旅游产品的生命周期

这类产品有一个延伸的成熟阶段，这一延伸的成熟阶段，也称之为饱和阶段。在饱和阶段中，高度的重复购买，造成一个稳定的销售额，最后可能会在市场的全部购买中找到一个持久销售地位。有很多旅游产品都呈现出延伸产品的生命周期的形态，其中主要有：

(1) 大众旅游产品，是指那些为人民群众经常使用的旅游产品，在某种程度上已成为必需品，如欧美人把度假就视为必需品。

(2) 风行旅游产品，是指那些在市场上影响广泛且吸引力较大的产品，如中国的长城、兵马俑观赏游览等，就风行于市场而经久不衰。

(3) 功能性旅游产品，是指那些具有普遍功能的产品，如饭店的餐厅，就能满足多方面的需求而具有较高的重复购买率。

(4) 多效用旅游产品，是指那些具有多种用途而能满足多方面或多层次需求的产品，如旅游饭店等，就具有持久的重复购买率。

(三) 影响旅游产品生命周期变异的因素

旅游产品的生命周期之所以会发生变异，是因为受到多方面因素的影响，这些因素归纳起来主要有外部因素和内部因素两大类。外部因素是指影响旅游产品在市场上发展状况的外部条件，具体包括政治、经济、社会、竞争及一些偶发因素，甚至旅游接待国或某一旅游客源国发生诸如地震、火灾水灾等自然灾害或爆发战争，都会冲击旅游产品的供给与需求，从而影响旅游产品生命周期的变异。内部因素是指旅游业内部的可控因素，主要包括资源特点、设施与服务因素、管理因素等，如新建的饭店、新开发的资源，由于管理不善，设备破坏严重，秩序杂乱无章，服务质量下降，都会对旅游者产生排斥作用，影响旅游产品的销售及旅游产品寿命周期的延伸，从而导致旅游产品过早进入衰退期。

三、延长旅游产品生命周期的经营策略

由于旅游产品也存在着生命周期，因此旅游企业通过对产品生命周期客观规律的认识，运用各种经营策略，延长旅游产品的成熟期，使企业获得最佳效益。延长旅游产品生命周期的策略概括起来有以下几种。

（一）旅游产品改进策略

旅游产品改进策略，是通过对成熟期的旅游产品作某些改进以吸引新老旅游者。产品改进可从旅游产品的质量、功能、形态等几方面进行。如提高服务质量，改进旅游设施和设备，增设新的旅游服务项目，开辟新的旅游景观，等等。每进行一个方面的产品改进，相当于刺激出一个新的需求热点，从而使旅游产品的成熟阶段得以延长。如西班牙首都马德里市区游，过去主要靠著名的“东方宫”和几个广场等名胜古迹吸引旅游者，后来新增添了“星期日娱乐”项目，每逢星期日上午，在市内六个古董市场出售古董、古玩，供游客观赏和选购，下午则让游客观看斗牛、赛马、足球赛等，使马德里市区对旅游者具有极大的吸引力而经久不衰。

（二）旅游市场开拓策略

旅游市场开拓策略，就是为成熟期的旅游产品寻找新的顾客，开发新的市场。具体做法有两种。一是发展旅游产品的新用途，即在原产品功能的基础上开发新的旅游功能用途，使老产品焕发新的生命力。如某度假区在原接待度假游客基础上，开辟健康、娱乐等旅游项目，使其具备新的功能作用而吸引了更多的旅游者。二是开辟新市场，即为原有旅游产品寻找新的使用者，使产品进入新的细分市场。如中国的重点观光旅游产品在欧美主要传统市场上已无大潜力，保持这一产品生命力的有效途径之一就是为观光旅游产品寻找新的市场，通过开发新加坡、泰国、韩国、马来西亚等市场，使中国观光旅游再度掀起新潮。

（三）旅游市场营销组合策略

市场营销组合策略，是对产品、促销、流通渠道和定价这四个因素的组合加以合理的改进和重组，以刺激销售量的回升。如提供更多的服务项目，改变分销渠道，增加直销，增加广告，或在价格上加以调整等，以刺激销售量，吸引更多的旅游者。

（四）旅游产品升级换代策略

延长旅游产品生命周期的一项根本途径是使产品根据市场上不断涌现出的新需求，不断地实现旅游产品的升级换代，做好旅游产品开发工作。如对于中国观光旅游产品来说，理想情况是，当第一代观光产品，即以七大旅游城市为中心、散布于部分重点旅游城市的观光产品进入成长期后，就有第二代产品逐步进入开发建设阶段，如增加参与性活动在内的娱乐、观光型产品的出现。这样第一代观光产品进入成熟期后，第二代观光产品就进入了成长期，依此类推，观光产品的生命周期便得以延长。

第四节　旅游产品开发及策略

一、旅游产品开发的内容

旅游产品开发是根据市场需求，对旅游资源、旅游设施、旅游人力资源及旅游景点等进行规划、设计、开发和组合的活动。它包括两个方面的内容：一是对旅游地的规划和开发；二是对旅游路线的设计和组合。

（一）旅游地开发

旅游地是旅游产品的地域载体。旅游地开发是在旅游经济发展战略指导下，根据旅游市场需求和旅游产品特点，对区域内旅游资源进行开发，具体包括建造旅游吸引物，建设旅游基础设施，完善旅游服务，落实区域旅游发展战略的具体技术措施等。因此，旅游地开发就是在一定地域空间上进行旅游吸引物建设，使之与其他相关旅游条件有机结合，成为旅游者停留、活动的目的地。

旅游地开发通常可分为五种形式。

1. 以自然景观为主的开发

这类开发以保持自然风貌的原状为主，但需要进行道路、食宿、娱乐等配套旅游设施建设，以及环境绿化、景观保护等工作。这类形式的开发必须以严格控制建设量和建设密度，不允许冲淡和破坏自然景观为前提，使人工造景建筑与自然环境协调一致。

2. 以人文景观为主的开发

这类开发主要是对有价值的文化历史古迹如具有重要历史文化价值的古迹、遗址、园林、建筑形态等进行维护、修缮、复原等工作，使其具有旅游功能。这类形式的开发一般需要较大的投资和维修费用。

3. 在原有资源和基础上的创新开发

这类开发主要是利用原有资源和开发基础的优势，进一步扩大和增添旅游活动内容和项目，以达到丰富特色、提高吸引力的目的。

4. 非商品性旅游资源开发

非商品性旅游资源一般是指少数民族地方的民族风情、传统风俗、文化艺术等，它们虽然是旅游资源但还不是商品，本身并不是为旅游而产生的，也不仅仅为旅游服务。对这类旅游资源的开发，需要进行广泛的横向合作，与有关部门共同挖掘、整理、改造、加工和组织经营，在此基础上开发成各种旅游产品。

5. 利用现代科学技术成果进行旅游开发

这是运用现代科学技术所取得的一系列成就，经过精心构思和设计，再创造出颇具特色的旅游活动项目，如“迪斯尼乐园”、“未来世界”等。现代科技以其新颖、奇幻的特点，融娱乐、游艺、刺激于一体，大大开拓和丰富了旅游活动的内容与形式。

（二）旅游路线开发

旅游路线是旅游产品的具体表现，是旅游地向外销售的具体形式。旅游产品开发成功与否与旅游路线能否为游客所接受密切相关，旅游路线是游客消费并满足旅游需求的具体体现。旅游路线开发，就是把旅游资源、旅游吸引物、旅游设施和旅游服务综合地联系起来，并与游客的期望相吻合，与旅游者的消费水平相适应的组合性创造活动。从开发过程来看，旅游路线开发充分体现了旅游产品与有形产品在开发方式上的区别。一般有形产品是人们借助于劳动工具将劳动对象加工改造为特定的外貌和内质全然不同的符合人们新需求的物质产品。而旅游产品的生产过程则是旅游从业人员凭借着已开发的吸引物和已建成的旅游设施和其他服务设施，向人们提供符合旅游需要的服务，即通过旅游从业人员和旅游设施、旅游吸引物等组合成各种不同的旅游路线，以满足不同目的的旅游需求。在这里除了食品生产外，对所凭借的物质和非物质的劳动产品不存在外貌和内质的变化，只有不同形式的路线组合。因此，旅游路线开发实质上是组合开发。旅游路线开发的种类可以从不同角度进行划分。

1. 按旅游路线的性质分

可以划分为普通观光旅游路线和特种专项旅游路线两大类。

2. 按旅游路线的游程天数分

可以分为一日游路线与多日游路线。

3. 按其使用的主要交通工具分

可以分为航海旅游路线、航空旅游路线、内河大湖旅游路线、铁路旅游路线、汽车旅游路线、摩托车旅游路线、自行车旅游路线、徒步旅游路线以及几种交通工具混合使用的综合型旅游路线等。

4. 按使用对象的不同性质分

可分为包价团体旅游路线、自选散客旅游路线、家庭旅游路线等。

二、旅游产品开发的原则

在旅游产品开发中，无论是对旅游地的开发，还是对旅游路线的开发，首先都要对市场需求、市场环境、投资风险、价格政策等诸多因素进行深入分析。根据对这些因素的分析和比较可产生一系列设计方案和规划项目，再选择其中既符合市场旅游者的需要又符合目的地特点，且具有竞争力的方案和项目进行开发。旅游产品开发必须遵循以下几项开发原则。

（一）市场观念原则

旅游产品的开发必须从资源导向转换到市场导向，牢固树立市场观念，以旅游市场需求作为旅游产品开发的出发点。没有市场需求的旅游产品开发，不仅不能形成有吸引力的旅游目的地和旅游产品，而且还会造成对旅游资源的浪费和生态环境的破坏。

树立市场观念，一是要根据社会经济发展及对外开放的实际状况，进行旅游市场定位，确定客源市场的主体和重点，明确旅游产品开发的针对性，提高旅游经济效益；二是要根据市场定位，调查和分析市场需求和供给，把握目标市场的需求特点、规模、档次、水平及变化规律和趋势，从而形成适销对路的旅游产品；三是针对市场需求，对各类旅游产品进行筛选、加工或再创造，然后设计、开发和组合成具有竞争力的旅游产品，并推向市场。

总之，树立市场观念，以市场为导向，才能使旅游产品开发有据有序，重点突出，确保旅游产品的生命力经久不衰。

（二）效益观念原则

旅游业作为一项经济产业，在其开发过程中必须始终把提高经济效益作为主要目标；同时，旅游业又是一项文化事业，因而在讲求经济效益的同时，还必须讲求社会效益和环境效益。也就是说，要从整个开发的总体水平考虑，谋求综合效益的提高。树立效益观念，一是要讲求经济效益，无论是旅游地的开发，还是某条旅游路线的组合，或是某个旅游项目的投入，都必须先进行项目可行性研究，认真进行投资效益分析，不断提高旅游目的地和旅游路线投资开发的经济效益；二是讲求社会效益，在旅游目的地开发规划和旅游路线产品设计中，要考虑当地社会经济发展水平、政治、文化及地方习惯，要考虑人民群众的心理承受能力，从而形成健康文明的旅游活动，并促进地方精神文明的发展；三是要讲求生态环境效益，按照旅游产品开发的规律和自然环境的可承载力，以开发促进环境保护，以环境保护提高开发的综合效益，从而形成保护——开发——保护的良性循环，创造出和谐的生存环境。

（三）产品形象原则

旅游产品是一种特殊商品，是以旅游资源为基础，对构成旅游活动的食、住、行、游、购、娱等各种要素进行有机组合，并按照客源市场需求和一定的旅游路线而设计组合的产品。因此，拥有旅游资源并不等于就拥有旅游产品，要把旅游资源开发成旅游产品，还必须根据市场需求进行开发、加工和再创造，从而组合成适销对路的旅游产品。

树立产品形象观念，一是要以市场为导向，根据客源市场的需求特点及变化，进行旅游产品的设计；二是要以旅游资源为基础，把旅游产品的各个要素有机结合起来，进行设计和开发，特别是要注意在旅游产品设计中注入文化因素，增强旅游产品的吸引力；三是要树立旅游产品的形象，充分考虑旅游产品的品位、质量及规模，突出旅游产品的特色，努力开发具有影响力的拳头产品和名牌产品；四是要随时跟踪分析和预测旅游产品的市场生命周期，根据不同时期旅游市场的变化和旅游需求，及时开发和设计适销对路的旅游新产品，不断改造和完善旅游老产品，从而保持旅游业的持续发展。

三、旅游产品开发策略

（一）旅游地开发策略

旅游地开发最直接的表现形式就是景区景点的开发建设。一个旅游地要进行旅游产品开发，首先必须凭借其旅游资源的优势，或保护环境，或筑亭垒石，或造园修桥，使之成为一个艺术化的统一游赏空间，让原有风光更加增辉添色，更符合美学欣赏和旅游观光的需要。旅游地开发的策略，根据人工开发的强度及参与性质可分为以下几种。

1. 资源保护型开发策略

对于罕见或出色的自然景观或人文景观，要求完整地、绝对地进行保护或维护性开发。有些景观因特殊的位置而不允许直接靠近开发，它们只能作为被观赏点加以欣赏，其开发效用只能在周围景区开发中得以体现，对这类旅游地的开发，其要求就是绝对地保护或维持原样。

2. 资源修饰型开发策略

对一些旅游地，主要是充分加以保护和展现原有的自然风光，允许通过人工手段，适当加以修饰和点缀，使风景更加突出，起到“画龙点睛”的作用。如在山水风景的某些地段小筑亭台，在天然植被风景中调整部分林相（林业术语，指各种植物群），在人文古迹中配以环境绿化等，就属于这类开发。

3. 资源强化型开发策略

这类开发指在旅游资源的基础上，采取人工强化手段，烘托优化原有景观景物，以创造一个新的风景环境与景观空间。如在一些自然或人文景点上搞园林造景，修建各种陈列馆和博物馆以及各种集萃园和仿古园等。

4. 资源再造型开发策略

这类开发不以自然或人文旅游资源为基础，仅是利用其环境条件或设施条件再创造景点，另塑景观形象。如在非资源点上兴建民俗文化村、微缩景区公园等。

（二）旅游路线开发策略

旅游路线开发遵循旅游产品开发的原则，以最有效地利用资源、最大限度地满足旅游者需求和最有利于企业竞争为指导。旅游路线产品的组合策略主要有以下几种。

1. 全线全面型组合策略

即旅游企业经营多种产品线，推向多个不同的市场。如旅行社经营观光旅游、度假旅游、购物旅游、会议旅游等多种产品，并以欧美市场、日本市场、东南亚市场等多个旅游市场为目标市场。企业采取这种组合策略，可以满足不同市场的需要，扩大市场份额；但经营成本较高，需要企业具备较强的实力。

2. 市场专业型组合策略

即向某一特定的市场提供其所需要的产品。如旅行社专门为日本市场提供观光、修学、考古、购物等多种旅游产品；或者以青年市场为企业的目标市场，开发探险、新婚、修学等适合青年口味的产品。这种策略有利于企业集中力量对特定的一个目标市场进行调研，充分了解其各种需求，开发满足这些需求的多样化、多层次的旅游产品。但由于目标市场单一，市场规模有限，企业产品的销售量也受到限制，因此这种策略在整个旅游市场中所占份额较少。

3. 产品专业型组合策略

即只经营一种类型的旅游产品来满足多个目标市场的同一类需求。如旅行社开发观光旅游产品推向欧美、日本、东南亚等市场。因为产品线单一，所以旅游企业经营成本较少，易于管理，可集中企业资金开发和不断完善某一种产品，进行产品的深度加工，树立鲜明的企业形象。但采取这种策略使企业产品类型单一，增大了经营风险。

4. 特殊产品专业型组合策略

即针对不同目标市场的需求提供不同的旅游产品。如对欧美市场提供观光度假旅游产品，对日本市场提供修学旅游产品，对东南亚市场提供探亲访友旅游产品；或者经营探险旅游满足青年市场的需要，经营休闲度假旅游满足老年市场的需要等。这种策略能使旅游企业有针对性地开发不同的目标市场，使产品适销对路。但企业采取此种策略需要进行周密的调查研究，投资较多，成本较高。

[思考与练习]

1. 怎样理解旅游产品的含义？
2. 旅游产品的价值有哪些特殊的性质？
3. 旅游产品具有哪些基本特性？
4. 旅游产品有哪些表现形态和构成？
5. 构成旅游产品的要素包括哪些方面？
6. 阐述旅游产品的生命周期。

第四章　旅游需求与供给

需求与供给是相互联系、相互矛盾的两个基本经济范畴，旅游需求与旅游供给则是旅游经济活动的重要内容。本章将从旅游需求与旅游供给的基本概念出发，探讨旅游需求与旅游供给的平衡机制，揭示旅游供求的内在规律及其影响因素，为解决旅游供求矛盾提供理论指导与对策建议。

第一节　旅游需求分析

一、旅游需求的概念

在经济学中，需求是指消费者在某一时期内，在一定价格水平下，愿意并且能够购买某一商品或服务的数量，即有效需求。从经济学的角度来看，旅游需求就是指具有一定支付能力的人们为了满足其对旅游活动的欲望，愿意在一定时间和价格条件下购买的旅游产品数量。简单地说，旅游需求就是人们对旅游产品的需求。正确理解这一概念，必须掌握以下两点。

（一）旅游需求表现为旅游者对旅游产品的购买欲望

旅游需求作为旅游者的一种主观愿望，其表现为旅游者对旅游活动渴求满足的一种欲望，即对旅游产品的购买欲望，是激发旅游者的旅游动机及行为的内在动因。但旅游需求并不是旅游者实际购买旅游产品的数量，它只表现为对旅游产品的购买欲望，而这种需求能否实现，则取决于旅游者的支付能力及旅游经营者提供旅游产品的数量。

（二）旅游需求表现为旅游者对旅游产品的购买能力

旅游需求还表现为在旅游者拥有必要的闲暇时间的条件下，对旅游产品的购买能力。旅游消费是在一段时间内完成的，如果旅游者没有闲暇时间，旅游消费将无从谈起。旅游购买能力是指旅游者在其收入中用于旅游消费支出的能力，即旅游者的经济条件。旅游者的经济条件通常用个人可支配收入来衡量。在其他条件不变的情况下，个人可支配收入越多，则人们对旅游产品的需求就越大。此外，一定的旅游产品价格也是影响旅游者购买能力的重要因素。必要的闲暇时间和购买能力是使旅游需求转化为最终购买旅游产品行为的两个重要前提条件。

二、旅游需求的产生

旅游需求是怎样产生的，或者说产生旅游需求需要具备哪些条件，这是一个涉及面很广的复杂问题，需要从社会、经济、心理等多个角度进行分析。归纳起来主要两个方面：一是旅游者的主观因素，二是一定的客观条件。

（一）旅游需求产生的主观条件

旅游动机是旅游需求产生的主观条件。所谓动机，就是引发一个人为满足其某种身心需要而决定去做某事的内在驱动力。旅游动机即旅游需求欲望，是人们产生旅游行动的心理原动力，是人们的一种主观愿望，是驱使人们有意外出旅游的内在动因。旅游动机主要包括身体方面的动机、文化方面的动机、交际方面的动机和地位与声望方面的动机。旅游动机的产生，一方面在很大程度上同人们的兴趣、爱好、文化修养以及年龄和性别等个人因素有关；另一方面，很多外界客观因素对人们旅游动机的形成具有重大影响，包括政治、经济与社会环境以及旅游媒介等。

（二）旅游需求产生的客观条件

个人可自由支配收入和闲暇时间是产生旅游需求的两个重要的客观条件。

1. 个人可自由支配收入

旅游需求是否得以实现，取决于人们支付能力的大小，即可自由支配收入。可自由支配收入是指个人收入扣除所得税和日常衣、食、住等必须的生活开支以及必要的社会消费开支之后的余额。一般来说，在可支配收入一定的条件下，人们用于衣、食、住、行及其他方面的支出比例基本保持不变。但是，随着人们可支配收入的增加，人们用于衣、食、住、行等生活消费方面的支出比例就会相对减少，而可自由支配收入就会相应增加，其中也包括旅游消费支出。因此人们可自由支配收入的提高是产生旅游需求的经济前提，它不仅会影响旅游需求量的大小，而且对旅游需求的内容也具有一定的制约性。

2. 闲暇时间

旅游产品是异地消费的产品，具有地域固定性，这就决定了旅游者对旅游产品的消费必须以一段历时较长的连续性闲暇时间为前提，此前提得不到保证，人们的旅游需求便得不到满足，甚至不可能产生。所谓闲暇时间就是人们在日常工作、学习、生活之余以及必需的社会活动之外，可以自由支配的时间。随着现代社会的发展，劳动生产率不断提高，人们用于工作的时间相对减少，用于休息、锻炼、享受等的时间则相对增多。法国巴黎劳动法规定每年有 30 天的带薪假期，其中雇主有义务给予员工 12 天以上（最多 24 天）的连休假。美国洛杉矶规定，节日 10 天，假日 140 天。巴西圣保罗一年的带薪假期为 30 天。澳大利亚悉尼规定，在同一雇主下工作一年以上，将得到至少 20 天有奖金额的带薪休假；工作 10 年以上则可获 6 周带薪休假；工作 15 年则可获 13 周的带薪休假。有的国家和地区年休假日高达 140 天，超过全年 1/3 的时间，极大地推动了旅游需求的产生。人们不但有时间到郊区度假，享受周末，而且还有时间到世界各地观光、游览、探新求异。远程旅游和国际旅游的比例逐渐增加，旅游的方式和内容也日趋多样。近年来，我国推行黄金周节假制，使旅游需求不断增长。

三、旅游需求的特征

旅游需求是人类需求的重要组成部分，它既有人类需求的一般特征，又有不同于人类一般需求的特殊性。由于旅游需求是人们消费需求中的一种高层次需求，因而旅游需求具有区别于人们其他需求的特征。

（一）旅游需求是一种高层次的需求

美国心理学家马斯洛认为，人们的兴趣爱好及所处环境的差异，使人们产生各种各样的需求。他将人们的需求分为生理需求、安全需求、社交需求、自尊需求和自我实现需求五个层次，五个层次的需求总是由低向高逐渐得到满足的。随着低层次需求得到一定满足，人们就会追求更高层次的需求，而为了满足高层次社交、自尊及自我实现的需求，人们就会产生旅游需求，例如探亲访友、考察学习、疗养度假、旅行观光、览胜探奇等。因此，旅游需求是一种高层次需求，表现为人们追求更好的物质享受和精神方面的满足。

（二）旅游需求的多样性

旅游活动是指人们为了满足需求，而暂时外出以改变生活方式和生活场所的一种形式。由于人们的需求是多样的，因而旅游需求也表现为一种多样性的需求。例如，人们可能为了好奇、学习而旅游；可能为了身体健康、治疗疾病而旅游；可能为了公务、经商、洽谈业务而旅游；也可能为了躲避工作的压力而旅游；也可能为了满足冒险、刺激、浪漫生活而旅游，等等。总之，人们由于个性差异、生活条件的不同、经济收入的差别以及所处社会环境的影响，往往产生各种各样的旅游需求。

（三）旅游需求的季节性

旅游具有较强的季节性，一方面由于不同的季节，旅游资源所表现出来的吸引力不一样，即旅游资源的价值含量不一样，如哈尔滨，在冬季可以为游客提供观赏冰灯和滑雪等特殊的旅游活动项目，而成为旅游的旺季；另一方面，由于受到工作和休假时间的限制及人们外出旅游的传统习惯等因素的影响，旅游需求出现旺季和淡季，旺季时，旅游产品供不应求，淡季时，供过于求，如在我国“十一”、春节期间旅游需求陡然上升。

（四）旅游需求的复杂性

旅游需求不仅是一种多样性需求，而且是一种复杂性需求。旅游需求的复杂性，一方面由人的心理活动的复杂性所决定，即人们对购买和消费旅游产品的认知、态度、情绪、偏好及学习过程是复杂的。如有的旅游者喜欢高级宾馆，而有的旅游者更喜欢民居式住宿；有的旅游者喜欢刺激、冒险的旅游活动，而有的旅游者更喜欢安全性高的旅游项目。另一方面是受旅游环境的复杂性所影响。通常，旅游者的旅游活动是不断变化的，旅游活动的进行和旅游环境的变化，必然对旅游者的心理和行为产生重要影响，从而导致旅游需求也处于动态的变化之中，并表现出复杂性的特点。

四、影响旅游需求的因素

旅游需求除了受到旅游者自身的旅游动机、收入水平、闲暇时间及交通条件的直接作用外，还是在政治、经济、文化、法律、自然、社会等各种因素的综合影响下而形成的一种社会经济现象。因此，全面地掌握和了解旅游需求，还必须对影响旅游需求的各种因素进行分析。通常，影响旅游需求的主要因素有人口因素、经济因素、社会文化因素、政治法律因素、旅游供给因素等。

（一）人口因素

人口是影响旅游需求的最基本因素之一，因为旅游本身就是人的一种行为。从人口的统计特征来看，人口的数量、结构、分布状况等对旅游需求的产生有明显的影响作用。

1. 人口数量

人口数量的增多影响着旅游需求量的变化。第二次世界大战结束之后，现代旅游之所以能够迅速发展，其原因之一就在于世界人口的增长为旅游市场规模的扩大奠定了基础。1950 年，全世界人口约 25 亿，同年，全世界国际旅游人次为 0.25 亿，占世界总人口的 1%。到旅游活动大众化开始形成的 20 世纪 60 年代末，全世界人口已增加到 36 亿，1969 年全世界国际旅游人次为 1.43 亿，占世界总人口的 4%。1999 年全世界人口 60 亿，国际旅游人次 6.57 亿，占世界总人口的 10.95%。这些数字表明，战后以来，世界总人口的增加对旅游需求的迅速扩大有直接的影响。此外，从世界上各主要客源国的情况分析，也可以看到人口规模对旅游需求规模的影响。同为经济发达的国家，但产生旅游者的人次数却大不相同，其原因也在于各自人口规模的差异。以美国和日本为例，1997 年，美国出国旅游人次为 5409.1 万人次，而同年，日本出国旅游人次为 1680.28 万人次。如果连同国内旅游人次一起计算比较，则这两个国家旅游需求规模的差距更大，这种差距的存在更多是由于两国人口的规模所致。

2. 人口结构

人口结构是指人口的年龄、性别和职业等的构成情况。

(1) 年龄构成。

从人口年龄构成上看，不同年龄段的人，其经济收入、兴趣爱好、身体健康状况、消费需求等各不相同。如一般年轻人精力充沛，好奇心强，收入稳定，带薪节假日较多，出游的比率较高；老年人有经济的积累，又很少有子女的负担，旅游时间也比较充裕，但容易受到健康条件的约束，即使出游，旅游活动也常常受到限制；中年人虽然也精力旺盛，有工资及带薪假期，但又受家庭拖累，出外旅游会受到一定的限制，旅游时间往往集中于假期，或利用公务、商务出差的机会出游。

(2) 性别构成。

性别构成对旅游需求的影响主要表现为男性旅游者比女性旅游者人数多。这与一些国家或地区的传统观念、社会分工、家庭角色等有关。但随着社会的发展，家务劳动的社会化以及妇女地位的不断提高，女性旅游市场也有了较大的发展。与男性旅游者相比，女性旅游者更多地表现在旅游方式、旅游项目和旅游价格等方面的选择上的差异。

(3) 职业构成。

不同职业、不同工作性质意味着不同的收入、不同的教育程度、不同的闲暇时间和不同的消费需求等。一般来讲，企业家、商人、医生、律师等收入水平较高，产生旅游需求的可能性较高，参加远距离旅游或国际旅游的可能性较大，对食宿等旅游设施的要求也较高。商务人员、公务人员、管理人员出差的机会比较多，通常在公务中兼顾旅游，旅游消费比较高。科技工作者、教师、研究人员进行学术交流的机会较多，会议旅游是他们常见的旅游方式。一般的个体户、产业工人和农民经济收入较低，闲暇时间较少，外出旅游的频率不高，旅游的时间相对固定和集中，旅游消费水平也较低 。此外，职业不同，人们受教育的程度也存在差异。受教育程度高、文化程度高的人对外部世界的了解较多 ，较少有地域偏见，求知欲强，容易产生旅游需求；受教育程度低的人认识狭隘，往往知足常乐，不容易产生旅游需求，或者旅游需求层次不高。

3. 人口分布状况

人口分布状况是指人口的城乡分布状况。就目前的旅游市场情况而言，城市居民外出旅游需求的数量远比农村居民要高。这是因为城市居民的收入普遍比农村居民要高，具有产生旅游需求的经济基础；同时，城市里人口稠密、工作紧张、工作压力大，迫使人们外出旅游调节生活、缓解压力。此外，城市发达的交通条件、灵敏的信息，以及服务、文化、教育等条件，也造成了城市居民的出游比例远较农村居民为高。

（二）经济因素

经济条件是产生一切需求的基础，没有丰富的物质基础和良好的经济条件作保障，旅游需求是不可能产生的。一个国家或地区的国民经济发展水平、人们的收入状况、旅游产品价格、通货膨胀与货币汇率等都直接或间接地影响着旅游需求的规模和结构。

1. 国民总收入

国民总收入是指一个国家或地区在一定时期内所生产的最终产品和提供的劳务总量的货币表现。它反映了一个国家或地区在一定时期内整个社会物质财富的增长状况，是衡量经济发展水平的重要指标。国民总收入的高低决定着人们收入水平的多少。在旅游客源国或旅游客源地，国民总收入越高，人们可以自由支配的收入也就越高，产生的旅游需求也就越多，旅游的规模和结构就会相应提高。在旅游接待国或旅游接待地，国民总收入越高，人们收入水平越高，用于改善生活水平、提高生活质量的投入就越多，旅游设施及接待条件就相应较好，从而可以吸引更多的旅游者。因此，国民总收入的规模对旅游需求的总量和结构具有决定作用。

2. 货币汇率

汇率又称汇价或外汇行市，表示的是两个不同国家货币之间的比价。旅游目的地国同旅游客源国之间的货币汇率变化对入境旅游需求有着直接的影响。如果旅游接待国同旅游客源国之间的汇率下跌，旅游接待国的货币贬值，旅游产品的实际价格就会下降，前往该国的旅游需求就会增加。相反，如果旅游接待国同旅游客源国之间的汇率上升，旅游接待国的货币升值，旅游产品的实际价格就会上涨，前往该国的旅游需求就会减少，旅游者就会倾向于选择其他的接待国或地区进行旅游，因为在那里旅游者支付相同的货币，却可以买到更多的旅游产品。例如，1973～1974 年，美元相对欧洲一些国家的货币出现贬值，导致美国居民访问欧洲的人数明显下降；而 1985 年美元相对于欧洲国家的货币出现升值，当年美国居民去欧洲旅游的人数大大增加。

（三）社会文化因素

世界上不同国家或地区具有不同的文化背景，从而存在风俗习惯、宗教信仰、审美观、价格观等方面的差异，进而使对旅游产品需求、旅游活动的感受也有较大的差异。因此，在旅游接待中，必须注意分析不同旅游者的文化背景和文化特征，研究旅游者的消费习惯和需求心理，尽量消除他们在陌生环境中所产生的不信任感和抵触情绪，投其所好，避其所忌，促使旅游需求持续、稳定地增长。从旅游者的心理来看，旅游者大多渴望到特色鲜明、社会文化差异大的国家或地区旅游，以便更好地满足自己的好奇心和求知欲。但是，从旅游者的行为来看，多数旅游者的旅游行为首先还是发生在相邻的国家或地区，以近距离流动为主。究其原因，既与价格、收入等经济因素有关，也与社会文化的差异有关。文化的差异对旅游者虽然是一种吸引，但陌生的环境、陌生的语言和陌生的事物，也容易使旅游者产生不安全感，制约着他们将旅游愿望付诸行动。

（四）政治法律因素

政治稳定性是激发旅游需求、促使旅游需求不断增加的重要因素。不稳定的政治环境，往往使旅游者承担各种风险，从而造成旅游者的心理压力而使旅游需求下降。例如，旅游业过去曾是前南斯拉夫最重要的经济支柱之一，其1990年的国际旅游收入高达27亿美元。然而，自前南斯拉夫内战爆发以后，国际旅游者在前南斯拉夫近乎绝迹，从而使前南斯拉夫的旅游业受到毁灭性的打击。此外，国家之间的政治关系，政府对旅游业的发展政策及有关法律、法规及执行情况，也会对旅游需求产生直接和间接的影响。

（五）旅游资源因素

旅游资源是吸引旅游者的旅游对象，是一个国家或地区的自然风貌和社会发展的象征，体现着该国家或地区自然、社会、历史、文化及民族的特色，从而对生活在其他国家或地区的人们产生吸引力。因此，根据旅游需求多样化而发掘形成的旅游资源，正成为影响世界经济社会发展的新型战略性资源。一方面，随着人们对资源利用的认识向深度及广度发展，各种各样的旅游资源正被设计开发，并刺激旅游需求的产生；另一方面，各种自然旅游资源及人文旅游资源能否直接或间接地转化为经济资源和经济优势，并带来经济收入，则在很大程度上取决于旅游需求，并随着旅游业的发展而释放出巨大的经济能量。可见，旅游资源与旅游需求相辅相成，旅游资源刺激旅游需求的产生，而旅游需求则促使旅游资源转变为经济优势，二者相互影响，相互促进。

五、旅游需求规律

旅游需求的产生和变化受多种因素的制约和影响，但对旅游的需求量具有决定性影响的因素主要是旅游产品价格、人们的收入状况和闲暇时间。因此，旅游需求量变化的规律性主要反映为旅游需求与价格、收入和闲暇时间的相关性和变动关系。

旅游需求规律的基本内容是：在其他因素不变的情况下，人们对某一旅游产品的需求量随该产品的价格变动成反方向变化，随人们可支配收入和闲暇时间的变动成同方向变化。旅游需求规律可以用以下函数式来表示：

$$D=f\,(P,\ I,\ T,\ \cdots)$$

其中：D——某种旅游需求；

P——某种旅游产品的价格；

I——旅游者的可支配收入；

T——旅游者的闲暇时间。

下面是对旅游需求规律的具体讨论。

（一）旅游需求量与旅游产品的价格呈反方向变化

旅游产品价格是影响旅游需求的首要因素，在其他因素不变的情况下，旅游需求量会随着旅游产品价格的变化发生相应的变化。当旅游产品的价格上升时，人们对旅游产品需求量就减少；当旅游产品的价格下跌时，人们对该旅游产品的需求量就会上升。一定时期内，旅游者对一种旅游产品在各种可能的价格下愿意并且能够购买的数量用图形表示，就形成了旅游需求曲线，见图 4-1。

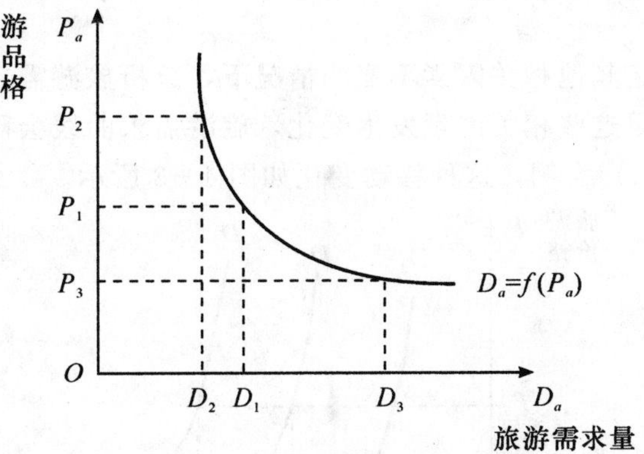

图 4-1　旅游需求价格曲线

如图 4-1 所示，当 a 种旅游产品价格为 P_1 时，旅游需求量为 D_1；若价格上升至 P_2 时，则旅游需求量下降至 D_2；若价格下降至 P_3，则旅游需求量上升至 D_3。旅游需求量（D_a）与旅游价格（P_a）的关系，用函数式可以表示为：

$$D_a = f(P_a)$$

（二）旅游需求量与人们的可支配收入呈同方向变化

人们可自由支配的收入与旅游需求也有着密切的联系。在其他因素不变的情况下，人们可自由支配的收入越多，对旅游产品的需求量就越多；人们可自由支配的收入越少，对旅游产品的需求量就越少。这种变化关系如图 4-2 所示。

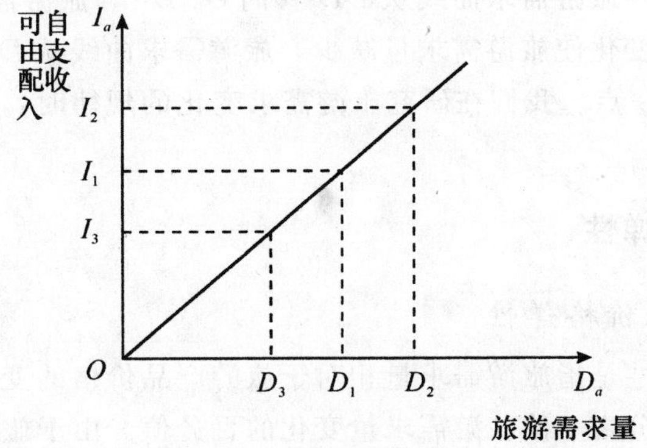

图 4-2　可自由支配收入与旅游需求量的关系

从图 4-2 中可以看出，当可以自由支配的收入为 I_1 时，旅游需求量为 D_1；当可自由支配的收入升至 I_2 时，旅游需求量升至 D_2；当可自由支配的收入降至 I_3 时，旅游需求量降至 D_3。两者这种正向变化关系用函数式表示为：

$$I_a = f(D)$$

（三）旅游需求量与人们的闲暇时间呈反方向变化

闲暇时间是旅游需求产生的必要条件，同时，它也是旅游消费活动的重要组成部分。因此，闲暇时间尽管不属于经济的范畴，但它同旅游需求也具有密切的联系。会直接影响到旅游需求量的变化。当人们的闲暇时间增多时，人们对旅游产品的需求量则相应增加；当人们的闲暇时间减少时，人们对旅游产品的需求量则相应减少；当人们完全没有闲暇时间时，人们对旅游产品的实际需求等于零。旅游需求量与人们的闲暇时间基本上呈同方向变化的关系。

上述讨论是在假定其他相关因素不变的情况下，分析旅游需求量与某一影响因素之间的对应变动关系。如果这些相关因素发生变化，旅游需求曲线会随之位移，以旅游需求量（D_a）与旅游价格（P_a）为例，这种移动变化如图 4－3 所示。

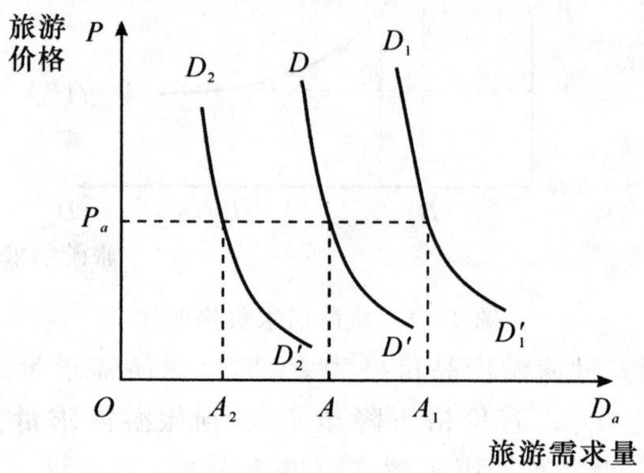

图 4－3 其他条件不变，价格升降导致旅游需求量的变化

在图 4－3 中，曲线 DD' 表示随旅游产品价格变化而变化的旅游需求曲线，即在其他因素不变的条件下，旅游产品价格的升降导致旅游需求量沿着这条曲线增多或减少。曲线 $D_1D'_1$ 和 $D_2D'_2$ 表示旅游价格之外的其他因素的变化对旅游需求量的影响，这些因素的变化引起整个旅游需求曲线发生向左或向右的位移。如果旅游产品价格不变而其他因素的变化使旅游需求量增加，旅游需求曲线从 DD' 移向 $D_1D'_1$，旅游需求量则从 A 点增长到 A_1 点。如果这些因素的变化使旅游需求量减少，旅游需求曲线从 DD' 移向 $D_2D'_2$，旅游需求量则从 A 点减少到 A_2 点。我们在研究旅游需求变化的规律时，要综合考虑各种因素的共同影响。

六、旅游需求弹性

（一）旅游需求价格弹性

旅游需求价格弹性是指旅游需求量相对于旅游产品价格的变动反应程度，或者说是旅游产品价格变动的百分之一使旅游需求量变化的百分值。由于旅游需求量与旅游价格的变化方向相反，因此旅游需求价格弹性系数总是表现为负值，通常用绝对值来表示。其计算公式如下：

(1) $$E_{dp}=\frac{\dfrac{Q_1-Q_0}{Q_0}}{\dfrac{P_1-P_0}{P_0}}$$ (2) $$E_{dp}=\frac{\dfrac{Q_1-Q_0}{(Q_1+Q_0)\div 2}}{\dfrac{P_1-P_0}{(P_1+P_0)\div 2}}$$

其中：E_{dp}——旅游需求价格弹性系数；

P_0，P_1——变化前后的旅游产品价格；

Q_0，Q_1——变化前后的旅游需求量。

公式（1）反映的是旅游产品价格变动引起旅游需求量的直接变化程度，即需求曲线上某一点的弹性系数。公式（2）表示的是旅游产品价格变动引起旅游需求量的平均变化程度，即需求曲线上某一段的弹性系数。

旅游需求的价格弹性系数可以分为以下三种情况：

当 $|E_{dp}|>1$ 时，表明旅游需求弹性较大，需求曲线表现得比较平坦。此时，只要旅游价格稍有变化，便会引起旅游需求较大幅度的变化。因此，在旅游需求弹性系数大于 1 的情况下，提价便会引起旅游需求量的锐减，从而减少总收益，降价则可以刺激旅游需求量的剧增，从而增加总收益。

当 $|E_{dp}|<1$ 时，表明旅游需求弹性较小，旅游需求曲线表现得比较陡峭。此时，旅游价格若发生变化，只会引起旅游需求量较小幅度的变化。因此在旅游需求弹性系数小于 1 的情况下，适度的提价可以增加总收益，降价则会在一定程度上减少总收益。

当 $|E_{dp}|=1$，表明旅游需求弹性适中，旅游需求曲线表现为一条正双曲线。此时，旅游产品价格若有所变化，旅游需求则发生相同比率幅度的变化。因此，在旅游需求价格弹性系数等于 1 的情况下，提价不会增加总收益，降低也不会减少总收益。

需要指出的是，不同等级或档次的旅游产品，其需求的价格弹性系数不同。一般说来，经济型旅游产品的弹性系数较小，豪华型旅游产品的弹性系数较大。由于某项旅游产品多是各种类型产品的综合体，其需求弹性系数不尽相同，因此，不能盲目采取降价策略来刺激需求量。

以上研究是在假定价值不变的条件下进行的，在通货膨胀的情况下，旅游产品价格的上调则另当别论，需要强调的是，这种现象并不影响上述结论。

（二）旅游需求收入弹性

旅游需求收入弹性是指旅游需求量对人们可自由支配收入变动的反映程度。旅游需求的收入弹性系数是指人们可自由支配收入变化的百分数与旅游需求量变化的百分数的比值。由于旅游需求量与人们可自由支配收入的变化方向相同，因此旅游需求收入弹性系数总是表现为正数，其计算公式如下：

$$E_{di}=\frac{\dfrac{Q_1-Q_0}{Q_0}}{\dfrac{I_1-I_0}{I_0}}$$

其中：E_{di}——旅游需求收入弹性系数；

Q_0，Q_1——变化前后的旅游需求量；

I_0，I_1——变化前后的可自由支配收入。

旅游需求的收入弹性系数也会出现以下三种情况：

当 $E_{di}>1$ 时，表明某种旅游产品的需求量受可自由支配收入的影响程度大，人们的可自由支配收入若发生一定程度的变化，旅游需求量将会发生更大程度的变化，旅游需求曲线表现得比较平缓。

当 $E_{di}<1$ 时，表明某种旅游产品的需求量受可自由支配收入的影响程度小，人们的可自由支配收入若发生一定程度的变化，旅游需求量只会发生较小程度的变化，旅游需求曲线表现得较为陡峭。

当 $E_{di}=1$ 时，表明某种旅游产品的需求量受可自由支配收入的影响程度适中，人们的可自由支配收入若发生一定程度的变化，旅游需求量则按相同比例变化。

国际旅游组织的有关研究表明，各主要客源国的旅游需求收入弹性系数一般都比较高，有些国家甚至高达3.0左右。随着社会生产力的发展和人民生活水平的提高，旅游将逐渐成为人们日常生活的一部分，旅游需求的收入弹性系数将会逐渐缩小，甚至出现零或负数的情况。

第二节 旅游供给分析

一、旅游供给的概念

经济学中的供给是指一定时期内、一定条件下生产者愿意而且能够向市场提供的商品数量。在旅游经济活动中，旅游供给是指在一定时期和一定价格水平下，旅游经营者愿意并且能够向旅游市场提供旅游产品的数量。这里，旅游产品包括旅游资源、旅游设施、旅游服务以及一切间接地为旅游者服务的其他设施。关于旅游供给的概念，还需要从以下几点加以把握。

（一）旅游供给的目的是为了满足旅游需求

旅游供给与旅游需求是互相对应的一组概念。旅游供给的前提条件是旅游需求，即旅游企业必须以满足旅游者的需求为经营目标，通过建立一套适应旅游需求的旅游供给体系，保证提供满足旅游者需求的、高质量的旅游产品。一方面，人类的需求总是要以一定的物质作为基础的，旅游需求也不例外，因此，旅游供给所包含的旅游资源和设施就是满足旅游需求的物质基础。另一方面，旅游供给又是一种社会生产活动。旅游企业必须以旅游需求作为旅游供给的依据，即在提供旅游产品的时候，要对旅游需求的内容、层次和变动趋势进行调查研究和预测，才能有效地制订旅游供给计划，科学地组织旅游产品的生产，以达到满足旅游需求的目的。

（二）旅游供给必须是有效的供给

旅游供给必须是一种有效的供给，即必须是旅游经营者愿意并可能提供的旅游产品。在市场上，旅游需求虽然是旅游供给的基本前提，规定着旅游供给的方向和内容，但这并不意味着旅游者就可以真正得到想要的供给。旅游需求能否得到满足，还要取决于旅游经营者愿意并能提供什么样的旅游产品。在这里，愿意是相对于旅游产品的价格而言的，即在某一特定的价格下，旅游经营者愿意提供一定的旅游产品，并随着旅游价格的增减变动而相应变动。有时候旅游产品的供给者虽然具备生产的能力，了解市场的需求，但是由于价格低，就不会把产品提供出来。有时候可能价格很合适，旅游生产者也愿意提供产品，但是由于生产手段和生产技术的限制，旅游产品暂时还是不能被生产出来。因此，为了更好地满足旅游市场需求，旅游供给必须是旅游生产的意愿与可能性相结合的供给，即有效的供给。同时，从满足旅游需求的角度出发，旅游产品的供给不仅仅表现为旅游产品的数量，还必须综合地反映出旅游产品的品种、规格和质量。

二、旅游供给的特征

旅游产品是一种特殊的综合性产品，决定了旅游供给也是一种特殊的供给。与一般产品的市场供给相比，其特殊性主要表现在以下几方面。

（一）旅游供给的计量差别性

一般产品的供给，其供给量可以用每一单位的累加来计算。但旅游产品的供给却不同，它是以旅游供给的服务对象——旅游者作为旅游供给的计量单位。旅游产品是一种综合性很强的产品，旅游供给是涉及旅游者的食、住、行、游、购、娱六大要素的多种资源、设施与服务的各种要素的结合，由于这些构成要素各不相同，因而旅游供给量不能用各种要素的累加来反映，也无法用综合旅游产品数量的累加来测度，只能用旅游者人数来表征，即用可能接待旅游者的人数来反映旅游供给的数量及生产能力。

（二）旅游供给的产地消费性

一般物质产品的消费是产品通过流通环节而离开生产地的消费，因而对于一般产品的供给来说，物流环节是规划要重点考虑的内容。而旅游产品的供给，由于其不可移动性，只能是在固定空间上的产品供给。旅游者要消费这些旅游产品，就只能通过流通环节，到旅游供给的产地进行消费。这使旅游产品的生产供给规划与一般的产品存在很大的区别。景点、景区的环境容量和承载力却是规划首先要明确的问题，它规定着未来旅游供给的数量和水平。

（三）旅游供给的持续性和脆弱性

一般的物质产品的供给主要通过再生产而连续不断地提供，如果再生产停止，则物质产品的生产与供给也就停止。而旅游产品的供给却不同，如风景名胜区、宾馆、饭店等，一旦被生产出来就能在较长的一段时间内持续供给，有的甚至可以永续利用。同样，生产一般物质产品的工厂若受到破坏，则可以通过另建新厂来恢复供给，而旅游产品或旅游景点一旦遭受破坏，某种旅游产品的供给能力可能将永久丧失。

（四）旅游供给的关联性

旅游需求是一种综合要求，旅游者在旅游过程中的食、住、行、游、娱、购等方面的需求，单靠某一个旅游企业的供给是无法满足的，必须由各行各业的多个部门协同完成。因此，旅游供给与社会各行各业、各部门之间有着广泛的关联性。据统计，旅游每完成一次供给要直接涉及的行业有十几个，间接涉及的行业有 70 个左右，关联度之高为现有各产业部门之首。

（五）旅游供给的均衡性

旅游供给中的旅游资源、旅游设施以及旅游基础设施部分，是实物化了的产品，已经凝结了过去的人类劳动，投入了一定的资金。企业在经营活动中，需要通过均衡的销售，使已经消耗了的价值得到不断补偿。旅游产品在时间上是无法储存的；在空间上，生产与消费是无法分割的，如果没有游客的需要，旅游产品便无法生产出来。旅游企业若不能做到均衡性的供给，产品在时间上的损失是无法弥补的。从这一点来说，旅游供给必然要求供给的均衡性。

三、旅游供给的影响因素

影响旅游供给的因素主要有以下几个方面。

（一）旅游资源因素

旅游资源状况会给旅游供给的两个方面造成影响：一是旅游供给的方向和内容；二是旅游供给的数量和规模。旅游资源是旅游产品的主要内容，一个国家或地区可以提供什么样的旅游产品，首先是由这个国家和地区可开发的旅游资源状况决定的。有了旅游资源的开发，才能为旅游产品的其他构成成分提供发展的空间。因此，一个国家或地区旅游资源的种类、品位和特色等，决定了这个国家或地区旅游供给的主要内容。

此外，由于旅游资源是在一定的自然和社会条件下形成的，具有一定的环境容量，因此，旅游资源的开发利用并不是无限的。对旅游资源的合理利用，必须把旅游者的活动控制在旅游资源和环境能够承载的范围内。从这点来看，旅游资源的环境容量决定了旅游供给的规模和数量。旅游需求过量、旅游环境超载，不仅会损坏资源和设施，对自然生态环境造成破坏和污染，还会引起当地居民的不满，影响旅游供给的质量，甚至给旅游地带来众多的社会问题，削弱旅游产品的吸引力。

（二）价格因素

价格因素对旅游供给的影响涉及三个要素：一是旅游产品的价格，二是旅游生产要素的价格，三是相关产品的价格。

旅游综合产品的价格直接影响着旅游供给者愿意提供产品的数量。当其他因素不变时，旅游产品的价格上升，旅游经营者感到有利可图时，就会增加旅游供给的数量；而当旅游产品的价格下跌，旅游经营者没有赢利或赢利不多时，就会减少旅游供给的数量。

其次，旅游产品价格的高低，与旅游产品生产要素的价格有直接的关系，因此，旅游生产要素的价格也会影响旅游供给数量的多少。旅游产品的生产要素包括食、住、行、游、购、娱等多个方面，其中某生产要素的价格提高，必然使旅游产品的成本增加。这时，如果旅游产品的价格不变，旅游经营者的利润就要减少，旅游供给就会缩减。反之，如果某种要素价格降低，旅游产品成本减少，旅游供给则会增加。

最后，旅游供给不仅直接受旅游产品价格的影响，还会间接地受其他相关产品价格变化的影响。例如，对于国际旅游来讲，如果国际旅游交通涨价，而旅游目的地的旅游产品价格不变，则意味着旅游目的地的旅游产品价格相对降低了，从而使旅游目的地的相对利润也随之减少；反之，如果国际旅游交通费降低，而旅游目的地的旅游产品价格不变，则意味着旅游目的地的旅游产品价格相对提高，从而使旅游目的地的相对利润随之增加。此外，与旅游产品有互代和互补关系的其他产品，也会影响旅游产品的供给。

（三）社会经济因素

旅游业不仅是一项综合性经济产业，也是一项依赖性很强的产业。旅游供给的很多内容都依赖于社会经济的发展所能提供的物质条件。如果国家各地区社会经济发展的水平高，经济实力雄厚，科学技术发达，该国和该地区旅游业的综合接待能力就强，旅游供给就充足。如果社会经济发展的水平低，基础设施薄弱，生产手段落后，能够提供的服务和设施就很有限，就会制约旅游产品供给的数量和质量。另外，社会经济的发展还会影响旅游经营者的心理预期。如果社会总体经济运行良好，旅游经营者就会增加供给；如果他们对整个地区的经济前景不看好，他们就会相应地减少供给。

（四）政府的政策因素

旅游目的地国家或地区政府，旅游业的认识、观念以及制定的各项有关政策和措施，对发展旅游业有重要的影响作用。这些政策和措施包括税收政策、投资政策、信贷政策、价格政策等等。不同的国家在发展旅游业的历程当中，都采取过相应的政策和措施来刺激或减少旅游供给。实践表明，政府的旅游方针和政策，不仅对一个国家和地区旅游供给的总量有宏观的调控作用，而且还会直接影响旅游供给的方向、品种和质量。

四、旅游供给规律

旅游供给规律的基本内容是：在其他条件不变的情况下，某旅游产品的供给量与该旅游产品的价格呈同方向的变化。即在其他条件不变的情况下，旅游产品的价格提高，旅游供给量就会增多；旅游产品的价格降低，旅游供给量就会减少。

旅游供给量与旅游价格之间的同向变化关系是一种函数关系，用公式表示为：

$$S = f(P)$$

其中：S——旅游供给量；

P——旅游产品价格；

f——两者之间的函数关系。

这种关系可用图 4－4 来表示。

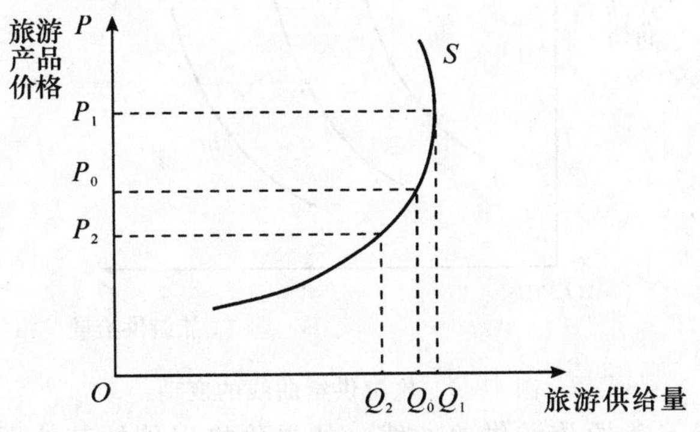

图 4－4 旅游供给曲线

反映旅游供给量与旅游产品价格变化关系的轨道就是旅游供给曲线。从图 4－4 中我们可以看出，旅游产品价格为 P_0 时，旅游供给量为 Q_0，当旅游产品价格上升至 P_1 或下降至 P_2 时，旅游供给量则相应增加至 Q_1 或减少至 Q_2。如果其他因素不变，旅游产品价格变化将导致旅游供给量沿曲线移动，关于旅游供给量与旅游产品价格之间的关系，还有以下两个方面需要注意的内容。

（一）旅游供给量在一定条件下的相对稳定性

旅游供给量与旅游产品价格的同方向变化并不是无限制的，也就是说，旅游供给能力在一定条件下是既定的。在旅游供给能力的制约下，旅游供给量不能随着旅游产品价格的变动无限变动。例如，某一旅游景区，其空间内容是一定的，一旦达到最大旅游供给量，即便旅游门票的价格再高，旅游供给量也不可能再增加。这种关系如图 4－5 所示。

在图 4－5 中，当旅游供给量小于一定量时，旅游供给量将随旅游产品价格的变化呈同方向变化；当旅游供给量达到其环境最大容量以后受旅游供给能力的限制，即使价格再提升旅游供给量都不会发生变化。

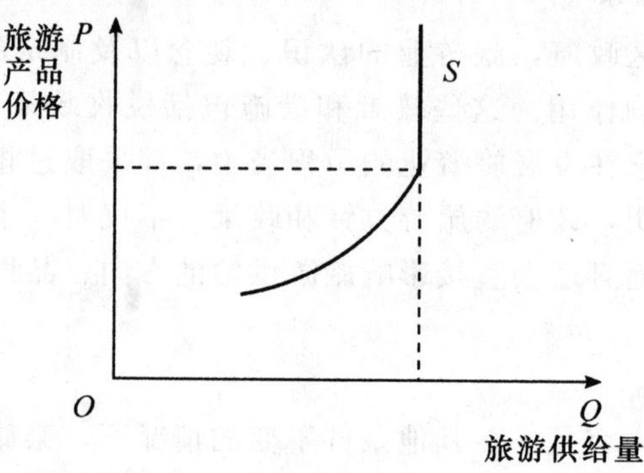

图 4－5　限定的旅游供给曲线

（二）旅游供给曲线会受其他影响因素的作用而发生变动

旅游供给变化不仅受旅游产品价格的影响，也受其他各种因素的影响。如果其他因素发生变化，旅游供给曲线则会向左方或向右方平行移动。这表示该旅游产品在价格与供给量的变化关系既定的情况下，其他因素发生变化会导致旅游供给水平提高或降低，如图 4－6所示。

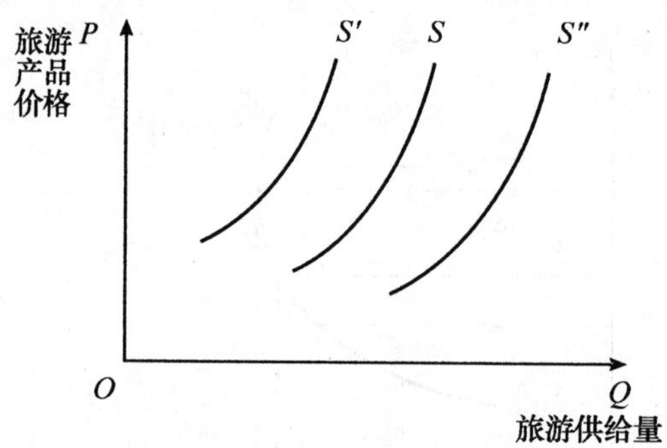

图 4－6　旅游供给曲线的变动

图 4－6 中，曲线 S 为原旅游供给曲线，如果价格以外的其他因素的变化导致旅游供给量的增加，整个曲线便会向左移至 S'；如果除价格以外的因素的变化导致旅游供给量减少，整个曲线便会向右移至 S''。

五、旅游供给弹性

旅游供给弹性是指旅游供给对各种影响因素的变动反应程度。这些影响因素包括旅游产品价格、生产要素成本、旅游资源和环境容量等等。这里重点讨论的是旅游供给价格弹性。

旅游供给价格弹性是指旅游供给量对旅游产品价格的变动反应程度，而测量这一变动反应程度的尺度是旅游供给价格弹性系数，具体是指旅游供给量变化的百分数与旅游产品价格变化的百分数之比。其计算公式如下：

$$E_{sp}=\frac{\dfrac{Q_1-Q_0}{Q_0}}{\dfrac{P_1-P_0}{P_0}}$$

其中：E_{sp}——旅游需求价格弹性系数；

P_0，P_1——变化前后的旅游产品价格；

Q_0，Q_1——变化前后的旅游需求量。

根据旅游供给价格弹性系数 E_{sp} 值的大小，可以区分出以下五种情况：

当 $E_{sp}>1$ 时，表明旅游供给富有弹性。此时，旅游价格的微小变化，便会引起旅游供给的大幅度增减，而旅游供给曲线则显得较为平坦。

当 $E_{sp}<1$ 时，表明旅游供给缺乏弹性。此时，旅游价格的变化，只会引起旅游需求较小幅度的增减，而旅游供给曲线则显得较为陡峭。

当 $E_{sp}=1$ 时，表明旅游供给量与旅游价格的变化程度相一致，旅游供给具有单位弹性，而旅游供给曲线表现为一条正双曲线。

当 $E_{sp}=0$ 时，表明旅游供给完全缺乏弹性，供给曲线是垂直于横轴的一条直线。此时，无论价格怎样变动，旅游供给都不发生变化。

当 $E_{sp}=\infty$时，表明旅游供给完全富有弹性，供给曲线是平行于横轴的一条直线。此时，在既定的旅游产品价格下，旅游供给量可以任意变化。

关于旅游供给弹性还应当说明的是，不同的旅游产品供给弹性大小不一，在不同时期，旅游供给弹性也不同。在短时期内，由于旅游供给量的增加比较困难，因此旅游供给弹性总的来说比较小。造成旅游供给增加困难的原因主要有两个方面：一方面是旅游供给包含着一定的生产过程，需要时间；另一方面是旅游供给量要受到资源、技术、设施等多种条件的制约，很难通过有效的方式迅速增加。此外，在较长的时期内，在不超越旅游环境容量的前提下，如果旅游价格保持上涨，旅游经营者就能够稳定增加旅游基本设施，扩大旅游产品的供给基础，引起旅游供给量较大幅度的增长，因而旅游供给弹性往往较大。

第三节 旅游供求平衡

一、旅游供给与需求的矛盾形成

旅游供给与旅游需求是旅游经济活动的两个主要环节，分别代表着旅游市场上的买卖双方。他们之间既互相依存，又互相对立；既要相互适应，又必然相互矛盾。他们之间的对立统一构成了旅游经济活动的基本内容。

（一）由供求双方的利益所决定的

旅游价格的高低与供求双方各自的切身利益密切相关。旅游供给者总是力图使自己提供的旅游产品能够以较高的价格出售出去，而旅游需求者也总是希望自己能够以更便宜的价格购买到所需的旅游产品，二者在讨价还价的过程中必然产生矛盾。

（二）矛盾的产生具有客观必然性

在现代的旅游市场竞争中，旅游市场是以需求为导向的，旅游的供给要以旅游的需求为基础，要以最大的努力去满足旅游者多样多变的旅游需求。但由于旅游需求的特点和旅游供给的特点各不相同，通过努力只能使矛盾得以缓解或部分解决，而不可能从根本上消除供给与需求的矛盾。比如，旅游需求的高弹性与旅游供给的低弹性的矛盾，旅游需求的综合性与旅游供给的分散性的矛盾，旅游需求的季节性要求与旅游供给的均衡性要求的矛盾，等等。

总而言之，旅游市场上供求矛盾的本质就是供给与需求能否相互适应、相互协调的矛盾。如果供需之间大体上能够适应，矛盾不突出，可以称之为供求平衡；如果供需之间根本不能适应，矛盾突出，则被称为供求失衡。在旅游市场上，平衡是相对的，有条件的；不平衡是绝对的，无条件的。旅游供给与旅游需求彼此之间要求相互适应，并表现出供求从不平衡到平衡，再由平衡到不平衡的循环往复变化过程，这称之为旅游供求矛盾运动规律。

二、旅游供求矛盾的表现形式

旅游市场上，旅游供给与旅游需求的矛盾错综复杂，但总体上看，矛盾主要表现在数量、质量、时间、空间各方面。

（一）旅游供给与旅游需求总量方面的矛盾

旅游供给与需求在总量方面的矛盾，主要表现在旅游供给或旅游接待能力与旅游总人次上的矛盾。出现这种供求矛盾的主要原因有两个。一方面，在旅游业不同的发展阶段，旅游需求与旅游供给发展不平衡。在旅游业发展的初期，旅游供给往往不足，旅游需求量一般高于旅游供给量。另一方面，在旅游市场上，旅游需求量是一个多变量，人们的收入水平、消费水平、时间、气候、社会环境、宣传舆论等的改变，都会使旅游需求产生较大的波动，使旅游总人次很快地增加或减少；但旅游供给却不同，一段时期内形成的旅游供给能力，相对而言是有限的、稳定的，不可能有快速的提高或降低。旅游供给这种既定性与旅游需求自身的多变性，必然使供给与需求难以适应，出现旅游供给总量与接待旅游者总人次上的不平衡。

（二）旅游供给与旅游需求质量方面的矛盾

旅游供给与需求在质量方面的矛盾，主要表现为旅游者的心理预期与实际旅游供给之间的差距。旅游供给质量的高低主要取决于旅游者自身的感受。由于这种感受带有很强的主观性，因此会使旅游者对旅游产品的心理预期与实际的旅游供给产生一定的差距。差距小，旅游者就认为旅游产品供给的质量高；差距大，旅游者就认为旅游产品供给的质量低。因此，旅游经营者在提供旅游产品时，一定要充分考虑不同旅游者的心理特征和行为方式，了解他们的特殊需要，开展有针对性的个性化服务，提高服务水平，加快旅游设施建设和更新，尽量缓解旅游供需在质量方面的矛盾。

（三）旅游供给与旅游需求结构方面的矛盾

旅游供给与需求的结构矛盾是指旅游供求在构成上不适应。这种不适应是多方面的，主要表现在：旅游供给的内容和项目与旅游需求不相适应；旅游供给的档次和级别与旅游需求不相适应；旅游供给的方式与旅游需求不相适应。造成不适应的原因在于，旅游供给在一定时期内是稳定的、固定的，一个地区甚至一个国家的旅游供给，不管怎样周全规划和配备，总不可能做到面面俱到、一应俱全；而旅游需求却是复杂的、多样的，由于旅游者的组成不同，因此其旅游活动中的兴趣爱好各异，民族习惯、宗教信仰、支付能力和消费水准千差万别。旅游供给的稳定性、固定性与旅游需求的复杂性、多样性之间的鲜明反差，就形成了旅游供给与旅游需求在结构上的冲突。

（四）旅游供给与旅游需求时间方面的矛盾

市场上旅游需求的发生是多变的、不稳定的，但在产生的时间上还具有一定的指向性和集中性。旅游需求在时间上的指向性和集中性与旅游供给的常年性和均衡性形成了很大的反差，造成某一地的旅游产品在一段时间内则供过于求，一段时间内则供不应求，形成所谓的旅游旺季和旅游淡季。

（五）旅游供给与旅游需求空间方面的矛盾

旅游供给与需求的空间矛盾，主要表现为旅游供求在地域空间上分布失衡。即有的旅游地供大于求，游人稀少，有的旅游地供不应求，游人如织，从而形成旅游的冷点、热点和温点地区。造成旅游供求在空间上产生矛盾的原因主要有两方面。一方面，旅游地旅游资源的类型、数量和质量等状况，决定了不同旅游地的旅游供给有先天性的差别。旅游资源品位高、名气大的地区，旅游吸引力强，旅游供给压力大。另一方面，旅游地旅游设施的完善程度不同，导致了不同旅游地的旅游供给能力在后天上的差别。旅游基础设施差、旅游综合接待能力弱、可进入性不强的地区，旅游者望而却步，旅游供给无从实现。

三、旅游供求均衡的调控

上述旅游供求均衡的研究为我们提供了一种理论方法，帮助我们理解如何利用价值规律和旅游供求规律，对旅游供求量的矛盾进行协调。实际情况中，旅游供求除了存在量上的矛盾外，也存在其他方面的矛盾，如旅游供求构成方面的矛盾、时间方面的矛盾、空间方面的矛盾等。而供求矛盾的均衡，除了价格机制在起作用外，其他各种因素也会产生一定的影响作用。我们应该在全面分析的基础上，综合采取多种措施，控制供给和影响需求以达到调节供求矛盾的目的。常见的调控措施和手段主要有以下几种。

（一）旅游供求矛盾调节的价格机制

在市场经济条件下，旅游供求矛盾主要依靠价值规律的作用进行调节，通过价格机制达到市场均衡。在旅游市场上，当某种旅游产品供不应求时，旅游产品的价格就会上升，从而使旅游需求量减少，旅游供给量增加，直至供求大体相当；当某种产品供过于求时，旅游产品的价格就会下跌，从而使旅游需求量增加，旅游供给量减少，直至供求大体相当。当旅游供给量与旅游需求量相当时，旅游供给就达到了均衡，此时的价格称为均衡价格。

（二）旅游供求矛盾调节的政策措施

1. 技术性措施的调控

对旅游供求均衡进行调控的技术性措施主要包括两种：一是制定科学的旅游规划，二是进行有针对性的旅游促销。

旅游规划是一种通过调节旅游供给来实现供求均衡的调控方式，是一种前馈控制。它是在旅游目的地根据当地社会经济发展计划以及旅游供给潜力，制定旅游规划，以规定旅游业的发展速度。这是一种对旅游业长期供给的调控。

旅游促销是一种通过影响旅游需求实现供求均衡的调控手段。旅游目的地的供给一旦形成之后，使用周期较长，即使发生供过于求的状况，除了劳务部分容易转产外，物质设施在短期内也很难拆除。旅游供给者通常会采取有效的促销手段，刺激旅游需求增长，缓解旅游供求矛盾。旅游促销由于方法直观、见效快，常常成为各旅游目的地解决旅游供求矛盾的重要手段。

2. 经济手段的调控

经济手段是国家用于调节旅游活动的各种与价值形式有关的经济杠杆，主要有财政、税收、价格、信贷利率和工资等，其中较为重要的是税收政策和价格政策。

调节旅游供求的税收政策涉及三个方面：一方面是直接面向旅游企业的税收政策，另一方面是面向旅游者的税收政策，第三方面是面向具体的旅游地区的税收政策。在第一种情况中，如果旅游供给不足，旅游地政府通过对旅游企业减免征税的办法，刺激其对旅游业的投资，扩大旅游供给；反之，则提高税收，控制旅游供给继续增长。在第二种情况中，如果旅游需求过剩，人满为患，旅游地政府直接向来访旅游者征税可以有效减少需求。第三种情况是指国家向旅游热点和冷点征收不同的所得税，缓解这些地区因先天或后天因素不同所形成的“级差”问题。

旅游价格政策主要是指旅游地的政府在价值规律自发作用的基础上，采取不同的价格政策，达到对旅游供求均衡进行调控的目的。政府可以通过价格策略的实施，或者迫使旅游产品价格下降，减少旅游供给；或者促使旅游产品价格上涨，扩大旅游供给，以便提高旅游供给随旅游需求变化并趋于动态均衡的主动性。常见的价格策略有地区差价、季节差价、质量差价等。

另外，在经济手段中，国家通过财政拨款、建立旅游发展基金、信贷利率等经济杠杆，也可以调节旅游供给的规模和结构，促进旅游业在各地区间的均衡发展。

3. 法律手段与行政手段的调控

国家的法律手段对旅游业的发展、旅游供求的平衡有宏观的影响作用。首先，一个国家的法律手段虽然不能决定旅游目的地产生多少旅游需求，提供多少旅游产品，但是，它从法律上规定了旅游市场上哪些需求行为是允许的，哪些需求行为是法律禁止的，以此来规范旅游市场，保证旅游产品生产、经营、消费的顺利进行，为旅游供给与需求解决自身的矛盾问题提供了良好的市场环境。其次，法律手段是其他各种招待会和措施得以发挥其供求均衡调控作用的基础。旅游目的地的旅游发展战略和规划要落到实处，各种旅游经济政策、经济措施、经济合同要能够贯彻执行，都离不开法律手段的支持，它对旅游供给与旅游需求的彼此适应具有间接的影响作用。第三，法律手段中的一些相关条例和法规对稳定旅游供给有积极的促进作用，如《中华人民共和国文物保护法》、《中华人民共和国风景名胜区管理暂行条例》、《中华人民共和国森林法》等。很多省、市还根据国家有关法律、法规，结合本地的实际情况，进一步制定了旅游管理条例。这些法令法规的出台有利于保护旅游资源，逐步扩大旅游供给。

[思考与练习]

1. 旅游需求的影响因素有哪些?

2. 旅游供给的影响因素有哪些?

3. 怎样理解旅游需求弹性?

4. 分析你所在地区的不同人群（如学生、商务人士、退休人员）的旅游需求主要受到哪些因素的制约。

5. 旅游需求与旅游供给之间存在哪些方面的矛盾?

第五章　旅游市场及开拓

旅游市场的主要功能是提供实现旅游产品交易的条件，协调旅游需求与供给的矛盾。本章通过分析旅游市场的概念和特点，阐述了旅游市场在旅游经济活动中的功能；并在此基础上，对旅游市场进行分类，对旅游市场竞争的类型、内容及策略作分析，探讨旅游市场细分与目标市场的选择策略；同时对旅游市场调查和预测的内容、程序和方法及旅游市场开拓进行分析；最后介绍新兴旅游市场。通过对旅游市场的全面的学习，我们要更好地将其运用到我们的实践活动中，开拓新的旅游市场。

第一节　旅游市场概述

一、旅游市场的概念

旅游市场的概念有广义和狭义之分。广义的旅游市场是指在旅游产品交换过程中反映的各种经济行为和经济关系的总和。在现代旅游经济中，旅游市场反映了旅游需求者与供给者之间的关系。狭义的旅游市场是指在一定时间、一定地点对某种旅游产品具有支付能力的购买者，从这个意义上说，旅游市场就是旅游需求市场或旅游客源市场。

从旅游市场的概念看，旅游市场是由旅游者、购买力、购买欲望和旅游权利四个主要因素所构成的。首先，旅游市场的大小取决于该市场上人口数量的多少。一个国家或地区总人口多，则潜在的旅游者就多，需要旅游产品的基数就大，因此，人口的多少反映了旅游产品潜在市场的大小。其次，旅游市场的大小取决于购买力。购买力是指人们支付货币购买旅游产品的能力，它是由收入水平决定的，没有足够的支付能力，旅游者便无法成行。再次，旅游市场的大小还取决于购买欲望。购买欲望是反映潜在购买力变成现实购买力的重要条件，没有购买欲望，即使有购买力也不能形成旅游市场。最后，旅游者拥有购买某种旅游产品的权利，能够自由地选择各种旅游产品。此外，旅游目的国或旅游客源国单方面的限制，也会使旅游权利受阻而导致无法形成国际旅游市场。以上四个要素是密切联系、缺一不可的。人口因素是前提，没有旅游者就没有市场；人口多而居民收入又高的国家和地区才是真正具有潜力的市场；有了人口和收入，还必须使旅游产品符合旅游者的需求，引起其购买欲望；在此基础上，并在旅游者具备旅游权利的情况下，潜在旅游市场才能变成现实旅游市场。

二、旅游市场的特点

旅游市场不同于一般产品市场和服务市场，具有世界性、季节性、多样性和波动性等特点。

（一）旅游市场的世界性

旅游市场的发展经历了一个由国内向国际的发展过程。由于早期人们的旅游活动是在国内不同地区间进行的，因此旅游市场最初是在一个国家的范围内形成的。第二次世界大战之前，邻近国家间经济贸易关系的发展，促进区域性旅游市场的出现，如西欧、北美之间的旅游活动。第二次世界大战之后，随着社会生产力的发展，旅游活动扩展到世界各国，区域性旅游市场发展成为世界旅游市场。因此，现代旅游市场是一个以全球为活动范围的统一的国际旅游市场，在这个旅游市场上，旅游者的足迹遍布世界的各个地区和绝大多数国家，而世界各国也都积极支持和鼓励旅游业的发展。

（二）旅游市场的季节性

旅游市场的季节性差别特别明显，这是由旅游地区的自然条件和旅游者的闲暇时间分布不均衡所造成的。如某些与气候有关的旅游资源会因季节不同而造成资源本身使用价值的不同，产生淡旺季的差别；旅游者纷纷利用带薪假日外出，也是造成旅游淡旺季的主要原因。因此，旅游目的地国家或地区应根据淡旺季的不同特点作出合理安排，以减少或消除季节性的影响。近年来，许多国家、地区的旅游组织和企业努力开发旅游淡季市场，使旅游市场向淡旺季均衡化方面发展。

开发淡季市场一般采取两种市场开发战略。一是创造多种游乐方式，即在淡季到来之后另外增加新的娱乐内容以吸引游客，结果会使旺季延长。二是利用优惠的价格，即利用降低价格在淡季扩大旅游市场，这样既可以将旺季中的游客吸引到淡季来，又可以将大量的潜在旅游需求转化为现实的旅游需求。

（三）旅游市场的多样性

旅游市场的多样性首先表现为旅游产品种类的多样性，对于不同的国家、不同的自然风光和人文景观，旅游者可以从中得到各种不同的经历与感受。其次，旅游市场的多样性还表现为旅游者多种多样的偏好引起供给方面的多样性变化，使旅游产品种类更加多样，从而更好地满足旅游者需求。再次，旅游市场的多样性还表现为旅游产品购买形式和交换关系的多样性，即包价旅游、散客旅游、包价与零星购买相结合的旅游等。旅游市场的多样性不仅反映了旅游市场发展变化的特点，而且在很大程度上决定着旅游经营的成败。

（四）旅游市场的波动性

旅游市场是非常敏感的，因为影响旅游需求的因素多种多样，任何一个因素的变化都会引起旅游市场的波动。对于某一具体旅游市场而言，某些意外事件或者重大活动都会在一段时间内改变客源的流向，使旅游市场呈现出较大的波动性。中国自1978年改革开放以来，旅游业经历了80年代的高速发展阶段，但在1989年之后一度出现较大滑坡，到1992年再度进入快速发展阶段，同时旅游市场也由卖方市场转向买方市场。但从长期考察，整个世界旅游市场还是持续向前发展的。

三、旅游市场的作用

旅游市场是社会经济高度发展的产物，是旅游业赖以生存和发展的条件，它对旅游经济的发展起着十分重要的作用，具体表现在以下几个方面。

（一）交换作用

旅游市场是联结旅游产品生产者和旅游需求者的纽带。通常，旅游市场上有许多不同的旅游产品生产者和需求者。旅游产品生产者通过市场为自己的产品找到买者，旅游需求者通过市场选择并购买自己感兴趣的旅游产品，因而旅游市场是实现旅游产品供给者和需求者之间交换的桥梁。旅游市场把旅游需求和供给衔接起来，解决了供求之间的矛盾，从而更好地满足旅游者的需求，更充分地发挥旅游接待设施的能力，促进旅游经济的健康发展。

（二）调节作用

旅游市场的调节作用首先表现在它是调节旅游供求平衡的重要杠杆。在旅游市场上，当供求双方出现矛盾时，旅游经济活动就会受到影响，就会引起旅游市场竞争加剧和价格波动，于是就要通过市场竞争机制和价格机制的作用，调节生产和消费，使供求重新趋于平衡。其次，旅游市场对旅游经济的调节作用还体现在通过市场调节，可以实现整个旅游业按比例配置各种资源，进一步实现社会经济资源的优化配置，并使旅游部门和企业根据市场需要和供求状况合理分配劳动。旅游企业则可根据市场供求状况调整自己经营的旅游产品结构、投资结构以适应旅游者需求，获得较高效益。

（三）信息交流作用

在市场经济条件下，旅游者的经济活动是通过市场动态变化表现出来的。旅游市场通过自身传递信息，为旅游目的地国家或地区制定旅游业发展规划和经济决策提供依据。作为旅游企业，一方面将旅游产品信息传递给市场；另一方面根据市场反馈的旅游需求信息和市场供求状况，调整旅游产品价格，组织生产适销对路的旅游产品。作为旅游者，一方面将需求信息传送到市场，为旅游产品生产经营者开发旅游产品提供依据；另一方面也从旅游市场上获取经济信息，指导、调整和变更旅游需求。总之，旅游市场通过信息传导，成为旅游经济活动的“晴雨表”，综合地反映着旅游经济的发展状况。

（四）检验评价作用

旅游市场还可以检验旅游企业及其产品质量的优劣，推动旅游企业改善经营管理，提高服务质量。在旅游经济活动中，旅游者因支付一定的旅游费用而成为旅游服务的权利享有者；旅游企业则因获得一定的旅游收入而成为旅游服务的承担者。在旅游市场中，这种权利与义务、服务与被服务的相互关系，是通过买卖的形式而实现的。因此，旅游费用价格高低，旅游服务质量好坏，旅游住宿等级如何，旅游交通和旅游景点状况如何都必然反映到旅游市场上来，旅游市场成了检验旅游企业经营管理的一面镜子。旅游者在决定是否对旅游产品进行购买之前，在旅游市场上必然要对旅游费用、食宿、交通、景点作出种种选择，只有适合旅游者需求的产品，才是他们愿意购买的旅游产品。旅游企业在旅游市场竞争中，只有认真地调查研究，看到自身经营管理方面的优势和劣势，充分总结和汲取成功的经验和失败的教训，才能不断改善和提高旅游企业的经营管理水平和服务质量，提供旅游者易于接受、乐于消费的旅游产品。

四、影响旅游市场的三个深层次变化因素

中国旅游业自改革开放以后，已进入旅游市场发育的第二个阶段——大众化的旅游阶

段。2006年，国家旅游局在“十一五”规划中明确提出，“全面发展国内旅游，积极发展入境旅游，规范发展出境旅游”，以促进三个市场的协调发展。行业内进行市场分析，一般是就市场论市场，进一步讨论三个市场的相关关系，这对于研究直接的因果关系是必要的。但从宏观经济的角度看，一些深层次的变化因素对于旅游市场将起到长远的作用，其中，汇率变化、油价变化和消费结构变化可以说是不容忽视的三个因素。

从经济学角度看，市场最基本的两个要素——需求与供给，二者是相互联系、相互矛盾的关系。旅游价格是市场经济信息传递的关键因子，汇率变化及油价变化的直观反应就是旅游价格的变化，它们是可以看得到的显性因素；居民的消费结构，在无形中引导着旅游需求的转变，是影响旅游市场的隐性因素。

（一）汇率变化对出境旅游市场的强化效应

汇率变化是以旅游价格变化的形式表现的。旅游接待国的货币升值，会导致其同旅游客源国之间的汇率下跌，即客源国货币相对贬值，也就是说客源国兑换的货币减少，那么旅游产品的实际价格上涨，会对旅游需求产生抑制作用，前往该国的旅游者数量或旅游停留时间可能会减少；反之，则旅游产品的实际价格下降，促使前往该国的旅游需求增加。汇率变化会使货币升值的接待国旅游需求减少，而使货币贬值的接待国旅游需求增加。

自2005年7月21日，我国开始实行浮动汇率制度后，人民币对美元升值2%，即1美元对8.11元人民币。人民币升值，对国内旅游业务的影响不大，但对国际旅游，特别是出境旅游市场，会起到强化的效应。2005年，全国出境旅游人数达3100万人次，出境旅游目的地已达80多个国家和地区，成为亚洲第一大客源输出国。仅2006年第一季度，我国出境旅游人数达852万人次，以每人次花费1000美元计算，出国旅游花费85.2亿美元。按人民币汇率变动前（1：8.2765）后（1：7.9982）的汇率差计算，则可以节省约23.7亿元人民币。

人民币升值促使一部分国内旅游中的高端客源考虑出境旅游，同时在心理上强化旅游者出境的消费意识，增强了他们的购买欲望和购买能力。中国经济景气指数中心对北京、上海、广东等居民出境意向的调查表明，22%左右的公民打算第二次或更多次的出境旅游，43%左右的公民打算首次出国旅游。2006年前三个月，内地访港游客约359万人次。人民币的升值，对于这部分有出国旅游意向的消费群体，无疑是一个好消息。此外，出境旅游的快速发展，还可缓解我国外汇储备过大的压力。通过有管理、有引导的出境游调控，保持出境旅游市场健康、有序地发展，可在一定程度上缓解我国与有关国家的贸易逆差，如果能够主动操作，可以成为国家有效的经贸工具，这是旅游在新形势下的又一重要作用。

（二）油价变化对入境旅游市场的削减效应

国际石油市场自2004年开始出现剧烈震荡。国际油价直接影响国内油价，对公路、民用航空及水运都造成了成本上涨的压力。

国际旅游的总支出中，国际间交通费占有相当大的比重，其中以航空费用的支出为主。国际航空协会（IATA）表示，由于油价涨幅超过了经济增长及提高票价带来的收益，全球航空公司今年的亏损额可能达到30亿美元。为了弥补这种亏损，燃油附加费成为各家航空公司除降低运营成本之外所共同采取的方式。费用的增加自然就转移到国际旅游者的身上，高价位在一定程度上会阻碍国际游客选择出境旅游。由此，油价的上涨带来旅游交通费用相应增加，旅游成本提高，形成跨国旅游的直观价格和实际价格上升，导致了“游价”上涨，对于境旅游在一定程度上会起到削减的效应。

又据中国入境旅游统计，入境过夜旅游者消耗在“行”方面的费用是旅游支出六要素中所占比例最高的，这与我国名胜、古迹景点众多，分布广阔相关。旅游者希望在有限的时间内游览较多景点，势必会选择长途交通工具代步，国内航空成为首选，本身就造成了“行”的花费较大。再加上国内民航总局回应国际油价的上涨，不断上调燃油附加费。2008 年 7 月 1 日起，国内航线燃油附加费的收取标准由 800 公里以下航线每位旅客 60 元调整为 80 元，800 公里（含）以上航线由 100 元调整为 150 元。即便各家航空公司竞相在机票上给出折扣，长线航空价格的涨幅仍然很大。

虽然油价上涨在公路、水运上的上浮压力还没有显现，但国际航空价格和国内航空价格的上涨，都增加了入境旅游的交通成本，给国际旅游者出国旅游带来阻力，一定程度上影响着中国入境旅游市场的成长。

（三）居民消费结构变化对国内旅游市场的优化效应

消费结构是指各类消费支出占总消费支出的比重，其中食品支出占总消费支出的比重又称为恩格尔系数，它被用做判断居民消费水平的一项指标。“十五”期间，中国城镇居民人均消费支出的恩格尔系数由 1993 年的 50.2%降至 2004 年的 37.7%，农民人均消费支出的恩格尔系数也由 1993 年的 58%降为 2005 年的 47.2%。按照国际划分标准，我国居民生活水平整体进入小康范围，城市居民平均生活水平则上升到宽裕性阶段。

近年来，我国城镇居民和农村居民人均可支配收入不断增加，人们手头越来越宽裕，有更多的收入来享受社会提供的其他消费项目。人们可支配收入的提高不仅使消费结构的转变作用于旅游业，而且是人们产生旅游需求的前提。2005 年，国内旅游人数 12.12 亿人次，收入 5286 亿元人民币，分别比上年增长 10.0%和 12.2%。2005 年，在“春节”、“五一”、“十一”三个黄金周中，全国共接待国内游客 3.02 亿人次，实现旅游收入 1243 亿元，分别占全年的 24.9%和 23.5%，较上年增长 0.6%和 0.7%。国内旅游呈现出欣欣向荣的局面。

旅游作为人们在服务性消费方面的支出，是居民的消费结构向质量型优化的产物。2005 年，城镇居民出游人均花费为 737.1 元，农村居民国内旅游出游人均花费 227.6 元，分别比 2004 年增长了 7.2%和 12.6%。对应旅游消费的提高，旅游消费结构也在一定程度上有所优化，旅游者不仅想将花费主要用在交通、住宿、餐饮上，也愿意增加一定比例的游览、娱乐和购物的费用，这种弹性消费的比重在增加。在对国内旅游市场的调查分析中，大众观光型的旅游虽仍占主要地位，但其比例呈下降趋势，休闲度假、专项旅游及特种旅游等产品受青睐的程度增加。同时，追求舒适、豪华的商务旅游也较经济型的大众旅游表现出强增长态势。

旅游市场的变化因素很多，汇率、油价以及居民消费结构这三个因素，是影响市场的三个动态因素。我们从汇率的涨跌可以预测出境游的走势，从油价的起伏可以估计入境游的走向，从居民消费结构的不断调整可以了解旅游消费结构的变化。

五、旅游市场的分类

（一）按地域划分

世界旅游组织根据世界各地旅游发展情况和客源集中程度，将世界旅游市场划分为六大区域市场，即欧洲市场、美洲市场、东亚及太平洋地区市场、非洲市场、中东市场和南亚市场。这一划分反映了世界区域旅游市场的基本状况，并便于进行深入的比较研究。

几十年来，欧美经济发达国家一直占据着国际旅游市场的主导地位。国际游客及其支出的80%主要产生并流向这一区域。20世纪80年代初，67.6%的国际旅游者在欧洲流动，仅有18.5%在东亚及太平洋地区。国际旅游收入的分配是，欧洲占了54.9%，美洲占了28.1%，东亚及太平洋地区仅占10.3%。从20世纪80年代后半期起，随着国际旅游业的全球化发展，国际旅游市场开始发生一些新的变化，一个突出的特点就是东亚及太平洋地区旅游业的崛起。世界旅游组织预测，在21世纪，亚洲将会是国际旅客的主要目的地，到2020年，中国内地将成为世界第一旅游点。

（二）按国境划分

旅游市场按国境划分，一般分为国内旅游市场和国际旅游市场。国内旅游市场是指国境线范围以内的市场，国际旅游市场是指国境线范围以外的市场。国内旅游市场主要是本国居民在国内各地进行旅游；国际旅游市场主要是接待外国旅游者到本国各地旅游，以及组织本国居民到国外进行旅游。在国内旅游市场上，旅游者是本国居民，使用本国货币支付各种旅游开支，游客可以自由地进行旅游，而不受国界的限制。发展国内旅游可以对国内商品流通以及货币回笼起促进作用。在国际旅游市场上，旅游者是其他国家居民，使用其他国家货币支付旅游开支，涉及货币兑换问题。而且参加旅游要有足够的证件，出国要有本国护照，进入旅游目的地国要得到旅游目的地国的签证许可等。国际旅游市场的营业额直接关系到一国外汇储备的增加或减少，随着输出旅游者数量的增加，旅游客源国外汇储备将会减少；随着接待国际旅游者数量的增加，旅游接待国的外汇储备将会增加。

（三）按旅游消费水平划分

根据旅游产品质量或旅游需求者的消费水平，可将旅游市场划分为豪华旅游市场、标准旅游市场和经济旅游市场。由于人们的收入水平、年龄、职业以及社会地位、经济地位的不同，其旅游需求和消费水平不同，对旅游产品质量的要求也不同。豪华旅游市场的市场对象是社会的上层阶层，他们一般不关心旅游价格的高低，希望旅游能反映出他们日常生活的水平，如参加旅行团，他们喜欢和具有同类社会和经济地位的人一起旅游。标准旅游市场的对象是大量的中产阶级。经济旅游的市场对象是那些收入水平较低或没有固定收入者。旅游经营者应根据其提供的旅游产品的等级，科学地进行市场定位，并在相应的市场上吸引和扩大自己的市场对象。

（四）按旅游目的划分

根据旅游目的可划分为不同性质的旅游市场，如观光旅游市场、文化旅游市场、商务旅游市场、会议旅游市场、度假旅游市场、宗教旅游市场等。20世纪50年代以来，除了以上传统旅游市场外，又出现了一些新兴的旅游市场，如满足旅游者健康需求的体育旅游市场、疗养保健旅游市场、狩猎旅游市场；满足旅游者业务发展需求的修学旅游市场、工业旅游市场、务农旅游市场、学艺旅游市场；满足旅游者享受需求的豪华列车旅游、豪华游船旅游和美食旅游市场；满足旅游者寻求刺激心理需求的探险与冒险旅游市场，秘境旅游市场，以及海底、火山、沙漠旅游市场，惊险游艺旅游市场，观看古怪比赛旅游市场等。此外，还有各种专项旅游市场，如97中国旅游年，国家旅游局推出了16条专项旅游路线等。由于不同旅游者的旅游目的不同，对旅游产品的需求不同，因此，不同旅游市场各有自己的市场范围和市场对象。

（五）按旅游组织形式划分

根据旅游组织形式不同，可将旅游市场分为团体旅游市场和散客旅游市场。团体旅游市场一般指人数在15人以上的旅行团，其旅行方式以包价为主，包价的内容可以灵活多样，通常是包括旅游产品基本部分，如食、住、行、游、娱，也可以包括基本部分中的某几个部分。参加旅行社组织的团体包价旅游的优点是其活动日程已经提前安排好，可以放心地随团旅游；而且旅行社是以优惠的价格分别购买各单项旅游产品，然后组织成旅游线路产品出售给旅游者，因而旅游者参加团体包价旅游价格较便宜。团体旅游的缺点是行动上不能自由灵活，时间上受旅行团的约束。

与团体旅游市场相对应的是散客旅游市场。所谓散客主要指个人、家庭及15人以下的自行结伴旅游者。散客旅游者可以按照自己的意向自由安排活动内容，也可以委托旅行社购买单项旅游产品或旅游线路中的部分项目。散客旅游的缺点是每到一处需要考虑下一站的抵达和离开的进出海关手续及住宿安排等问题，而且散客旅游者所购买的各单项旅游产品的价格之和比旅行社同样内容的团体包价旅游的价格要昂贵。

除上述旅游市场分类外，我们还可以从其他角度划分旅游市场，如根据季节划分的淡旺季旅游市场，根据国别划分为不同的客源国市场，等等。总之，旅游市场划分的目的是为了掌握不同旅游市场的特点，根据这些特点指导旅游供给和旅游市场的促销活动。

六、现代旅游市场发展的特点

回顾世界旅游市场的发展过程，可以肯定，旅游业已成为当代世界经济中不可缺少的组成部分，旅游市场是世界市场中一个新兴的具有强大生命力的市场。今天，旅游业已经成为仅次于石油工业的世界第二大出口工业，而且还在迅猛发展。研究现代旅游市场发展的特点，对于制定旅游市场经营的战略、策略至关重要。

现代旅游市场发展主要具有以下五个特点。

（一）由国内旅游向国际旅游发展

旅游活动的形式主要有三种，一种是国内旅游，一种是出国旅游，还有一种是外国人入境旅游。其中，后两种统称国际旅游。世界旅游业的发展，一般是在工业发达国家内的各地展开的。在这些国家，国内旅游活动已不能满足本国人民的需求，随之出现了出国旅游和接纳外国人入境旅游的活动。这种由国内旅游逐步发展到国际旅游的模式，首先在西欧、北美一些发达国家，如欧、美、日本等出现。到了20世纪60年代后，国际旅游业得到了迅速发展，如欧洲地区，由于交通方便，距离较近，旅游设施条件较好，国际旅游接待人数一直占全世界国际旅游总人数的70%左右，而欧洲各国之间的国际旅游人数则占欧洲接待国际旅游总人数的80%以上。此外像日本、澳大利亚、美国、加拿大等国家，国际旅游也获得高速发展。国内旅游与国际旅游互相促进，彼此结合，形成了今日这种强大的旅游洪流和市场体系。

（二）由团体旅游向个体旅游发展

从旅游市场来看，在现代旅游业发起阶段，一般是以团体旅游市场为主要形式，分散的个体旅游市场为次要形式。这是由于团体旅游手续简单，容易掌握，收益较大。以后随着旅游活动的大规模开发，团体旅游形式逐步被一些个体旅游、家庭旅游、结伴旅游等所替代。因为这种旅游可以随心所欲地选择风景观赏点，调整和改变旅行生活方式，既灵活自在，又不受团体行动的约束。所以这类旅游很快在旅游活动比较发达、国际交通方便、私人占有小汽车较多的西欧、北美发展起来。即使是团体旅游也改变了过去那种单一的集体统一行动的形式，实行多样化的灵活办法，如集体出发、就地分散，或就地集中、游后分散等，把团体旅游与个体旅游两种活动形式和两种市场结合起来，以适应旅游者的个人需求。

（三）由基本旅游层次向提高旅游层次发展

旅游活动可分几个层次，一是基本层次，一是提高层次，一是专门层次。所谓基本旅游层次，指旅游者所具有的一般观光需求。旅游就是又行又游，行是旅行，游是游览观景。所以观览或观赏景物，是旅游者的第一需要、基本需求。如果离开这一基本需要，旅游就失去了自身属性。所谓提高层次，主要指娱乐性的艺术欣赏活动。人们参加旅游活动，不仅要观光，而且还要有娱乐内容，有物品可购，使观光和娱乐、购物紧密结合起来。其中娱乐和购物又是建立在观光的基础上，因此属提高层次。所谓专门层次是更高一级的旅游层次，如朝觐旅游、会议旅游、商务旅游、疗养旅游、狩猎旅游、登山旅游等，都是以专门旅游市场形式出现的。以上三个层次，逐级提高，反映了旅游市场的发展规律。这一规律的基本内涵是，从基本的观光游览型市场转化为高级的娱乐购物型和专门型市场。这种转化，无疑对现代旅游业提出了更高的要求，并将引起旅游业的一系列变化。休假娱乐型和专门型旅游，更适合旅游者的爱好和兴趣，所以它很受游客的欢迎。如欧洲地中海沿岸国家利用日光、海滩开展的海滨度假旅游，夏威夷、百慕大等海岛开展的海上冲浪、游艇和休养等旅游，美国加利福尼亚州和日本东京开辟的迪斯尼游乐园以及各地品尝风味旅游、新婚旅游、体育旅游、疗养旅游等。

（四）由高消费旅游向旅游大众化发展

过去认为，旅游是富豪贵族享乐的活动，参加旅游的人多为社会中上层有钱有地位的人。但是，从20世纪60年代起，旅游不但在许多国家内普遍开展起来，而且形成了世界国际旅游流，旅游作为人类广泛的社会地域活动已经遍及世界各个角落。1986年，全世界国际旅游总人数已达3.25亿人，这是一个空前广泛而庞大的人类交流活动，它标志着世界旅游已经进入了大众化的时代。旅游大众化时期的到来，必将给旅游市场战略及选择提出了一系列的研究新课题。旅游市场经营者就是要根据大众化的市场特点，来组织丰富多彩的旅游项目，以满足广大社会成员对旅游的各种偏好和需求。

（五）由发达国家间旅游向发展中国家旅游发展

20世纪60年代初，国际旅游主要是在欧美等西方经济发达国家之间进行，其市场范围并不太大。从20世纪60年代下半期起，亚洲的日本、新加坡、泰国、菲律宾，大洋洲的澳大利亚和附近岛群，拉丁美洲的一些临海国家，非洲的突尼斯、埃及、阿尔及利亚等北非国家，也陆续开展了国际旅游活动。到 20 世纪 70 年代，世界上已形成由六大旅游区组成的全球性的国际旅游市场格局。特别是广大的亚非拉第三世界及发展中国家的参加，对改变世界国际旅游业的面貌和结构，起了积极的作用。以北非为例，近年来国际旅游事业发展很快。北非地处地中海南岸，隔海与欧洲为邻，交通便利，距离又近，是欧洲国际旅游者寻找阳光、温暖、沙滩等疗养和避寒的游览胜地。因此，国际旅游业发展极为迅速。特别值得注意的是东亚及太平洋旅游区，国际旅游发展速度，一直遥居六大旅游区之首。如从六大旅游区接待人数百分比的变化来看，其发展速度一直是世界上最快的一个地区。所以国际旅游机构的权威人士曾多次预言，世界未来的旅游重心在东亚—太平洋。现在这种旅游重心东移的趋势仍在不断加剧。亚非拉等发展中国家和地区的旅游业，正以高速发展的姿态活跃在国际旅游市场上，吸引着世界各国的旅游者。这是当前尤其值得注目的一个特点。

第二节　旅游市场竞争

一、旅游市场竞争的必要性

竞争是商品经济的产物，只要有市场就必然有竞争，在旅游市场上，自始至终都存在着竞争。竞争规律是价值规律的孪生兄弟，竞争是价值规律得以实现的必要条件。按照价值规律的要求，商品的价值是由社会必要劳动时间决定的，而社会必要劳动时间的决定只有通过竞争才能得以实现。不同的旅游产品生产者生产同种旅游产品所花费的个别劳动时间是不相同的，只有通过市场竞争、比较，才会形成旅游产品的社会必要劳动时间，形成统一的社会价值，才能进行交换活动。所以，竞争既是价值规律得以全面实现的必要条件，又是价值规律的必然反映。

随着旅游业的发展，旅游市场由卖方市场转向买方市场，国际旅游市场竞争日趋激烈。近年来，亚太地区旅游业迅速发展，竞争态势也随着旅游市场的日趋成熟而逐步升级，市场竞争更多地表现在客源流向而不是流量上。近几年，我国面临着周边国家和地区旅游业的激烈竞争。例如，我国与东南亚各国、澳大利亚一直在争夺日本旅游市场。面对旅游业激烈的市场竞争，各国纷纷调整营销策略以期在竞争中求生存，求发展。

新技术的发展与普及，也加剧了旅游市场的竞争。如计算机预订系统的兴起与普及，首先运用于航空客运预订系统，再到饭店销售预订系统，最终影响了处于旅游产品组合与销售终端环节的旅行社。在由手工操作到电脑操作的升级过程中，所有旅行商都无一例外地经历了“适者生存”法则的考验。适应者进一步发展，在高技术销售网络中占有一席之地。特别是国际互联网的发展，使现代旅游市场成为统一的世界旅游市场，任何企业要想经营成功，都必须到全球旅游大市场中去竞争。

旅游市场竞争也有利于改善企业经营管理和提高经济效益。市场竞争的实质就是要求提供优质产品，增加产品品种，搞好服务，并以物美价廉、适销对路的旅游产品供应市场。如果达不到这个要求，企业就会在竞争中失败甚至被淘汰。在市场经济条件下，扼杀竞争必然阻碍市场经济的发展。只有适应市场竞争，才能促进企业改善经营管理和提高产品质量，不断提高社会经济效益。

二、旅游市场竞争的分类

竞争是市场存在的条件，但不同市场的竞争程度也有很大的差别。经济学家根据参与竞争厂商的多少和产品的差异程度，从理论上将市场分为四种类型，即完全竞争市场、垄断竞争市场、寡头垄断市场和完全垄断市场。

（一）完全竞争市场

完全竞争市场，是指一种不受任何阻碍和干扰的市场。完全竞争的市场结构必须具备以下条件：一是市场上存在许多彼此竞争的旅游者和旅游经营者，每个旅游者和旅游经营者所买卖的旅游产品数量在整个市场上占有的份额都很小；二是各旅游经营者生产经营的同种旅游产品是完全相同的；三是所有生产要素资源能够在各行业间完全自由流动，旅游经营者可以自由地进入和离开完全竞争的市场；四是市场上每个旅游者和旅游经营者都具有充分的市场信息。只有具备以上四个条件的市场才能称为完全竞争的市场，因而完全竞争市场实际上只是一种理论上的假设。

（二）完全垄断市场

完全垄断市场，是指一种产品市场完全由一家厂商所控制的状态，并且这个厂商生产的产品没有任何替代品，因而完全垄断厂商对其产品的价格和产量具有很大的控制权。完全垄断市场也很少见，只见于某些国家特许的独占企业，如公用事业（包括邮政、电话、自来水等企业），对某种产品拥有专利权或拥有独家原料开采权的企业。在旅游经济中，某些独有的旅游资源开发成的旅游产品会形成垄断产品，从而成为一定的完全垄断市场。

（三）垄断竞争市场

垄断竞争市场，是一种既有垄断又有竞争的市场结构，它是一种介于完全竞争和完全垄断之间的市场类型。垄断竞争市场结构具有以下特点：一是同类旅游产品市场上拥有较多的旅游经营者，每一经营者的产量在市场总额中只占较小的比例，任一单独经营者都无法操纵市场；二是旅游经营者进入或退出市场较容易；三是不同的旅游经营者生产的同一类旅游产品存在着一定的差异性，而这种差异性使质量或销售条件处于优势的旅游产品在价格竞争、市场份额的占有上略优于其他经营者的产品。

（四）寡头垄断市场

寡头垄断市场，指为数不多的旅游经营者控制了行业绝大部分旅游供给的市场结构。每个大企业在行业中都占有相当大的份额，以致其中任何一家经营者的产量或价格变动都会影响旅游产品的价格和其他经营者的销售量。这是介于完全垄断市场和垄断竞争市场之间的一种市场形式。在现实市场经济中，寡头垄断比完全垄断更为普遍。

从总体上看，旅游市场是一个垄断竞争的市场，该市场既包括垄断因素也包括竞争因素。其垄断性主要表现在以下几个方面：一是旅游产品具有差异性，即每个国家或地区的旅游资源状况不可能是完全相同的，从而导致每一种旅游产品都有其个性，都有其诱人之处，于是，旅游产品之间的差异性在一定程度上形成了一种垄断；二是政府的某些政策限制形成一定的垄断，例如目前我国政策规定，严格限制外国人到中国办旅行社，对合资饭店合资期限和投资比例也有明确规定，从而限制了完全竞争的市场态势；三是非经济因素的限制，使旅游者不能完全自由地选择旅游产品而进入任何旅游目的地。

三、旅游市场竞争的内容

旅游市场竞争的主要内容包括争夺旅游者、争夺旅游中间商和扩大市场占有率三个方面。

争夺旅游者是旅游市场竞争中最基本、最核心的内容，因为争夺到的旅游者的数量越多，表明旅游产品的销售量越大，从而为旅游目的地国家、地区或旅游企业带来的收入越高，经济效益就会越好。

争夺旅游中间商，是指对从事转销旅游产品、具有法人资格的经济组织和个人的争夺。因为各种各样的旅行社和旅游经纪人，是销售旅游产品的重要分销渠道，如我国的各类旅行社、西方国家的旅游批发商、旅游经营商和旅游零售商。通常，国际包价旅游产品大多数是通过国际旅行社、外国旅游批发商和旅游零售商来出售的。因此，争夺到的旅游中间商越多，得到的支持越大，旅游产品销量就越多。

提高旅游市场占有率也是旅游竞争的重要内容之一。旅游市场占有率分为绝对占有率和相对占有率两种。旅游市场绝对占有率是指一定时期内，某旅游经营者所接待的旅游人次的绝对量与同期该旅游市场总接待的旅游人次总量的比率。用公式表示如下：

$$旅游市场绝对占有率=\frac{一定时期内某经营者接待的旅游人次}{同期该旅游市场接待的旅游总人次}$$

相对占有率是指一定时期内，某旅游经营者的市场绝对占有率与同期、同市场范围最大竞争者的市场绝对占有率的比率。用公式表示如下：

$$旅游市场相对占有率=\frac{一定时期内某旅游经营者的市场占有率}{同期、同范围旅游市场上最大竞争者的市场占有率}$$

若旅游市场相对占有率大于1，则说明该旅游目的地国家、地区或旅游企业在市场竞争中处于优势；若旅游市场相对占有率等于1，说明该旅游经营者与最大竞争对手势均力敌；若旅游市场相对占有率小于1，则说明该旅游经营者在市场竞争中处于劣势。

四、旅游市场竞争的策略

旅游市场竞争是剧烈的，因而企业必须采取合适的市场竞争策略。从国内外旅游市场竞争的状况看，旅游竞争策略可分为四种，即低成本策略、产品差别化策略、专营化策略及价格策略等。

（一）低成本策略

低成本策略，是在保证旅游产品质量的前提下，采取有效措施，降低经营成本，追求在同行业中的低成本优势，然后采取低价格策略以达到扩大市场占有率的目标。

（二）产品差别化策略

产品差别化策略，是指在开发旅游产品时，要创造本地区或本企业旅游产品的特色，使之与同行业其他产品相比，在旅游产品的组合设计、服务、推销方式等方面具有明显的优势，使旅游者更感兴趣，产生信赖，消除价格的可比性，从而产生强大的竞争力量。

（三）专营化策略

专营化策略，是指专门为某一个或某几个特殊的细分市场服务的策略。为了实现旅游产品的差别化和低成本，使之在目标市场上具有特殊的竞争能力，从而赢得较高的利润率，应着力开发针对某些细分市场的旅游产品——特种旅游，促进旅游市场占有率的提高。

（四）价格策略

价格策略是旅游市场竞争常用的策略，根据旅游产品的价格需求弹性大小，结合行业竞争的状况，通常可采用以下几种价格竞争策略。

1. 维持原价策略

指对竞争者的价格变动不作任何反应。当企业降价会减少目标利润，不降价也不会失去很多市场份额时，维持原价策略能使目标市场的旅游者树立对本企业的信任，从而获得较多市场份额。

2. 降低价格策略

指追随竞争对手价格的降低，调低本企业产品的价格。当目标市场旅游者对价格十分敏感时，不降价会使企业失去市场份额，同时企业也能够承受产品降价的影响，而不至于使企业利润严重损失，这时可考虑采用降低价格策略。

3. 提高价格策略

市场竞争并不意味着都要降价。当目标市场旅游者对价格不敏感时，可以提高价格，并通过宣传促销在旅游者心目中树立起“一分价格一份货”的高质量、高档次的旅游产品形象。通常，只要提价幅度能为旅游者所承受，不仅能保持市场份额，而且可以适当增加企业的利润。

第三节　旅游市场的细分与开拓

一、旅游市场细分与目标市场选择

（一）旅游市场细分的概述

在对旅游市场细分进行界定之前，首先要理解一般意义上的市场细分。在大众化营销阶段，卖方通过大量生产、大量分配和大量促销，向所有的买主提供单一的产品。比如福特提供T型汽车给所有的顾客。顾客从它那里可以得到的汽车“除了黑色以外没有其他颜色”。可口可乐公司也在相当长的一段时间里开展了大众化营销，它曾经只卖一种6.5盎司一瓶的可乐。但随着社会经济的发展和人们需求的多样化，任何一个企业都不可能满足整个市场和全部消费者的需要。广告媒体和分销渠道的多元化使“所有人都使用一种规格”的营销越来越困难，大众化营销正在走向死亡。面对激烈的市场竞争，越来越多的企业选择建立在市场细分基础上的目标市场营销。就市场而言，它存在着许多不同的特征，这些特征将市场分割成了若干性质有所差异的组成部分，每个部分就构成了一个细分市场。企业进而在子市场上同对手竞争，而不试图在整个市场内竞争。

以上原则对于旅游市场也是适用的。由于任何一个旅游目的地或旅游企业都不可能满足整个旅游市场和所有旅游者的需要，因此进行市场细分是很必要的。所谓旅游市场细分，实际上就是在对旅游市场进行市场调查的基础上，依据旅游者的需要、行为、习惯等方面的差异性，把整个旅游市场划分成若干个旅游者群的过程。旅游企业通过市场细分，制定不同的营销组合，不同的旅游产品、价格、营销渠道、促销方法等，以便更好地满足各种旅游消费者的不断变化着的需求。另外，旅游市场细分可以使旅游经营者更清晰地认识市场，通过对市场的各种特性进行整理、观察和分析，进而发现新的市场机会，挖掘出新的市场特性。在旅游市场被按照一定特性切割之后，旅游企业可以找出对于自己最为关键的市场部分，利用自身有限的资源集中对这部分市场进行开发和拓展。这样，资源得到了充分的利用，从而使企业的行为效率最大化。

（二）旅游市场细分的标准

要进行有效的市场细分，必须找到科学的细分依据。每个旅游者都具有许多特点，如年龄、职业、文化程度、购买习惯等，这些特点正是导致顾客需求出现差异的因素，每一个这样的因素都可以作为对市场实施细分的依据。不同类型的市场，细分的因素也有所不同，而且这些因素又处于动态之中，因此被称为“细分变量”或“市场细分标准”。总体上来说，旅游市场可以按照以下几种标准进行细分。

1. 地理细分

旅游活动本身是以旅游者的空间位移为典型特征的，因此按照地理因素对旅游市场进行细分有着非常重要的意义。例如，世界旅游组织根据地区间在自然、经济、文化以及旅游者流向等方面的联系，将世界旅游市场细分为六大旅游区域：欧洲市场、美洲市场、东亚及太平洋市场、南亚市场、中东市场和非洲市场。我们通常所说的“国内旅游市场”和“国际旅游市场”是按国界进行市场细分，这是旅游目的地国家或地区细分国际旅游市场最常用的形式。此外，地区、城市、乡村、不同的气候带、地形地貌等都可以作为地理细分的标准。

2. 人文统计细分

人文统计细分是将旅游市场按照人文统计学变量如年龄、收入、教育程度、职业、种族、性别、宗教、家庭规模、社会阶层等为基础划分成不同的群体，这些变量往往易于识别且便于衡量。人文统计细分也是划分旅游者群体很常用的方法。一般情况下，旅游企业选择其中的一个或几个变量作为划分的标准。例如，按照人口年龄段，旅游市场可细分为老年人、中年人、青年人、儿童四个子市场。旅行社也可以按照家庭生命周期将旅游市场划分为新婚家庭、中年家庭和老年家庭，从而相应地推出“新婚旅游”、“合家欢旅游”和“追忆往昔旅游”等不同的旅游产品来满足个性化的需要。

3. 心理细分

旅游者在心理上也具有许多不同的特征，如旅游动机、生活方式、兴趣爱好、价值取向、旅游习惯等，心理细分就是按照这些标准对旅游市场进行细分。人们在旅游活动中更多地获得心理上或精神上的满足，而人与人在心理满足上又有很大的差异性。例如，有的人旅游是为了寻求刺激，有的人旅游是为了寻求安宁。因此，旅游经营者应利用这种差异对市场进行细分，创造不同的市场特色。不同的心理需求、不同的个性，产生了消费者不同类型的购买动机，有的追求新颖，有的追求实用，有的对质量要求很高，有的则只求物美价廉。由于消费者心理需求具有多样性、时代性、可诱导性等特征，因此，有时心理因素是很难严格加以判定的，很难量化和把握，但它对旅游市场划分却是极为有效的。根据旅游动机可以将在饭店住宿的客人分为公务客人和度假客人，与之对应的细分市场就是公务旅游市场和休闲旅游市场。饭店要根据自身的情况，确定自己的目标市场，进行产品定位和营销活动。

4. 行为细分

不同的旅游者在行为上往往会有很大的差异，因此按照旅游者的行为进行市场细分是很有效的。依据购买组织形式变量将旅游市场细分为团队市场和散客市场，是旅游市场最基本的细分形式之一。而近些年来散客市场得到很大的发展，成为世界旅游市场的主题，在这一市场中，形式也日益复杂多样，出现了独自旅游、结伴同游、家庭旅游、小组旅游等形式。又比如，有些旅游者在旅游时只乘坐某一家航空公司的飞机或只住一家旅店，因此，航空公司和饭店可以按照这种行为习惯将旅游者分为坚定的品牌忠诚者、转移型的忠诚者和无品牌偏好者，然后通过一系列市场营销活动来扩大市场占有率。

一些旅游方面的专家认为，随着旅游市场全球化进程的加快，用来划分国际市场的一些传统变量，如地理变量和国家界限等，将会逐渐被心理变量、行为细分所代替，因为它能够更加准确地反映顾客之间的文化异同，从而更加有利于确定目标市场。在西方发达国家中，新出现的一些细分市场包括：老年人市场、年轻的单身者、旅游探险者、文化探索者、高尔夫球爱好者以及其他特殊兴趣团体。

（三）旅游市场细分的原则

要使旅游市场细分真正发挥其作用，还必须符合某些原则，即一个有效的细分市场必须具备足够的容量，是可以区分、可以衡量的。

1. 可衡量性

指各细分市场的需求特征、购买行为等要能被明显地区分开来，各细分市场的规模和购买力大小等要能被具体测量。要做到这一点，就要保证所选择的细分标准清楚明确，能被定量地测定，这样才能确定划分各细分市场的界限。另外，所选择的标准要与旅游者的某种或某些旅游购买行为有必然的联系，这样才能使各细分市场的特征明显，且范围比较清晰。

2. 可赢利性

细分出的市场在顾客人数和购买力上要足以保证企业取得良好的经济效益。这要求企业首先必须保证细分市场的相对稳定性，也就是说，企业在占领市场后的相当一段时期内不会改变自己的目标市场，以便制定较长期的经营策略。细分市场不仅要保证企业的短期利润，还必须有一定的发展潜力，保持较长时期的经济效益，从而不断提高企业竞争能力。

3. 可进入性

即经过细分后所确定的目标市场要使旅游产品有条件进入并能占有一定的市场份额。旅游企业必须从实际出发，以保证细分出的市场是企业的人力、物力、财力等资源所能达到的，是企业经营力所能及的，否则不能贸然去开拓。此外，企业营销人员要有与客源市场进行有效信息沟通的可能，具有畅通的销售渠道，这对于具有异地性特征的旅游市场尤其重要。

（四）旅游市场细分的步骤

根据美国营销专家麦克·阿瑟的观点，市场细分一般由以下七个相互关联的步骤组成。

1. 选定市场范围，确定经营方向

旅游经营者在确定了总体经营方向和经营目标之后，就必须确定其经营的市场范围，这项工作是企业市场细分的基础。市场范围是以旅游者需求为着眼点确定的，因此通过调查工作分析市场需求动态是必要的。同时，企业应充分结合自己的经营目标和资源，从广泛的市场需求中选择自己有能力服务的市场范围，不宜过窄或过宽。

2. 了解客源市场，确定潜在市场需求

在确定适当的市场范围后，企业要根据市场细分的标准和方法，了解市场范围内所有现实和潜在顾客的需求，并尽可能地详细归类，以便针对旅游者需求的差异性，决定采用何种市场细分变量，为市场细分提供依据。

3. 分析可能存在的细分市场

通过分析不同旅游者的需求，旅游经营者要同时找出旅游者需求类型的地区分布、人口特征、购买行为等方面的情况，作出分析和判断，构成可能存在的细分市场。

4. 确定主要的市场细分标准

企业应分析哪些需求因素是重要的，并将这些重要的需求因素与企业实际情况和每个细分市场的特征进行比较，从而寻找主要的细分因素，筛选出最能发挥本企业优势和特点的细分市场。

5. 为可能存在的细分市场命名

旅游经营者可以根据各个细分市场的主要特征，用形象化的语言或其他方式，为各个可能存在的细分市场确定名称。

6. 评价初步细分的结果，进一步了解各细分市场的消费需求和购买行为

企业通过深入分析各细分市场的需求，了解旅游市场上消费者的购买心理、购买行为等，对各细分市场进行必要的分解或合并。这项工作将帮助企业寻找并发现最终的目标市场。

7. 分析各细分市场的规模和潜力

在前面六个步骤完成后，各细分市场的类型已基本确定，此时企业应估算各细分市场的潜在销售量、竞争状况、赢利能力、发展趋势等，并找出市场的主攻方向，进而确定目标市场。

市场细分的以上步骤有利于企业在市场细分中正确选择营销目标市场，但企业无须完全拘泥于某一种模式，可以根据实际情况进行简化、合并或扩展。

二、旅游市场开拓的涵义

旅游市场开拓是指为实现旅游产品的价值而进行的一系列与旅游市场的开发、占有和扩大密切联系的活动。旅游市场开拓要在明确旅游市场战略目标的前提下进行市场调研和预测，了解市场需求和竞争对手；并在此基础上，分析旅游企业所处市场的宏观环境和微观环境，使企业经营活动适应市场环境的变化，进而进行市场细分；并在市场细分的基础上，选择目标市场，然后针对目标市场，确定合适的市场营销组合，最终实现旅游市场开

拓的战略目标。

旅游市场战略目标，是指在一定时期内，旅游市场营销工作的服务对象和预期所要达到的目的。即旅游目的地国家、地区或旅游企业为其旅游发展和经营所确定的一定时期的奋斗目标。进行旅游市场开拓，首先要明确一定时期的任务和目标。对于旅游行业而言，其任务和目标表现为开发本身所具有的旅游资源，形成高质量的旅游产品，并利用一切有利的条件，满足旅游市场的需求，最大限度地获取经济效益和社会效益。对于旅游企业而言，其任务和目标表现为确定企业的业务经营范围和领域，寻求和判断战略机会的活动空间和依据。企业任务确定后，应把任务具体化为企业每一个管理层次的经营目标。

三、旅游市场调查和预测

为了确定好旅游市场的战略目标，加快对旅游市场的开拓，企业必须搞好旅游市场调查和市场预测。

（一）旅游市场调查

1. 旅游市场调查的种类

（1）从旅游市场调查的角度划分。

旅游市场调查分为宏观市场调查和微观市场调查。宏观市场调查主要包括市场总需求、总供给的调查，市场环境调查等内容。旅游市场总需求是指整个社会在一定时期内有支付能力的、通过市场交换的旅游产品的需求总量。旅游市场总供给是指整个社会在一定时期内对旅游市场提供的可供交换的旅游产品的总量。旅游市场宏观环境是指影响市场供求变化的经济、政治、社会、文化教育等状况。

微观市场调查，是就旅游企业生产经营开展的市场调查，是企业根据营销活动的需要而进行的特定调查，包括消费者需求调查、企业市场营销状况调查和市场竞争调查。旅游者需求调查主要包括旅游动机、旅游客源结构和游客费用支出状况调查。市场营销状况调查包括旅游者对新老旅游产品质量、产品生命周期各个阶段的要求、意见和建议的调查。市场竞争调查，主要调查企业有哪些竞争对手，其中哪些是现实的竞争对手，哪些是潜在的竞争对手；同时调查竞争对手的资金实力、旅游产品项目设计、服务质量、价格水平等状况。

（2）从旅游市场调查的目的划分。

按照旅游市场调查目的不同，一般把市场调查分为探索性调查、描述性调查和因果关系调查。探索性调查，指正式调查前的试探性调查，一般采取研究第二手资料或召集专家开展询问调查的方式。当市场调查的问题和范围较模糊时，可以采用探索性调查。如某旅游市场产品销量急剧下降，到底是什么原因所致不清楚，只有先作试探性调查，找出主要原因，才能作深入的正式调查。描述性调查，是指为了描述事物状况特征而进行的调查。它主要是通过深入实际调查研究，收集和整理有关事实的情况和资料，将市场的客观情况如实地加以描述和反映，说明事物之间的因果关系及内在联系等。因果关系调查是要找出问题的原因和结果，也就是专门研究“为什么”的问题。描述性调查是提供问题中的各因素关联现象，而因果性调查是找出形成这类关系的原因。因果性调查把描述性研究中提出的变量分为自变量和因变量，进一步研究各自变量对因变量的影响程度和大小。

2. 旅游市场调查的阶段

市场调查通常可分为三个阶段，即调查准备阶段、实地调查阶段和结果处理阶段。经过必要的调查准备之后，便应着手实地调查，收集资料。资料的收集可分为二手资料和一手资料的收集。二手资料是他人收集并经过整理的资料，这些资料比较容易取得。二手资料的来源是企业内部资料，政府机关、学术团体公布的统计资料，公开出版的期刊、文献、报纸、杂志、书籍和研究报告等，有关国际或区域旅游组织和专业旅游市场调研机构的年报和其他资料等。二手资料的搜集比较简便，而且节省费用。一手资料又称原始资料，是调查人员通过现场实地调查所收集的资料。其收集方法有调查法、观察法、实验法和会议调查法。调查法，可以用个别面谈或小组讨论等方法，也可以用电话询问、邮寄调查表或混合调查法进行。观察法，是指调查人以直接观察具体事物作为搜集资料的一种手段。实验法，是从影响调查对象的若干因素中，选出一个或几个因素作为实验因素，在其余诸因素均不发生变化的条件下，了解实验因素变化对调查对象的影响。会议调查法，是通过召开专门的调查会议或者利用参加其他会议的机会进行调查。由于各种会议集中了各种不同的专门人才，因此，会议调查法能收集到内容广泛、水平较高的答复。

（二）旅游市场预测

旅游市场预测，是指运用各种定性和定量的方法，对旅游市场未来发展变化作出的分析和推断。科学的市场预测需要运用定量分析和定性分析方法，并且要将两者有机结合起来。

定性分析是对预测目标的性质以及可能估计到的发展趋势作出的分析。旅游市场定性分析方法包括旅游者意见法、营销人员估计法、经理人员判断法和专家预测法。旅游者意见法，是通过对旅游者进行调查或征询，来进行旅游市场预测的一种方法。其具体做法是当面询问、电话征询、写信、要求填写调查表、设立意见簿、召开座谈会等。经理人员判断法，是指旅游企业邀请企业内部各职能部门的主管人员根据各自的经验，对预测期的营业收入作出分析和估计，然后取其平均数作为预测估计数的方法。此法简便易行，节省费用，是新企业唯一可以选择的预测方法。营销人员估计法，是由企业内外的营销人员对市场作出预测。使用这种方法的企业，要求每个推销员对今后的销售作出估计，营销经理再与各个推销员一起复审估计数字，并逐级上报预测数字和汇总。专家意见法，是由企业聘请社会上或企业内部的专家进行市场预测。

定量分析是用数学的方法来研究、推测未来事件的变化及发展趋势。用定量分析法预测旅游市场需求一般要使用多种统计方法和计量经济学方法。常用的方法有时间序列分析和回归分析法。时间序列分析包括简单平均法、移动平均法、指数平滑法、变动趋势预测法；回归分析法包括一元线性回归法和二元线性回归分析法等。

四、旅游市场开拓策略

一般讲，影响旅游市场开拓的因素主要有两类。一类是外部环境因素，它包括人口环境、政治环境、法律环境、经济环境、文化环境、科学技术环境等宏观环境因素，也包括市场竞争者、中间商、供应商、社会公众等微观环境因素。这些外部环境因素是影响旅游市场开拓的不可控因素，企业只能通过环境分析，以发现有利的市场机会，克服不利的环境威胁，尽可能适应微观和宏观市场开拓环境。另一类是可以控制的因素，即旅游市场开拓策略，它是指旅游企业为取得最佳经济效益，在选定的目标市场上，在一定时期内，有计划地综合运用各种可能的市场营销策略和手段，进行旅游市场的开拓。

旅游市场开拓策略，就是把旅游产品、价格、促销和分销等组合起来，结合市场环境，推进旅游业营销工作，确保实现旅游市场战略目标。具体的市场开拓策略主要有以下几种。

（一）旅游产品策略

对于旅游企业而言，首先要决定用何种产品和服务来满足目标市场需求，这要求企业考虑旅游产品组合、旅游产品生命周期、旅游新产品开发等方面的问题。旅游产品开发是目前旅游市场开发的关键因素。目前我国的旅游产品开发面临的问题是：产品结构单一，配套设施不完善，供给不适应需求，产品质量下降，等等。针对旅游产品开发存在的问题，可采取以下的对策措施：一是加速观光产品的更新换代，满足旅游需求的不断变化；二是积极开拓专项旅游产品，适应市场细分化的需求；三是迅速推出散客产品，加快形成旅华散客市场。

（二）旅游价格策略

产品定位之后，就要根据目标市场上的旅游者需要和市场竞争状况，制定一个合理的有竞争力的旅游价格。旅游价格策略有新产品定价策略、心理定价策略和折扣与让价策略等。旅游价格制定的基础是成本，价格是由成本和赢利构成的。当旅游市场处于卖方市场形势下，可采用以成本为中心的定价方法；买方市场形势和市场竞争比较激烈的情况下，应采用以需求为中心的定价方法和以竞争为中心的定价方法。

（三）旅游促销策略

促销是旅游目的地政府或企业为激发旅游者的购买欲望，影响他们的消费行为，扩大产品的销售而进行的一系列宣传、报道、说服等促进工作。促销的过程就是信息沟通的过程。促销策略就是对促销对象、促销技术、促销方法、促销效果进行科学的选择、配置、控制和评价的过程。促销手段有广告、营业推广、公共关系、人员推销等。目前，我国国际旅游市场促销面临的问题是促销投入太少，不适应市场开拓需要；地方旅游企业自己出国推销的机会增多，参加联合促销的积极性减弱。针对上述问题拟采取下述对策：增加促销投入，利用旅游基金解决企业参展和促销的部分费用，进一步提高企业参展和联合促销的实效，并超前制订与布置旅游促销计划，加强旅游宣传品的针对性等。

（四）销售渠道策略

销售渠道是指旅游企业将旅游产品出售给旅游者时所经过的路线、环节、方式、机构设置以及如何选择和管理分销渠道等问题。旅游产品销售渠道主要有直接和间接两种。直接渠道是旅游企业直接销售产品或通过自设的零售网点销售其产品给旅游者；间接渠道是旅游企业将其产品通过中间商（旅游批发商和旅游零售商）销售给旅游者的途径。目前我国旅游产品销售渠道存在的问题是旅行社的增长高于入境客源的增长幅度，形成买方市场的局面；部分旅行社缺乏积极进取精神，缺乏一批能够积极开发新市场、开拓新渠道、发展新客户的销售人员队伍等。针对这些问题，今后应采取以下对策：一是开辟新的销售渠道，吸引有组织的团体旅游；二是发展专业旅行社，专门为不同行业提供有关的特色旅游；三是旅游企业要有长期投入的准备，不断巩固和发展销售网络；四是积极利用现代化通讯手段，如电视广告、国际互联网等促进旅游产品的销售。

第四节 新兴旅游市场

一、商务旅游市场

（一）世界商务旅游的发展格局

近年来，商务旅游是发展最快的旅游项目之一，从其规模和发展看，已成为世界旅游市场的重要组成部分，而且仍有巨大的发展潜力。全球每年旅游业收入商旅支出占全部旅游收入的12%，并且随着世界经济的发展和全球化进程的推进，这一比例仍会提高。目前全球商务旅游人数约占旅游者总数的1/3，国际上许多著名的连锁饭店通过调查发现，商务客人已占全球住房游客的53%，占连锁饭店的60%。近年来许多新兴的旅游项目也推动了商务旅游的发展，例如增长最快的奖励旅游，目前全球每年约有11亿～18亿人次进行奖励旅游。同样发展很快的还有国际会议市场。国际会议自20世纪70年代中期以来就以其广泛的影响、高额的利润和巨大的市场潜力引起了越来越多的国家和地区的注意。

全世界商务旅游的发展都呈现出良好态势。在欧洲，由于统一大市场已经形成，企业国际化加快，商务旅游市场的发展前景良好。在亚太地区，商务旅游发展也非常迅速并具有持续发展之势，尤其是日本、新加坡、韩国等国家和中国香港等地区。此外，泰国、马来西亚、印尼和中国内地均已崛起，给亚太地区商务旅游市场又注入了新的血液。因此，可以用“东西方共发展”来形容世界商务旅游的格局。

（二）中国商务旅游的发展概况

中国宏观经济和政局的稳定发展为商务活动的活跃提供了良好的外部环境。旅游业正在以前所未有的速度进行着日新月异的变化，商务旅游作为旅游高端市场的主力军日趋显现出优势和潜力，正成为一块利润丰厚的蛋糕，且极具成长性。总的来看，中国商务旅游市场呈现出以下一些特点。

1. 市场规模逐年增大

中国正逐步成为世界商务旅游的新热点。近年来，中国在旅游基础设施建设方面成绩显著，与中国通航的国家越来越多，航线越来越长。中国相对齐备的涉外旅游服务系统也为商务旅游提供了便利。中国经济的发展以及在中国境内的各项展览、会议等都成为吸引商务旅游人士的重要磁石。据国际会议协会预测“中国有可能成为21世纪国际会奖旅游（会展旅游和奖励旅游的合称）的首要目的地”，而中国加入WTO、2008年奥运会的举办以及2010年世博会的申办成功更为中国会奖旅游的发展提供了良好的契机。

2. 收入稳定

由于商务旅游是以商务或者其他特定的活动目的为导向，因此商务旅游的时间随意性低，事前计划性强，而且活动具有重复性（尤其是年会、大型活动都有固定的时间或者预先设定的时间，经过一定固定的时间间隔就会再次举行）。这就形成了商务旅游的稳定性的特点：一方面由于时间固定，一般来讲它不会受到气候条件或者一些不利条件（如交通不畅等因素）的影响，是旅游市场中最稳定的一个细分市场；另一方面，商务活动的重复性使商务旅游能够产生稳定的旅游客流和收入，而没有其他旅游项目的明显的季节性和淡旺季的差异。

3. 利润丰厚

商务旅游的消费者构成特点决定了其中自费的比重不大，并且通常商务旅游者所产生的费用是依照所在组织的内部规定或者商务活动的级别标准而确定的，价格因素并不是决定性因素，因此相对于休闲旅游而言，商务旅游者的消费能力更高。从两种类型旅游的目的上来看，商务旅行者更看中的是服务质量、效率和便利性。据统计，商务客人的人均日消费额比观光客人要高出23%。此外，商务旅游者在目的地的停留时间也相对较长。所以，一般来说商务旅游的利润率高达20%～30%，远远高于一般休闲旅游的利润。有旅行社老总透露，商务旅游人数可能只占到旅行社总业务量的1/10，但所赚取的利润至少能占到旅行社总利润的50%以上。

4. 政策支持

中国政府一直以来都大力扶持旅游和其相关产业的发展。近些年来，一些地方政府也出台相关法规来促进商务旅游这一市场的发展。例如《北京市旅游条例》第13条规定："国家机关、事业单位和社会团体经审批获准的公务活动，可以委托旅行社安排交通、住宿、餐饮、会务等事项。"《上海市旅游条例》第18条提出："鼓励利用有关专业会议、博览交易、文艺演出、体育赛事、科技交流等活动，促进旅游业的发展。有关组织机构在协调安排年度展览计划时，应当优先考虑规模大、国际化程度高、对旅游业促进作用明显的展览项目。"第21条规定："国家机关、企业、事业单位和社会团体经审批获准的公务活动，可以委托旅行社安排交通、住宿、餐饮、会务等事项。"

但是只有少数商务活动发达的地区的政府为推动商务旅游的发展积极努力，这也是市场处于发育期的一个表现。

5. 市场形成期，专业性匮乏

从市场周期角度对国内商务旅游市场分析，可以发现这一市场正处于市场发育期。首先，这一市场被分割成无数个小的区域市场，已进入者和潜在的进入者数量很多，并且没有具有绝对竞争优势的企业，该市场暂时处于完全竞争的状态。其次，作为旅游市场中的独立细分市场，商务旅游市场发展速度很快，还没有形成一个稳定状态的市场规模。最后，这一市场的相应规则还没有成型，还远没有达到成熟的阶段。因此，在这一阶段中，企业的业务空间广阔，竞争并不十分激烈，企业能够也必须尽力拓展市场份额，为迎接下一阶段中的激烈竞争做好准备。未来几年内，能否做好商务旅游市场将成为旅游业竞争制胜的关键。

专业化是中国许多城市发展商务旅游的软肋。相对于国外成熟商旅市场来说，缺乏专业经验是一个非常现实的问题，这是商务旅游发展进程中绕不过的门槛。业内专家表示，商务旅游具有很强的系统性，不仅需要成熟、专业的旅游公司来运作，而且还需要相关政策、相匹配的旅游资源、基础设施建设等的支撑。目前，国内缺乏较专业的商务旅游公司，而且商务旅游作为一种新兴的旅游分支，在中国并没有固定的功能齐全的专业城市予以匹配。

二、蜜月旅游市场

（一）蜜月旅游市场概述

蜜月旅游是指人们以在旅游目的地举行婚礼而进行的旅游（通常同时也会度蜜月）或

者仅仅是以婚后度蜜月为目的的一种旅游活动。蜜月旅游不仅仅是指新婚夫妇俩为了举办婚礼或度蜜月而进行的旅游活动，通常还包括与他们同行的家人或朋友的旅游活动。如今进行蜜月旅游已经不像以前那么新鲜了，人们对结婚的仪式也不像以前那么过分看重了，但蜜月旅游的吸引力却在不断增长。研究世界蜜月旅游的市场状况，对于我国旅行社设计开发此类产品具有很大的意义。

蜜月旅游市场在国外是一个相对成熟而且不断增长的市场。早先的旅游运营商们并没有认识到这个市场的重要性，仅仅把这个庞大的市场当做普通大众休闲度假旅游市场的一部分，按照一般的思维方式来运营。但随着人们对蜜月旅游的需求越来越大、越来越个性化，大量旅游运营商开始制作专业性的宣传手册介入并不断深入地开发这个市场。这个市场的不断成长不仅引起了旅游运营商的关注，甚至一些国家的旅游局也开始重视。巴哈马国家旅游局制作了结婚指南；泽西岛（法国海岸附近的英属岛屿）为了便于非本国居民的结婚更是改变了国内立法。

据美国兰德公司的一份研究分析报告显示：到 2010 年，全球每年的婚庆消费达数千亿美元（其中，我国的婚庆消费达几百亿美元）。欧洲、北美、澳大利亚和日本市场是海外结婚意愿最高的地区。英国每年大约有 30 万对新人结婚，大约有 10％的英国夫妇参加了海外蜜月旅游，并且增长速度极快。在市场经济比较发达的美国、欧洲和日本等国家和地区，据统计，大约有 99％的新婚夫妇会外出参加蜜月旅游，其中各自有 68％、85％和 98％比例的新婚夫妇会选择出国度蜜月。蜜月旅游市场正在越来越成为极具吸引力的一块大蛋糕。

加勒比地区是欧洲和美国人最受欢迎的蜜月旅游之地，其主要的目的地包括多米尼加共和国、巴巴多斯、安提瓜和牙买加。欧洲人最喜欢的是肯尼亚、毛里求斯、塞舌尔和佛罗里达；而美国人则最喜欢加勒比地区，其次是夏威夷、墨西哥、巴哈马群岛和欧洲；日本人则最喜欢前往夏威夷、美国本土和关岛、塞班岛进行蜜月旅游。

国际上的大型旅游运营商为了更好地开拓这一市场，一般都会确保海外蜜月旅游的包价价格低于国内的费用，比如在欧洲，到国外进行蜜月旅游的包价价格为 3600 美元，远远低于国内的 14500 美元。这也使得许多新婚夫妇愿意花钱去进行更高级的享受，反过来这种低廉的旅游价格又给运营商们带来了更高的边际利润。

（二）蜜月旅游市场的特点

蜜月旅游市场即使在经济衰退的时候也能够保持强劲的增长。相比较其他的一般观光休闲旅游市场而言，蜜月旅游市场存在着一定的独特的特点。

1. 消费能力较强

新婚夫妇一般比普通旅游者有更多的可自由支配收入，他们当中有超过 80％的新娘和超过 90％的新郎都有工作。新人们一般花 3 倍于普通海外度假的钱在蜜月旅游上。值得注意的是：尽管新婚夫妇或蜜月旅游的人的消费力比普通旅游者要强，但许多选择海外旅游结婚的夫妇是为了避免国内结婚的高昂费用，因此他们不可能是花钱大手大脚的人。

2. 停留的时间更长

在美国和欧洲，蜜月旅游平均停留天数为 9 天，而一般的休闲旅游则为 5 天；在日本，海外蜜月旅游平均停留天数为 8 天，而国内蜜月旅游则为 5 天。

3. 季节性明显

美国和欧洲最好的季节是 5～10 月。中国则主要集中在 9、10、11 月份和春节，还有

“十一”长假。9、10、11 月份的天气比较适合蜜月旅游；而“十一”长假则给人们提供了较长的闲暇时间，使其好好地出去浪漫一番；春节这个既有悠长假期又热闹喜庆的日子就更是人们蜜月旅游的好时节了。农历 12 月下旬也是中国农村人结婚的较佳时节，因为这时候外出打工的年轻人都开始陆续返乡了，一年下来多多少少也有了一些积蓄，而第二年正月十五之后又将再次外出，因此处于两者之间的这段闲暇时间就成了年轻人结婚的较好时机了。

4. 主要以年轻人为主，再婚中老年人也是一个重要市场

毋庸置疑，年轻人是世界上结婚和度蜜月人群的主体，因此，蜜月旅游市场中很大一部分是 20～35 岁这个年龄段的人。1999 年，澳大利亚第一次成为英国结婚旅游的前十大旅游目的地，这主要得益于 30 多岁的、能支付得起长途旅游并寻求不同于一般的目的地的人的数量的不断增长。但是最喜欢海外蜜月旅游的人却不是年轻人，而是 35～55 岁之间的再婚者。

5. 对目的地的环境要求较高

新婚夫妇选择蜜月旅游的目的地时，一般都比较注重目的地的自然环境，有时也会考虑当地的民俗风情。他们更倾向于充满阳光和沙滩等极具休闲特点的目的地，这一点从夏威夷、加勒比地区等目的地成为欧美和日本新婚夫妇的首选目的地可见一斑。而且新婚夫妇不太喜欢那种喧嚣嘈杂的环境，在旅游的过程中，他们希望能够更多地享受宁静的二人世界。当然如果能在享受阳光和沙滩之余还能领略极具地方特色的民俗风情，是目的地吸引新婚夫妇的一个极佳卖点。

6. 全包价旅游越来越受欢迎

据统计，美国的蜜月旅游者中有 34％的蜜月旅游者选择全包价度假。现在的新婚夫妇一般都有自己的工作和事业，因此他们没有太多的时间来自己选择旅游路线、组装旅游产品，尽管他们有时也会给旅游运营商提供具有个性的建议。全包价旅游产品不仅可以省去他们许多的时间成本，而且可以给他们提供一个完全放松的环境。

四、大学生旅游市场

（一）大学生旅游市场的特征

大学生旅游市场是旅游市场的一个特殊细分市场，它具有较明显的消费群体特征雷同的特点，这使企业在开发的过程中易于降低开发成本。但同时它还有着区别于其他旅游细分市场的特征。

1. 注重价格，讲究经济，更加重视旅游经历

大学生目前大多仍为消费者，可用于个人自由支配的资金不多，属于非强势消费群体，因而对价格较为敏感，在旅游过程中对物质要求不高，讲究经济实惠，特别是吃、住方面，只要得到基本满足即可。此外，大学生长期在学校生活，对外面的世界充满好奇，旅游中的各种经历都是他们津津乐道的事，因而他们更加重视旅游过程中的经历和感受。

2. 旅游目的地的选择以短期、邻近地区、自然风景类为主

在校大学生受经济条件限制，他们的出游多以短期到邻近地区为主。《中国旅游报》对北京高校的专项抽样调查显示，大学生选择出游天数多以 2～4 天为主，比例总和占 74.7％。因大学生生活经历少，对学校和家庭以外的事物感到新奇，他们旅游时多选择与

日常生活反差较大的自然风景类的旅游目的地。

3. 出游方式多以自组群体为主

大学生的自我意识和独立意识较强，外出旅游多不愿受限于现行的旅行社线路和组团安排。因而一到假期，高校就会出现五花八门的寻“伴”旅游启事。有关调查也证实，大学生出行外地喜欢结伴而行，在人数组合上以2～7人居多，达到74%，其性别构成上是两性搭配占绝大多数。

4. 出游顾虑较多

大学生旅游愿望非常强烈，但因其长期生活在学校和家庭的范围内，缺乏旅游经验，社会实践能力较弱，出游顾虑较多。《中国旅游报》对北京高校的专项抽样调查表明，大学生出行最担心的问题依次是：安全问题（占40.1%）、购车船票问题（占34.9%）、食宿问题（占26.6%）、健康问题（占9.5%）。尤其是女生，作为其中的弱势群体，对安全等问题考虑更多。这些顾虑也是许多大学生有旅游动机却难以成行的原因之一。相反，旅游企业如果能够解决好这些顾虑，大学生出行将更依赖于旅游企业。

5. 大学生从众心理显著，信息传递迅速

大学生旅游市场主要集中在高等院校。大学生作为一个集中的旅游群体，旅游决策易受同学或朋友等相关群体的影响。再加上旅游信息不对称等原因，大学生旅游常常没有充分的前期准备，情绪易波动，从众心理显著。同时，由于市场集中，群体间联系广泛，旅游信息在大学生间传递迅速。

（二）大学生旅游市场的开发策略

大学生旅游市场潜力巨大，又具有自身的特征，旅游企业应根据其特征，结合现有和潜在的旅游基础设施，对大学生旅游市场进行合理的开发。

1. 采取“开拓重点、机动灵活、薄利多销、诚信为本”的开发思路

（1）开拓重点。大学生旅游市场潜力巨大，但在开发的时候，应该开拓重点旅游市场，才能取得事半功倍的成效。大学生旅游市场中最具开发潜力的重点市场有三：一是大学生的春秋游市场，在我国高校中，每年春秋季以班级为单位的集体旅游已形成一种传统，其中又以低年级班级最为活跃，组织集体旅游的可能性和频率性较高；二是经济条件较好的大学生，这里就包括家庭条件较好的大学生和独立性较强、可自创收入的大学生，他们大都具有较强的旅游动机，出游条件较为成熟，且旅游消费也较大；三是高年级大学生，高年级大学生比低年级大学生思想更成熟，行为更独立，旅游倾向更强烈。

（2）机动灵活。大学生思想活跃，精力旺盛，旅游动机多样化且追求个性化，在开发大学生旅游市场时要机动灵活。一是在旅游产品的组合上机动灵活，吃、住、行、游、娱、购项目分别列示，供大学生根据自身情况，自由选择，自由组合，形成短、中、长线的包价旅游或小包价旅游，甚至零包价旅游；二是旅游方式多样化，针对大学生不同的需求，设计多种可选择的旅游方式，如远足、自行车、轮船、火车等，也可将它们进行组合；三是组团要机动灵活，大学生出游前大都需要找志同道合的出游者，尤其是女生，旅游企业完全可以根据各自的特点，推行自组旅游团。

（3）薄利多销。大学生旅游市场集中，规模较大且对价格较为敏感。旅游企业要取得较大的经济效益，必须利用它的市场特点，降低成本，实行薄利，取得价格优势，才能激发市场，实现规模开发，取得良好的经济效益。

（4）诚信为本。大学生出游顾虑较多，同时对事物的怀疑心较重。旅游企业要培育和建立稳定的大学生消费群体，必须以诚信为本，为消费者创造良好的消费经历，树立诚实可信的企业形象。

2. 推出多种符合大学生需求的旅游产品

推出多种有特色的旅游产品，满足大学生旅游者的需要，这是从根本上有效地开发大学生旅游市场的途径。基于大学生心理和生理的特点，以下旅游产品值得关注：

（1）修学旅游。许多大学生把闲暇时间作为增长知识、开阔视野的时机。他们出游常常带着一定的学习目的，如广西的大学生到阳朔西街旅游，其目的之一就是练习英语口语。旅游企业可设计一些学习目的较强、能增进社会实践经验和开拓眼界的修学旅游，如英语学习的夏令营、革命根据地的考察游、少数民族地区的文化采风游等等。

（2）体育旅游。大学生精力充沛，活泼好动，多数酷爱体育运动，可根据这一特点开展具有健身和娱乐性的旅游活动，如滑雪、游泳、冲浪、沙滩排球等。这些体育活动都可成为体育旅游的卖点。

（3）探险旅游。大学生追求个性化，喜爱标新立异，且好奇心重，喜欢进行探险或令人惊心动魄的旅游活动。旅游企业在安全有保障的条件下，可开展漂流、攀岩、探秘等探险旅游活动。

（4）生态旅游。新时代的大学生环保意识很强，许多高校还成立了环保社团。针对大学生崇尚自然、保护环境的心态，设计生态旅游产品，一定会得到大学生的青睐。

3. 合理定价旅游产品

因经济条件有限，大学生对价格比较敏感，大学生出游人数随价格变动弹性较大。只有合理的定价，才能激发更多的大学生出游，形成规模市场。合理的定价主要包括：

（1）明码实价。明码实价能令消费者感到诚实可信，增强大学生的出游信心。若设置多种折扣，只会增加他们对旅游企业利润的怀疑，促使他们放弃通过旅游企业来安排旅游行程的可能。

（2）根据不同的时间和空间制定不同的价格。旅游景区有热、温、冷景区之分，旅游时间有旺、淡季之分。旅游企业应根据出游时间和空间的不同，制定不同的价格。这样既可利用淡季和温、冷景区的优惠价格吸引大学生，又可充分合理利用旅游资源，调节旅游企业的经济收益结构。

（3）根据可选择的旅游项目分别标价，既可降低旅游产品的直观价格，又可让大学生根据自身经济条件选择旅游项目，使其从心理上更能关注旅游产品。

4. 采取多种旅游促销方式

大学生从众心理显著，信息传递快。旅游企业在旅游促销中，可利用这一特点，采用一些低成本的促销方式，以取到较为良好的效果。

（1）与高校社团合作。目前，我国高校内社团组织十分活跃，许多学校还专门成立旅游协会。旅游企业完全可以与旅游协会或其他社团合作，深入大学生内部，开拓大学生旅游市场。如可与摄影协会合作，开展旅游摄影比赛等，既可提高旅游企业的知名度，又可节省人力、财力，达到良好的促销效果。

（2）培养学生直销点。现在的大学生大都积极寻求打工兼职的机会，锻炼自己。旅游企业可聘用他们尤其是旅游专业的大学生，作为固定的旅游直销人员，利用其信息广、朋友多的优势，长期宣传、销售旅游产品，达到深入扎根大学生旅游市场的目的。

(3) 利用网络促销。大学生大多爱好上网，现已建有的大学生旅游网，远远不能满足他们多方面的需要。旅游企业应在大学生较关注的网站如学校的网站内设立旅游专栏，供大学生浏览和查阅有关旅游信息。

(4) 采用宣传单、报纸、海报等宣传形式，在食堂、娱乐场所等地进行促销，利用大学生旅游市场集中的特点，以取得良好的宣传效果。

5. 采用面对面的销售方式

大学生旅游市场不同于一般的旅游市场，它十分集中，特征趋同性较强。旅游企业选择销售渠道时，可避开一些销售的中间环节，采取直接面对面的销售方式，这样既可降低成本，又可提供相应的旅游产品。

[思考与练习]

1. 旅游市场在旅游经济发展中有何特点和作用？
2. 如何对旅游市场进行科学分类？
3. 谈谈旅游市场竞争的内容和策略。
4. 简述进行旅游市场细分的原因和方法。
5. 结合实际，阐述如何开拓旅游市场。
6. 新兴旅游市场的发展潜力有多大？中国如何更好地发展这个市场？

第六章　旅游价格及策略

价格是一种从属于价值并由价值决定的货币价值形式。价值的变动是价格变动的内在的、支配性的因素，是价格形成的基础。但是，由于旅游商品的价格既是由旅游商品本身的价值决定的，也是由货币本身的价值决定的，因而旅游商品价格的变动不一定反映旅游商品价值的变动，旅游商品价值的变动也并不一定就会引起旅游商品价格的变动。因此，旅游商品的价格虽然是表现价值的，但是，仍然存在着旅游商品价格和旅游商品价值不相一致的情况。由于价格还是旅游宏观调控的一个重要手段，因此价格也是旅游经济运行的指示器和调节器。本章主要研究旅游价格的概念、构成和分类；在此基础上进一步研究旅游定价的问题，分析制定旅游价格的依据及要达到的目标；结合旅游经济发展的实际，对旅游价格的制定方法和策略进行探讨。

第一节　旅游价格的构成和分类

一、旅游价格的概念

旅游价格是旅游者为满足旅游活动的需求而购买单位旅游产品所支付的货币量，它是旅游产品的价值、旅游市场的供求和一个国家或地区的币值三者变化的综合反映。在市场经济中，一方面旅游活动的商品化是必然结果，旅游者的食、住、行、游、购、娱等需求必须通过交换活动，通过支付一定的货币量才能获得满足；另一方面，旅游经营者在向旅游者提供旅游产品时，必然要得到相应的价值补偿，于是在旅游者与旅游经营者之间围绕着旅游产品的交换而产生了一定货币量的收支，这就是旅游价格。

二、旅游价格的构成

旅游产品的价格仍然是在价值规律影响下的价格，而不是背离价值规律而胡乱定价的价格。当然，它又与有形产品（一般商品）的价格构成稍有不同。一般商品的价格由原材料价格、劳动力价格和利润三部分组成，而旅游产品的价格则由旅游者的实际花费、服务费用和利润三部分组成。

旅游者的实际花费包括：旅游者在旅游过程中的享用费或使用费，如吃、住、行、游、玩（娱）的实际花费。

服务费用包括六个方面。一是全陪及地陪的服务费。尤其是地陪，要全程陪同、讲解、服务全团，是一种体力与脑力结合的很辛苦的劳动，给他们相应的较高的报酬，是对人权尊重的体现，也是对导游员智能、体能的付出所应有的肯定和回馈。二是旅行社的其他人工成本。如计调、财务等后台人员虽然没有直接为某一个团队服务，但却是旅行社运作旅行团、推销旅游产品所必需的人员。三是向国家上交的税收。四是旅行社联络交际费用。如发传真、打电话、用电脑（如使用 E-mail）、租用办公室的费用，旅行社为联络感情、沟通业务，与有业务关系的旅行社、景点、饭店、餐厅、商店、娱乐场所等进行交际交往的费用，旅行社在推出新的旅游产品之前进行“踩线”、“踩点”的费用等，有的还有使用全球预定系统（GDS）的费用。五是旅行社工作人员的报酬和正常支出。六是旅行社扩大再生产所需费用。

第三部分是利润。需要强调的是，旅行社必须要有利润，没有利润，它一天也不能存在。

旅游产品的价格至少应包含以上三方面的内容，这三个方面是完整的、缺一不可的整体，缺少其中任何一个部分都不能体现旅游产品价值的价格，都不是一个完整的价格建构。如果缺失了其中一个和几个方面，就说明这个价格已经出现问题，它一定会引起市场的混乱。

由此可见，旅游产品不是无成本的产品，旅游产品一旦销售出去，旅行社一旦介入旅行团或个人旅行计划，就开始发生成本。认为旅游产品无本万利是一种完全错误的和不符合事实的观念。同时，认为旅游产品的价格可以无限制地压低，以让旅游者获得更多的实际利益——出更少的钱，获得更好的旅游，是一种伪判断，是一种一厢情愿、与价值规律完全违背的妄想。认为由于旅游产品具有“团购效应”，旅游产品的价格就可以无限压低，旅游产品的价值可以忽略不计的说法，也是完全不合事实的。“便宜没好货”、“天下没有免费的午餐”。这样的价值判断，在旅游界同样适用。

三、旅游价格的特点

从旅游经营者的角度看，旅游价格表现为向旅游者提供各种服务的收费标准。由于旅游产品不同于一般产品，其特殊性决定了旅游价格具有不同于一般产品价格的特点，主要表现在以下几方面。

（一）综合性与协调性

旅游产品要满足旅游者食、住、行、游、购、娱等多方面的需求，旅游价格必然是旅游活动中食、住、行、游、购、娱价格的综合表现，或者是这些单个要素价格的总体显示。同时，由于旅游产品的供给方分属于不同行业与部门，因而必须经过科学的协调，使之相互补充、有机搭配，因此旅游价格又具有协调性，以协调各有关部门的产品综合地提供给旅游者。

（二）垄断性与市场性

旅游产品的基础是旅游资源，而独特个性是旅游资源开发建设的核心，这就决定了旅游价格具有一定的垄断性，它表现为在特定时间和特定空间范围内旅游产品的价格远远高于其价值，高于凝结于其中的社会必要劳动时间。另一方面，旅游产品又必须接受旅游者的检验，随着旅游者的需求程度及其满足旅游者需求条件的改变，旅游产品的垄断价格又必须作相应的调整，从而使旅游价格具有市场性，即随着市场供求变化而变化。

（三）高弹性与高附加值性

旅游需求受到诸多不可预测因素的影响，使旅游者的旅游需求及旅游动机千变万化。

相反的，旅游供给却又相对稳定，于是这种供求之间矛盾造成相同旅游产品在不同的时间里价格差异较大，从而使旅游价格具有较高的弹性。从某种程度上讲，旅游活动就是旅游者获得一次独特心理感受的过程，在不同档次的旅游环境中，相同的旅游产品给旅游者的感受差异会很大。旅游产品的档次愈高，服务愈好，旅游者愿意支付的旅游价格也会愈高，其中便蕴涵了较高的附加值。

（四）一次性与多次性

旅游产品中，餐厅的食品、旅游纪念品等商品，是使用权与所有权都出售，其价格是一次性的。此外，诸如旅游景点、旅游交通和客房等均只出售使用权而不出售所有权，从而造成不同时间的价格有所不同，因而又存在多次性价格。因此，旅游产品价格实质上是一次性与多次性相统一的价格。

四、旅游产品价格的分类

旅游价格可按照不同标准进行不同的分类。从旅游经营的角度出发，常见的旅游价格分类主要有以下几种。

（一）基本旅游价格和非基本旅游价格

这种分类是按照旅游者在旅游活动中对旅游产品需求程度的差异而分类的。基本旅游价格是旅游活动中必不可少的旅游需求部分的价格，包括食宿价格、交通价格、游览价格等。非基本旅游价格是指旅游活动中对每个旅游者来说可发生也可不发生的旅游产品价格，如纪念品价格、通讯服务价格、医疗服务价格、娱乐服务价格等。

基本旅游价格是满足旅游者基本需求部分的价格，基本旅游价格不合理，旅游者的基本需求得不到合理的满足，旅游活动要么无法进行，要么留下遗憾，从而直接影响到旅游客源的多少。因此，合理地确定基本旅游价格十分重要。大量非基本旅游价格是在旅游者基本需求获得满足的基础上产生的，从而有利于刺激旅游者的进一步需求，影响旅游者的旅游消费结构，进而增加旅游目的地的收入。这就要求在制定非基本旅游价格时，必须充分考虑基本旅游需求的独特个性，并按照其功能特性，制定合理的价格。

（二）一般旅游价格和特种旅游价格

这种分类是按照旅游产品构成内容的不同而分类的。一般旅游价格是指以旅游产品价值为基础来确定的旅游产品价格，如餐饮价格、住宿价格、交通价格、日用生活品价格等。这些旅游产品与国民经济的其他相关行业、部门的产品具有明显的替代性，因而它必须按照社会平均利润率，以旅游产品的价值为基础来制定。特种旅游价格是价格与价值背离较大的旅游产品价格，如旅游购物品中的古玩、名画的价格，名人住过或游览过的旅游景点的价格。这些旅游产品在特定的时间和空间内具有独占性，其价格也可以视作垄断价格，其价格制定不受成本高低的影响，而主要取决于市场的供求状况。

（三）国际旅游价格和国内旅游价格

这种分类是按照旅游者的国籍不同而分类的。国际旅游价格是向海外游客标明的价格，国内旅游价格是向本国旅游者标明的价格。由于不同国家的经济发展水平不一样，不同国籍的旅游者的购买力客观上有差异，因此，区分国际旅游价格与国内旅游价格不仅符合旅游经济活动的实际，而且有助于经济相对落后的国家或地区吸收更多的外汇。通常的表现是，发展中国家的国际旅游价格比国内旅游价格要高得多。随着经济的区域化和全球一体化进程的加深，服务贸易将日益世界化，旅游价格的国际国内差异也将逐渐缩小。因此，必须以世界经济的发展，尤其是世界服务贸易的发展状况为依据，才能制定出既符合实际又科学合理的旅游价格。

（四）包价、部分包价和单项价格

这种分类是按照旅游者购买旅游产品的方式划分的。旅游包价也叫统包价格，是旅行社为满足旅游者的需要所提供的旅游产品基本部分和旅行社服务费的价格。它由三部分组成：一是旅游出发地与旅游目的地之间的往返交通费；二是旅游目的地向旅游者提供的旅游产品的价格；三是旅行社的管理费用和赢利。旅游包价是旅游者一次性支付的价格。单项价格是旅游者按零星购买方式所购买的旅游产品的价格，亦即是在一定时期内不同旅游经营者所规定的各种单项旅游产品的价格，如客房价格、餐饮价格、交通价格、门票价格等。部分包价是介于包价与单项价格之间的旅游价格，指旅游者一次性购买部分旅游产品的组合，同时又以零星购买方式而购买另外的单项旅游产品，如参加某次运动会、某项球赛、某种娱乐的价格，或以某个特殊地方为目标的参观游览所提供特殊产品和服务的价格。随着旅游客源由团队向散客方向的发展，部分包价和单项价格将逐渐增多。

第二节　旅游价格的定价原理和目标

一、旅游价格的定价原理

（一）旅游产品的价值决定供给价格

价格是价值的货币表现，价值取决于社会必要劳动时间。这一基本理论也适用于旅游产品，就是说旅游价格是由旅游产品的价值决定的，是由生产旅游产品的社会必要劳动时间决定的。所谓社会必要劳动时间，是指在现有社会正常的生产条件下，社会平均的劳动熟练程度和劳动强度下制造某种使用价值所需要的劳动时间。社会必要劳动时间不同，商品的价值不一样，其价格也应当有差异。合理的旅游价格反映旅游资源对旅游者的吸引程度。吸引力强、观赏价值高的旅游资源，蕴涵着大量的物化劳动，应当收取较高的价格。旅游价格的制定还体现旅游设施的数量和质量，如豪华级宾馆与一般宾馆虽然都是宾馆，但其设施的配套与完善程度、舒适与先进程度差距很大，所花费的社会必要劳动时间差异明显，因而其价格有较大的差别。此外，旅游价格的水平还体现着旅游服务人员所提供的服务的质量水平，包括客房、餐饮、翻译、导游等等。热情周到高质量的服务理应得到较高的报酬。

旅游产品的价值决定旅游产品的供给价格，这是旅游价格的下限，低于这一下限，旅游经营者所付出的社会必要劳动就得不到合理的补偿，旅游产品的再生产就难以继续。另一方面，由于旅游经营者的经营水平和经营状况不同，其个别劳动时间或者低于社会必要劳动时间，或者高于社会必要劳动时间。社会必要劳动时间决定价值量进而决定供给价格的规律性，可以反映出不同旅游经营者的经营水平和经营状况，从而保护好的，淘汰差的，促使旅游经营者不断改善经营管理，降低消耗，推动旅游业的发展。另外，按照社会必要劳动时间决定供给价格，也保护了旅游者的经济利益，使旅游产品货真价实地满足旅游者的消费需求。

（二）旅游业与其他行业的比较决定需求价格

需求价格是指在一定时期内旅游者对一定量的旅游产品愿意和能够支付的价格，它表现为旅游者的需求程度和支付能力。旅游业与国民经济其他行业相比较而决定旅游需求价格，主要表现在三个方面：一是旅游业比其他行业适度超前发展，以旅游业的优质服务和高层次满足刺激旅游需求，创造旅游市场，从而增强了旅游者的旅游需求强度，形成和抬高旅游需求价格；二是旅游业同其他行业相比，人们的其他需求可以或者已经通过其他行业得到满足，而旅游需求还没有满足和没有比较好地满足，这时人们的旅游需求程度较强；三是其他行业的发展使人们形成了旅游支付能力，从而使旅游者的旅游意愿转变为现实的旅游活动，旅游需求价格也有了现实性。

旅游需求价格是旅游价格的上限，超过上限即超过旅游者的意愿和支付能力，旅游者的旅游活动就不能成行或者减少，再有特色的旅游产品，再有吸引力的旅游资源都会成为空谈。

（三）旅游市场竞争决定市场成交价格

旅游市场竞争通过旅游产品的供给者之间、需求者之间和供给者与需求者之间的竞争决定市场成交价格。供给者之间竞争的结果使市场成交价格在较低的价位上实现；需求者之间竞争的结果，使市场成交价格在较高的价位上实现。因此，当旅游产品供过于求时，旅游价格只能体现旅游经营者的生存目标即较低的供给价格；当旅游产品供不应求时，旅游价格可以体现旅游经营者的利润最大化目标，从而体现了较高的交易价格，但不能超过旅游需求的价格。

假定在一定的时间长度内，新的旅游企业没能进入，原有的旅游企业来不及退出或改变其生产规模，旅游产品市场成交价格可以分为五类。

（1）成交价格 P_0 等于平均成本加平均利润。

（2）成交价格 P_1 高于平均成本加平均利润，两者的差额（P_1-P_0）即是旅游经营者获得的超额利润。

（3）成交价格 P_2 等于平均成本（平均固定成本加平均变动成本），这时旅游经营者不盈不亏。

（4）成交价格 P_3 高于平均变动成本，这时虽然处于亏损状态，但旅游经营者还将继续经营，以便部分地收回已经支出的固定成本。

（5）成交价格 P_4 等于平均变动成本，这是旅游产品的最低价格，低于此价格旅游经营者必须停止经营。

（四）经济政策调节旅游产品市场成交价格

在市场经济中，市场作为配置社会资源的机制本身也会有内在缺陷，“市场失灵”或“市场失效”是经常发生的，客观上要求政府的经济政策调控市场。特别是当前我国市场体系还不健全，旅游市场还有诸多的问题，价格机制还不能充分发挥作用，在这样的情况下，政府经济政策对旅游价格的影响尤为重要。从我国旅游经济发展实际看，经济政策对旅游价格的调节主要包括以下四方面。

(1) 政府通过对旅游企业的审批年检，调节一个国家或地区的旅游企业数，从而影响旅游产品的供给，调节旅游价格。

(2) 政府通过对旅游市场价格的调控，减少和避免旅游价格的信号失真，使旅游价格趋于合理。

(3) 政府通过旅游经济发展政策直接和间接地影响旅游业的投资和旅游需求，进而影响旅游价格的变化。

(4) 国民经济的发展状况决定通货膨胀率的高低和汇率的变动，从而影响旅游价格的变化。

综上所述，旅游价格制定的原理是：旅游价格一般以供给价格为下限，以需求价格为上限，旅游市场成交价格在上、下限之间，在特殊时期可能低于供给价格的下限。旅游市场成交价格不仅是旅游市场竞争的结果，也受政府经济政策的影响。

三、旅游价格制定的目标

价格制定的目标，是指企业在对其生产或经营的产品定价之前，预先设定的、有意识要求达到的目的和标准。旅游企业在制定旅游价格时，首先必须确定旅游价格制定的目标，因为它是旅游价格决策的依据，直接关系到价格策略和定价方法的选择。因此旅游企业必须慎重对待，科学地确定旅游定价目标。

旅游定价目标是由旅游企业生产经营目的决定的，它是生产经营目标的具体化。定价目标必须与旅游企业生产经营的总目标相适应，为总目标服务。旅游企业作为市场经济的主体，其生产经营的根本目的是价值的增值，是追求收益的最大化。因此，判断旅游定价目标制定的正确与否，取决于一个较长时期内最终是否给企业带来尽可能多的利润总量。由于影响旅游企业收益大小的因素很多，这些因素又具有不确定性和多变性，因而旅游企业生产经营的总目标在根本目的一致的基础上又呈现出多样化的特点，于是旅游定价目标也是多种多样的。围绕收益最大化而展开的旅游定价目标，概括起来主要有三大类。

（一）以反映产品质量为目标

产品质量是产品价值的表现，是产品价格的基础。旅游产品价格必须反映旅游产品质量，做到质价相符，才能吸引游客，增大销量，实现收益的最大化。旅游定价选择这种定价目标具体又可分为以下三种类型。

1. 反映旅游产品特色的目标

旅游产品特色指产品的造型、质量、功能、服务、品牌、文化氛围的全部或部分，它反映了旅游产品对旅游者的吸引力。旅游产品有特色，旅游者不仅对该产品满意，而且还会期望通过消费这种旅游产品来炫耀与众不同，显示其经济上的富有或地位上的优越，以获取精神上的满足。因此，这种旅游产品在定价时具有有利地位，其价格也相应要比同类旅游产品高。

2. 反映旅游产品垄断的目标

旅游资源是旅游产品形成的基础，一定的时空环境里旅游资源科学开发和组合而形成的旅游产品具有稀缺性，其价格也便具有垄断性。如深圳锦绣中华、西安兵马俑和云南石林等这类产品的稀缺性使之与同行业竞争对手相比具有很强的竞争能力，旅游者的边际需求评价较高，因此其定价可以取较高的价位，高于其他同类旅游产品的价格。

3. 提高旅游者满意度的目标

旅游者通过旅游获得精神上的体验，留下长久的回忆，旅游服务对旅游者的心理感受和满意度影响很大。由于旅游者的文化背景、个人素养不同，阅历各异，因此，相同的旅游服务（即使是标准化的、规范化的服务）对不同的旅游者来说会有不同的感受，从而形成不同的评价。旅游企业针对不同旅游者的需求提供有针对性的服务，得到旅游者的较高评价，提高旅游者的满意度，可以确定较高的旅游价格。

（二）以保持和扩大市场占有率为目标

市场占有率，又称市场份额，是指某旅游企业产品销售量或旅游收入在同类产品的市场销售总量或旅游总收入中所占的比重。市场占有率是企业发展的基础，代表着潜在的利润率。旅游企业的市场份额越大，就越有发展潜力，增加利润的机会就越多。特别是旅游产品既不能贮存、又不能运输，因此，保持和扩大市场占有率尤为重要。以稳定和扩大旅游市场占有率为目标，具体又分为三种类型。

1. 以稳定价格为目标

旅游企业采取稳定价格的目标，实质是想通过本企业产品的定价或少数几家旅游大企业产品的定价左右整个市场价格水平。选择这种定价目标的应当是那些实力雄厚、市场占有率较高的大企业。

2. 以有助于市场推销为目标

旅游价格与旅游产品配置，促进销售和分销渠道结合，共同构成旅游目的地或旅游企业的营销组合，产品、价格、分销和促销四大要素彼此配合、相互依赖形成强有力的营销阵容，推动旅游产品的顺利销售。因此，旅游价格的制定和调整要考虑其他三个因素，要有利于其他要素作用的发挥，以保持和提高市场占有率。

3. 以符合市场行情为目标

旅游业是一个市场导向型产业，市场占有率的形成和变化是旅游市场竞争的结果。旅游企业要保持和提高自己的市场占有率，其价格制定必须符合市场行情，脱离市场行情的旅游价格很难吸引旅游者，也就很难保持市场占有率。

（三）以稳定和增强企业竞争力为目标

稳定和增强旅游企业的市场竞争力，使其在市场竞争中不断谋求有利地位，较好地实现旅游产品的价值，取得尽可能多的收益。旅游定价选择这种定价目标具体又可分为三种。

1. 以增加当前利润为目标

这一目标是指旅游企业通过价格手段在短期内获取最大限度的利润。它适用于旅游产品的技术含量和质量指标在短期内居于市场领先地位、旅游者认同感明显、短期内供不应求的企业。这时旅游企业或通过薄利多销的低价，或通过厚利适销的高价较快地获取最大利润。待到其优势消失的时候，旅游企业已经有了开发新产品的财力，又可以营造新的竞争优势。

2. 以一定的均衡收益为目标

当旅游企业在同行业中占据主导地位，能够掌握市场需求情况，并基本能控制本企业的市场份额时，旅游企业可以选择一个保持长期稳定收益的定价水平，以一个固定的收益额作为定价目标，以使本企业在市场竞争中稳步发展。

3. 以平均利润为目标

当旅游企业的经营管理水平处于同行业中的中等地位时，企业往往以获取平均利润作为定价目标。

综上所述，旅游价格制定的目标是多种多样的，不同的企业可能有不同的定价目标，同一旅游企业在不同时期也可能有不同的定价目标。在遵循收益最大化的基本目标前提下，旅游企业应当根据所处的市场竞争环境、企业本身的经济实力、旅游产品的特点及其在生命周期中所处的不同阶段来确定具体的定价目标。

第三节 旅游产品定价的方法和策略

一、旅游产品的定价方法

旅游产品的定价方法是旅游企业在特定的定价目标指导下，根据企业的生产经营成本、面临的市场需求和竞争状况，对旅游产品价格进行计算的方法。旅游定价方法选择的正确与否，直接关系着旅游定价目标能否顺利实现，关系着旅游业的经济效益能否有效提高。通常，旅游定价方法有以下几种。

（一）成本导向定价法

成本导向定价法是以旅游企业的成本为基础来制定旅游产品价格的方法，成本加上企业的赢利就是旅游产品的价格。成本导向定价法具体又分为以下几种。

1. 成本加成定价法

该方法是将生产经营中耗费的固定成本除以产品销量加上单位变动成本得到单位产品成本，再加上按成本计算的一定比例的利润，即成为纳税前价格。纳税前价格加上应纳税金便形成旅游产品的售价，其计算公式如下：

单位产品价格＝单位产品成本×（1＋成本利润率）

例：某宾馆有客房500间，全部客房年度固定成本总额为400万美元，单位变动成本为15美元/（天·间），预计客房出租率为80%，成本利润率为30%，试确定客房的价格。

解：根据计算公式和所给资料可得：

房间价格＝[4000000÷(500×0.8×365)＋15]×(1＋0.3)＝55（美元）

2. 盈亏平衡定价法

该定价法是指旅游企业在既定的固定成本、平均变动成本和旅游产品估计销量的条件下，实现销售收入与总成本相等时的旅游价格，也就是旅游企业不赔不赚时的产品价格。其计算公式为：

单位产品价格＝单位产品变动成本＋固定成本总额÷估计销售量

例：某饭店有餐座200个，餐厅每天应摊销的固定费用1800元，每餐座平均消耗原材料 15 元，预计餐座销售率为 60%，试确定餐厅每餐座的销售价格。

解：根据计算公式和所给资料可得：

餐座价格＝15＋1800÷（200×0.6）＝30（元）

根据盈亏平衡定价法确定的旅游价格，是旅游企业的保本价格。低于此价格旅游企业会亏损，高于此价格旅游企业则有赢利，实际售价高出保本价格越多，旅游企业赢利越大。因此，盈亏平衡定价法常用做对旅游企业各种定价方案进行比较和选择的依据。

3. 目标成本定价法

目标成本，是企业为谋求长远利益和整体利益，根据它所处的内外环境和条件及其变化趋势，拟定的一种“预期成本”。目标成本不同于实际成本，而是一种“影子成本”，一般低于现实成本。目标成本定价法，就是以经过努力能够达到的预期成本为依据，加上一定的目标利润和应纳税金来制定价格的方法。其计算公式是：

单位产品价格＝（总成本＋目标利润）÷预期销售量

旅游企业采取较低的预期成本定价，必须努力扩大销量，使现实成本迅速降低，才能实现利润目标和长远利益增大。它主要适用于经济实力雄厚、营销能力强的旅游企业及新的旅游产品定价。

4. 千分之一法

在制定旅游饭店的房价时，不少人认为，房价应占整个饭店造价的千分之一，这就是千分之一定价法。这是因为饭店总投资中占绝大部分比例的是建筑投资，约占 70%左右，因而造价应与房价相联系。如某饭店总造价 4000 万元，有客房 200 间，故每间客房价格为 200 元（即 40000000÷200×1/1000）。

（二）需求导向定价法

需求导向定价法就是根据旅游者的需求程度、需求特点和旅游者对旅游产品价值的认识和理解程度来制定价格，需求强度大时定高价，需求强度小时定低价。

1. 理解价值定价法

是以旅游者对旅游产品的认识程度为依据而制定价格的方法。这种定价方法的特点是根据旅游者的主观感受和评价来定价，而不是根据产品成本定价。

2. 区分需求定价法

又称差别定价法，是将同一产品定出两种或多种价格，运用在各种需求强度不同的细分市场上，其具体形式有：

(1) 同一旅游产品对不同旅游者的差别定价。不同的消费者，他们的收入不同，消费水平也不同，针对他们实施不同的价格，可以增加企业的销售量。

(2) 同一旅游产品在不同地点的差别定价。同一旅游产品，如果销售的地理位置不同，经营环境发生改变，旅游产品的价格也可相应作出调整。

(3) 同一旅游产品在不同时间的差别定价。如淡旺季价格的不同（我国物价部门规定，旅游淡季综合服务费可比平季水平下浮 30%～40%，旺季可比平季上浮 6%），旅馆在周末与平时的价格不同。

（三）竞争导向定价法

竞争导向定价法，是指旅游企业在市场竞争中为求得生存和发展，参照市场上竞争对手的价格来制定旅游价格的定价方法。在这种定价法中，竞争是定价要考虑的中心，竞争对手的价格是定价的出发点，而产品的成本、市场需求的强度不会对企业定价产生直接的影响。

1. 同行比较定价法

这种定价法是指以同行业的平均价格水平或领导企业的价格为标准来制定旅游价格的方法。

2. 率先定价法

是指旅游企业根据市场竞争环境，率先制定出符合市场行情的旅游价格，以吸引游客而争取主动权的定价方法。

3. 排他性定价法

这种定价法，是指以较低的旅游价格排挤竞争对手、争夺市场份额的定价方法。如果说同行业比较定价法是防御性的，那么排他性定价法则是进攻性的。

(1) 绝对低价法。本企业旅游产品价格绝对低于同种旅游产品的价格，这样可以争取更广泛的顾客，排挤竞争对手；还可以使一些参与竞争的企业望而生畏，放弃参与竞争的念头。

(2) 相对低价法。对某些质量好的名牌旅游产品，适当降低价格，缩小名牌旅游产品与一般旅游产品的价格差异，以促使某些低质的同类旅游产品降低价格，直至这些企业因无利可图而退出市场。

4. 边际贡献定价法

边际贡献是指每增加单位销售量所得到的收入超过增加的成本的部分，即旅游产品的单价减去单位变动成本的余额，这个余额部分就是对旅游企业的“固定成本和利润”的贡献。边际贡献定价法又称变动成本定价法，也就是旅游企业根据单位产品的变动成本来制定产品的价格，制定出来的价格只要高于单位产品的变动成本，企业就可以继续生产和销售，否则就应停产、停销。

如一间客房房价成本价为 100 元/天，其成本构成为固定成本 60 元，变动成本 40 元，如不得已销售价降为 90 元/天，卖则亏 10 元/天，还有边际贡献 50 元；不卖则亏 60 元/天，故还是卖为好，企业还是选择继续经营。当然，如果售价低于 40 元/天，则不卖为好，企业就应该停止营业。因此，可以这样概括边际贡献定价法，它是指保证旅游产品的边际贡献大于零的定价方法，即旅游产品的单价大于单位变动成本的定价方法。

二、旅游产品的定价策略

旅游产品定价策略是旅游企业在特定的经营环境中，从定价目标出发，灵活运用价格手段，使其适应市场的不同情况，从而实现企业的营销目标。

（一）心理定价策略

心理定价策略是在充分考虑旅游消费者不同的消费心理特别是对产品价格的心理反应的基础上，区别不同旅游产品而采取的灵活的定价策略。

1. 尾数定价策略

尾数定价策略是指企业定价时有意保留产品价格的角分尾数，制定一个与整数有一定差额的价格，所以又称为非整数定价策略。

2. 整数定价策略

与尾数定价策略正好相反，整数定价策略是旅游企业有意识地将产品价格制定出整数，对角分忽略不计。

3. 声望定价策略

声望定价策略是指旅游企业对具有较高知名度和较高信誉的旅游产品制定高价。这主要是针对消费者求名、求胜的心理需要而采取的定价策略。

4. 招徕定价策略

招徕定价策略是旅游企业有意识地把一部分产品价格定得很低，发挥促销导向作用，吸引潜在的旅游消费者，从整体上提高企业的销售收入，从而增加赢利的定价策略。

5. 习惯定价策略

习惯定价策略是指某些旅游产品在长期的市场交换过程中已经形成了为消费者所适应的价格，企业对这类产品定价时要充分考虑消费者的习惯倾向，采用"习惯成自然"的定价。

（二）折扣定价策略

折扣定价策略是旅游企业通过对原有旅游产品价格打一定的折扣，以此来争取旅游消费者，维持和扩大市场销售额的一种策略。

1. 数量折扣策略

数量折扣是根据顾客购买旅游产品的数量或金额来决定所打折扣的程度。购买数量越大、金额越多，折扣率就越高，这是鼓励消费者大量购买和频繁购买的一种定价策略。数量折扣又可分为：

(1) 累计数量折扣。是指一定时期内，消费者购买的数量可以相加，当购买数量或金额达到一定量后，可以享受一定比例的价格折扣。其目的是为了鼓励旅游者多次重复购买，使企业有一批较稳定的长期顾客。有些情况下，企业对达到数量折扣要求的消费者并不给予低价，而是给予一定数量的免费产品，这种现象在旅馆业中比较多见。

(2) 非累计数量折扣。是指消费者一次购买的数量或金额达到或超过一定标准时就给予一定的价格折扣，旨在鼓励消费者一次性大量购买。

2. 季节折扣策略

季节折扣是指旅游企业在经营过程中，在产品销售淡季时给予旅游者一定的价格折扣。

3. 同业折扣策略

同业折扣策略又称功能折扣策略、交易折扣策略，是指旅游企业按照各类旅游中间商在市场经营中的不同作用，给予不同的价格折扣。同业折扣策略实际上是生产企业对中间商在市场销售中所发挥的功能，给予一定报酬和奖励，有利于稳定旅游产品的销售渠道。

4. 现金折扣策略

现金折扣策略又称付款期限折扣，是旅游企业对现金交易或按期付款的旅游产品购买者给予价格折扣。企业采用这种定价策略，目的是鼓励旅游消费者提前付款，以便尽快收回现金，加速资金周转。此外，给旅游消费者的现金折扣率一般要高于同期银行贷款利率。

（三）新产品定价策略

一种新产品投入市场应当如何定价，这是任何企业都将遇到的问题。新的产品投入市场后能否受到旅游消费者的欢迎，除了产品自身的因素外，其定价策略也起着十分重要的作用。

1. 撇脂定价策略

撇脂定价策略是指企业在推出新产品时，在产品价格的可行范围内尽可能地制定高价，以便迅速收回投资，取得丰厚利润，所以又称为高价策略。这种定价策略适用于特色鲜明、垄断性强、其他企业在短期内难以仿制或开发的旅游新产品。

撇脂定价策略的优点在于：可以使企业迅速收回对新产品的投资，短期内实现利润最大化；可以为后期降价竞争创造条件；可以控制一定的需求量，避免新产品投入市场初期，由于供给能力不足而出现新产品断货脱销；可以提高产品身价，树立企业形象。

该策略的不足之处在于：高价如果不被消费者接受，产品的销路就会受影响，导致投资难以收回；高价厚利容易招致竞争对手增多，加剧市场竞争。因此，这种价格策略，一般不宜长期使用，而只能是一种短期的价格策略。

2. 渗透定价策略

渗透定价策略是指企业在推出新产品时，在产品价格的可行范围内尽可能地制定低价，因此，它又称为低价策略、薄利多销策略。这种定价策略适用于产品刚刚推出急需打开销路，以及产品稳定成长、期望尽快提高市场占有率的情况。

渗透定价策略的优点在于：能够迅速打开新产品的市场销路，增加产品销售量；低价能够有效阻止竞争者进入市场，保证企业长期占领市场。

该策略的不足之处在于：由于产品定价很低，在短期内无法获得足够的利润来弥补新产品的投资；价格变动余地小，不利于新产品后期降价竞争；不利于新产品品牌形象的树立。

3. 满意定价策略

满意定价策略是一种介于撇脂和渗透之间的价格策略。其所定的价格比撇脂价格低，而比渗透价格要高，是一种中间价格。这种定价策略由于能使生产者和消费者都比较满意而得名，有时又称“君子价格”或“温和价格”。这种定价策略由于兼顾了供给者和需求者双方的利益，既能使企业有稳定的收入，又能使消费者满意，产生稳定的购买者，因而各方面都会满意。但是采用这种价格策略也有不足之处：由于产品的定价是被动地适应市场，而不是积极主动地参与市场竞争，因此可能使企业难以灵活地适应瞬息万变的市场状况。

三、旅游定价政策

旅游定价政策是指旅游价格的管理政策。我国要建立社会主义市场经济体制，企业是市场经济的主体，旅游价格制定的主体是旅游企业。市场经济客观上存在着市场失效或市场失灵，由于利益驱动致使旅游价格决策一定程度上不利于旅游经济的发展。因此，在分析旅游价格及策略时，必须明确旅游定价政策。

旅游定价政策的基本内容是：由旅游企业自身根据成本和供求关系确定旅游价格；由旅游行业组织在竞争的基础上确定协议旅游价格，旅游企业承担执行协议价格的义务并保留适度的价格浮动权；由旅游管理部门提供旅游价格信息服务和引导。

（一）旅游企业拥有充分的价格制定权和经营管理权

市场经济是竞争经济，旅游业是市场导向型产业，遵循市场的经济规律，因此必须使旅游企业成为独立的旅游产品的生产者和经营者。旅游价格的制定权是旅游企业独立的一个表现和结果。

（二）加强旅游价格的行业自治

经营旅游业，利润较高，风险也大，因此需要大量的市场信息。单个的旅游企业既难以抵御市场的大风大浪，也难以获得大量的有效信息，客观上要求联合。同时，政府不能直接干预企业经营，而要组织引导企业，发布信息，执行规则，这就需要中间组织传递。因此，旅游行业组织是旅游企业之间横向的联结点，又是政府与旅游企业纵向的联结点，承担着政府和企业都无法替代的功能。行业组织的责任是规范旅游企业的行为，对有损国家利益和行业利益的行为进行查处，搜集和发布市场信息，制定旅游参考价格。

（三）政府对旅游企业的价格提供服务

主要方式是通过价格政策的发布与实施来引导、规范和调控旅游价格的变化，在保证旅游者消费利益的同时，也确保旅游企业应有的经济效益。

[思考与练习]

1. 旅游价格与一般商品价格相比，有何特点？
2. 科学合理的旅游价格体系包括哪些内容？
3. 阐述旅游价格制定的原理。
4. 试比较旅游价格目标与旅游经营目标的差别。
5. 竞争导向定价法对旅游企业有何重要性？
6. 比较旅游产品不同生命周期阶段的定价策略。
7. 如何运用旅游定价政策促进旅游定价合理化？

第七章　旅游消费及效果

旅游活动是人们的一种高级消费形式，是人们在衣、食、住、行等基本生活需求得到满足之后，因有多余的收入和余暇而产生的个体需求消费。本章对旅游消费的性质、特点和作用进行分析，对旅游消费结构的分类、影响因素及其合理化进行阐述，并分析了旅游消费的满足和旅游消费效果的评价。

第一节　旅游消费概念与特征

一、旅游消费的概念

旅游消费是旅游者在外出旅行游览过程中，为了满足旅游活动的需要，顺利实现其旅游目的而耗费各种物质产品和劳务的行为。从动态意义上讲，旅游消费是一个连续的动态过程，贯穿于整个旅游活动之中，即旅游消费是涉及食、住、行、游、购、娱等多方面的消费活动或过程；从静态意义上讲，旅游消费是旅游者在旅程和目的地期间所发生的总消费支出，即消费的物质产品和精神资料的总和。

二、旅游消费的特征

（一）旅游消费的性质

从性质上来说，旅游消费是人们在旅游过程中，通过购买旅游产品来满足个人发展和享受需求的欣慰和活动，是一种高层次的精神消费。

1. 旅游消费属于个体性消费

消费按其用途可分为最终消费和中间消费。直接用来最大限度满足人们日益增长的物质和文化需要的消费是最终消费；为满足生产最终消费品生产性活动需要而进行的消费是中间消费。旅游消费是以直接满足个人需要为目的的消费，属于最终消费。旅游消费就其消费主体而言，属于个人消费范围。旅游者是否选择消费活动，什么时候消费，消费什么旅游产品，消费层次与消费量怎样等诸多旅游要素，都取决于旅游者个人的旅游消费意识和倾向、旅游消费习惯、旅游消费能力、旅游消费水平等，而且最终的旅游消费效果也是因人而异的。

2. 旅游消费属于高层次消费

人们的消费需要包括基本生存消费、发展消费、享受消费三方面。基本生存消费是维持个人和家庭最低生活保障及生活资料和服务的消费，是劳动力再生产过程所必需的最低限度的消费标准，例如吃饭，穿衣等；发展消费和享受消费则是人们为了提高自身文化素质，陶冶情操，发展智力和体力，从而达到劳动力内涵扩大再生产的要求的消费。旅游消费是人们在基本生活需要得到保障之后而产生的高层次的消费需求。虽然从目的上讲旅游消费属于高层次消费，但其中也包括低层次消费。

3. 旅游消费属于精神消费

旅游消费作为一种个人消费，从内容上来看，包括精神和物质消费两方面，除了有形的以商品形式存在的物质产品的消费，还包括以此为依托的文化上和服务上的消费，所以，旅游消费包括了人们在旅游中所获得的满足其享受和发展需要的旅游物质产品、精神产品和以这些为依托的旅游服务三方面。其中，物质形态的旅游产品的消费只是一种外在的形式或其中极少的一部分，旅游者真正所消费的是以物质形态的旅游产品为依托的精神和服务产品。旅游者的最大满足更多地来自于后两者。

（二）旅游消费的特征

任何消费都是社会生产力发展的结果，是人们收入增加和生活水平提高的标志。旅游活动涉及政治、经济、文化等社会领域，旅游消费作为一种高级消费方式，具有许多不同于一般传统产品的消费特点。

1. 旅游消费的综合性

首先，旅游者在一次外出旅游活动中，需要各种不同的消费：必须凭借某种交通工具；在旅途中必须购买一定的生活必需品和旅游纪念品；必须解决吃饭、住宿等问题。可见，旅游活动是集衣、食、住、行、娱于一体的综合性消费活动。其次，从旅游消费的对象看，旅游消费的对象就是旅游产品，旅游产品是由旅游资源、旅游设施、旅游服务等多种要素构成的，其中既包含物质因素，也包括精神因素，既有实物形态，又有劳动形态，因此，旅游消费对象是多种要素、多类项目的综合体。第三，从参与消费的旅游部门看，旅游消费是许多部门共同作用的结果，许多经济部门和非经济部门均参与了旅游消费的实现过程。前者包括餐饮业、旅馆业、交通业、商业、农业等；后者包括环保、园林、文物、邮电、海关等。这从另一个侧面也证明了旅游消费的综合性特点。第四，旅游消费不仅满足了旅游者的精神享受，使其陶冶身心、增进健康；同时旅游消费还可以使旅游者开阔视野、增长知识，通过潜移默化的作用提高旅游者的思想品德及文化素质。

2. 旅游消费的服务性

在旅行游览过程中，旅游者首先必须满足基本的生理需要，因而必然要消费一定量的实物形态产品。但从整体上看，服务消费占主导地位。旅游服务消费不仅在量上占绝对优势，而且贯穿于旅游者消费过程的始终。旅游服务是由各种不同的服务组合成的总体，一般包括饭店服务、交通服务、导游服务、代办服务、文化娱乐服务、商业服务等。

3. 旅游消费与旅游产品生产的同一性

旅游服务这种产品只有被旅游者享用时，它的价值才能被实现。一旦旅游活动结束，旅游服务的使用价值就不复存在，从而决定了旅游消费与旅游产品生产同一性的特性。这主要表现在三个方面。一是旅游消费与生产空间上的同一性。旅游服务是无形的、不可转移的，因此，旅游者必须离开长住地，离开熟悉的基本生活环境，克服空间距离，才能实现旅游消费。二是旅游消费与生产时间上的同一性。旅游者消费的过程，也就是接受服务的过程，即旅游服务生产的过程。三是旅游消费与交换的同一性。一般物质产品的交换和消费是两个独立的环节，但就旅游消费而言，服务的提供必须以旅游者的存在即旅游者的实际购买为前提。因此，旅游消费和旅游交换在时间和空间上统一的。

4. 旅游消费具有较大弹性

一般来说，满足人们生存需要的弹性较小，而满足人们享受、发展需要的消费弹性较大，旅游消费属于后者。许多因素都会影响旅游消费的数量和质量。除了通常所说的价格、收入外，国际政治经济形势，旅游者的职业、年龄、性别、受教育程度、宗教信仰、兴趣爱好以及旅游地的社会经济发展水平、风俗习惯等等，都直接或间接地影响着旅游消费。

5. 旅游消费是季节性消费

这主要体现在两方面。一是旅游消费需求集中在某些月份或季节。如德国人旅游集中在夏季三个月，巴黎人喜欢八月份外出旅游。二是某些月份或季节旅游消费的内容集中在某些特定的旅游消费对象。例如，夏季的海滨胜地游人如织，而一到冬季出现在海滩上的游客则寥若晨星。其原因来自于旅游者出游时间受休假时间的影响而显现季节性，以及资源本身的季节性。

6. 旅游消费的不可重复性

由于旅游产品的不可转移性和不可储存性，旅游者对旅游产品在时间上只具有暂时的使用权，而无长期的所有权，旅游产品的所有权归旅游提供者所有。旅游者在旅游过程中购买旅游产品并加以消费，如使用饭店中的客房、占用餐座、占用交通工具、使用娱乐场所和游览点等，旅游活动结束后，旅游产品的使用价值对消费者来说即告消失。旅游产品不同于一般物质产品，不可以重复使用。

旅游产品中所包含的无形部分，即旅游过程中各环节所提供的人的服务，它的时间性更强，只有当旅游者消费这些服务时，服务才构成产品。旅游产品中的劳务和一般商品中的劳务不同，一般商品中的劳务是以物化形式存在于商品之中，可以储存起来，其价值和使用价值都不会消失，消费者可以重复使用；而旅游产品中的服务是随着旅游产品的消费而被消费的，旅游活动结束后，旅游者离去，旅游消费终止，旅游服务即告终止，它同样具有不可重复消费的特点。

三、旅游消费的作用

旅游作为一种高级消费形式，对于促进社会的全面发展，提高劳动力的素质，提高劳动生产率和促进经济发展等，都具有重要作用，主要表现在以下几个方面。

（一）旅游消费是旅游经济运行的源动力

随着人们生活水平和生活质量的不断提高，旅游业作为国民经济新的增长点，将逐渐成为国民经济的主导产业。旅游产业是否健康、稳定、协调、可持续运行发展，显得至关重要。这取决于旅游经济运行过程中的各个环节之间是否相互衔接而协调发展。旅游产品的生产、交换、消费等环节虽然在时间和空间上具有同一性，但是旅游产品的生产和交换取决于旅游消费。所谓市场经济以销订产，是指生产什么、什么时候生产、生产多少，都取决于旅游者想要消费什么、什么时候消费、潜在消费量是多少。旅游消费需求、消费水平决定着旅游商品生产的方向和速度，所以说，旅游消费是旅游经济运行的源动力所在。

（二）旅游消费是旅游需求得以实现和满足的必要条件

社会主义生产的目的是满足人民群众不断增长的物质文化生活需要。旅游消费不仅包括旅游者对物质产品的消费，而且包括对精神产品、服务的消费。在旅游产品供给一定的前提下，旅游产品能否被旅游者享用，关键就在于旅游者是否愿意参与旅游消费以及参与程度。这是旅游需求得以实现的必要条件。所以，人们只有通过购买旅游产品，进行旅游消费，才能使消费者的需要得到满足。

（三）旅游消费对旅游产品开发具有积极的导向作用

生产取决于消费，消费决定着生产；消费需求和消费水平直接决定着生产的发展方向、速度和规模。旅游生产取决于旅游消费，旅游消费对旅游产品的生产方向、速度和规模具有极大的推动作用和极强的导向作用。随着旅游经济的不断发展，人们在基本旅游消费得到满足后，又会产生许多新的更高层次的旅游消费需求，从而对旅游产品的生产和提供提出了更高的要求。旅游消费者总是在不断的消费中不断地对旅游产品提出新的要求，而旅游产品的生产者和经营者也总是在不断地开发和组合新产品，以满足旅游消费者不断提高的旅游消费需求。

（四）旅游消费是旅游产品价值得以实现的手段

从旅游产品生产、交换、消费和分配的循环过程来看，旅游消费是第一个生产过程的终点，又是第二个生产过程的起点，如果没有消费，旅游产品就不可能销售出去，也就实现不了旅游产品的价值。从旅游生产和消费的同一性看，旅游产品只有在消费中才能得到最后的完成，消费是使旅游产品价值实现的最后行为。此外，旅游消费还是对旅游产品的最终检查。

第二节　旅游消费结构

一、旅游消费结构的分类

旅游消费结构是旅游者在旅游过程中所消费的各种类型的旅游产品及相关消费资料的比例关系。研究旅游消费结构的目的是为了从社会总体上为旅游企业的发展提供科学的决策依据，从而指导旅游企业有针对性地开展经营活动。对旅游消费结构应从以下几个方面深入理解：首先，旅游消费结构是各旅游产品之间的数量比例关系；其次，旅游消费结构反映旅游业与其他行业之间以及旅游业内部各方面的经济联系；最后，旅游消费结构是一个国家政治、经济、自然、社会等因素共同影响的结果。

（一）按旅游消费层次分类

旅游消费按照满足旅游者的需要层次可分为生存消费、享受消费和发展消费。旅游者在旅游过程中的消费具体又可以分为餐饮、娱乐、游览、住宿、交通等方面的消费，其中食、住、行是满足旅游者在游览中生理需求的消费，而观赏、娱乐、学习等消费则是为了满足旅游者精神享受和智力发展的需要。这两种消费相互交错，在旅游活动中很难区分它们之间的界限。在满足旅游者生存需要过程中必须满足其享受和发展需要，而在满足旅游者享受与发展的过程中又掺杂着其生存需要的满足。例如，品尝中国特色饮食，属于基本生理上的需要，而与此同时又学习了中华民族丰富的餐饮文化，是满足其发展和享受的需要。

（二）按旅游消费形态分类

按旅游者在旅游活动中的消费形态可把旅游消费分为旅游物质消费和精神消费两种。物质消费是指旅游者在旅游过程中所消耗的物质产品，如客房用品、食物、饮料和购买的纪念品、日用品等实物资料。精神消费是指旅游者观赏、娱乐的山水名胜、文物古迹、古今文化、民俗风情等精神产品，还包括在旅游活动的各个环节中所享受到的一切服务性的精神产品。这一分类也具有相对性，物质消费如促使旅游者达到了满足，旅游者在精神上会感到愉快；精神消费虽主要是旅游者的精神消费需要，但其中不少是以物质形态存在的或依托物质消费而存在的。

（三）按旅游消费对旅游活动的重要程度分类

根据旅游消费对旅游活动的重要程度，旅游消费一般可分为基本旅游消费和非基本旅游消费。基本旅游消费是指进行一次旅游活动所必需的而又基本稳定的消费，如旅游住宿、饮食、交通、游览等方面的消费；非基本旅游消费是指并非每次旅游活动都需要的并具有较大弹性的消费，如旅游购物、医疗、通讯消费等。

二、影响旅游消费结构的因素

旅游消费不是人类生存的必要消费，它属于人类高级享受和发展需要的消费。因此，它的弹性较大，很多因素都会影响旅游消费的数量和质量。除了国际上政治、经济、环境或气候变化等因素的影响外，旅游者的收入水平、年龄、性别、职业和教育程度以及风俗习惯、兴趣爱好等，都是影响旅游消费结构的因素。此外，旅游供给国或目的地服务范围、服务项目、服务质量、服务态度和旅游各个部门的协调配合能力以及社会治安等也都是影响旅游消费结构的因素。概括起来，影响旅游消费结构的主要因素有以下几项。

（一）旅游者的收入水平

当人们的收入在支付其生活费用之外，尚有一定数量的节余时，才能使旅游需求变为现实。旅游者的收入水平越高，购买旅游产品的经济基础就越好，所以收入水平决定着消费水平，也决定着需求的满足程度，从而决定着消费结构的变化。旅游者的收入越多，旅游需求就能满足得越充分，就能促使旅游消费从低层次向高层次发展。如国际旅游者中的官员、商人、学者、教授、医生的收入比较高，他们旅游时要住高级宾馆，吃美味餐食，乘飞机坐头等舱，出入乘汽车等。而收入水平较低的旅游者的消费开支主要以住宿、饮食和交通等必要开支为主，购物开支相对较少。

（二）旅游者构成

年龄、性别、文化、职业、风俗习惯、兴趣爱好，都是影响旅游消费结构的因素。通常，青年人对新奇、刺激性强的旅游消费活动存在浓厚的兴趣；老年人对住宿、饮食、交通的要求比较高；妇女的旅游消费中以购物消费所占比重最大；而政府官员、商人、参加会议的旅游者则要要求现代化的旅游设施设备、高质量的饮食和服务。此外，旅游者的职业会影响其收入和带薪假日的长短，从而使他们对旅游产品的内容和质量要求各异。总之，旅游者构成的每一因素都不同程度地影响着旅游消费结构的变化。

（三）旅游产品因素

1. 旅游产品结构

生产发展水平决定消费水平，产品结构从宏观上制约着消费结构。向旅游者提供的住宿、餐饮、交通、游览、娱乐和购物等各类旅游产品的生产部门是否协调发展，旅游产品的内部是否比例恰当，都是影响旅游消费结构的要素。特别是在国民经济中，向旅游业提供服务的各相关产业部门的结构如果搭配不合理，没有形成一个相互协调、平衡发展的产业网，就会导致旅游产品比例失调，各要素发展不平衡，从而不仅不能满足旅游者需求，反而造成供求失衡，破坏了旅游产品的整体性。例如，交通工具短缺，航线航班奇缺，会使游客进不来，出不去，或者进来了又散不开。这种情况的出现会使旅游产品在旅游市场上失去竞争能力，丧失客源。因此，旅游产品结构决定着旅游消费结构，决定着旅游者的消费水平和消费数量。

2. 旅游产品质量

发展旅游业不但需要一定数量的旅游产品，而且需要高质量的产品。如果旅游产品的数量虽然符合旅游需求的总量，但其质量差，生产效率低，使用价值小，则仍然不能满足旅游者的消费需求，并且必然要影响到旅游消费的数量和结构。如果旅游产品组成中某种产品质量比较低下，旅游者就会减少对此类产品的消费，从而影响旅游消费结构。

3. 旅游产品价格

旅游产品价格的变化会影响旅游产品的消费数量和消费结构。由于旅游产品的需求弹性大，因此当旅游产品的价格上涨而其他条件不变时，人们就会把旅游消费转向其他替代商品的消费，使客源量受到很大限制。反之，当旅游产品价格下跌，或者旅游价格不变而增加了旅游产品的内容，人们又会把用于其他的商品消费转向旅游。

三、旅游消费的合理化

（一）旅游消费合理化的标志

（1）旅游消费的发展速度要适度，要使旅游业和其他同旅游消费有关的经济部门的发展水平相适应。

（2）旅游消费的内容必须丰富多彩，方式要多种多样，切忌单调、乏味、刻板的旅游方式。

（3）旅游消费结构要优化，即食、住、行、游、购、娱之间及其各自内部的支出比例要恰当，要体现出旅游消费的经济性、文化性、精神享受性等特点，以最大限度地提高旅游消费的经济社会效益，促进消费者的身心健康和全面发展。

（二）旅游消费合理化的基本要求

1. 旅游消费水平逐步上升

旅游消费是人们文化生活的组成部分，是一种包含着较多精神内容的、高层次的生活方式，它的合理开发必须给旅游者以新颖、舒适、优美、健康的感受，能够激发人们热爱生活、追求理想、奋发向上、努力学习的情感和动机，能不断提高人们的思想、艺术、文化修养，防止和打击各种腐败和不健康的现象，用丰富多彩的旅游活动内容和服务项目来充实旅游者的精神世界。总之，人们用于满足物质文化需求的旅游产品和劳务的消费越多，则旅游消费的水平越高，这是旅游消费方式合理化的必然规律。

2. 旅游消费结构的不断优化

所谓旅游消费结构优化，是指旅游消费的内容、方式和形式必须丰富多彩、生动活泼。因为旅游就是人们花钱买享受，它要求使旅游者玩得痛快、充实、高尚和有益，这也是旅游消费合理化的基本要求。旅游消费内容和旅游活动方式的具体选择，必须既有利于旅游者消除疲劳、增进健康，又有利于旅游者增长知识、修身养性、促进体力和智力的发展。由于旅游消费结构是反映旅游者在旅游过程中所消耗的各种消费资料（物质产品、精神产品、服务）的比例关系，因此，必须不断优化旅游消费结构，使旅游者通过各种旅游活动达到培养和发展自己的各种良好兴趣和能力，提高自身精神文化素质的目的。

3. 旅游消费市场供求平衡

由于旅游需求具有很大的变动性，而旅游供给则具有一定的稳定性，因而旅游市场供求平衡是件很困难的事情。因此，旅游供给一定要从旅游需求出发，以适应旅游消费的需要。这不仅仅要考虑现实的旅游需求，还要考虑潜在的旅游需求，要有前瞻性；同时还应该通过旅游消费方式的示范引导作用，不断扩大旅游消费，促进旅游消费结构的合理化。

4. 旅游消费环境良性发展

良好的旅游环境是高品位资源和高质量旅游产品的重要组成部分，是使旅游消费得以顺利发展的必备条件。首先，合理的旅游消费必须有利于环境的保护和生态平衡的维持，某些特定的旅游活动不能以牺牲生态平衡为代价。其次，合理的旅游消费是旅游经济活动持续发展的根本条件。要保持旅游消费环境的良性发展，一方面，可以通过旅游活动筹集资金，改善环境状况；另一方面，要通过旅游活动，加强人们对环境保护的认识。

第三节　旅游消费效果与评价

一、旅游消费效果的含义

消费效果，通常指消费者通过消费某种产品满足其需求的程度。在旅游活动中，旅游者要消耗一定量的时间、金钱和体力，即旅游消费的“投入”；而通过旅游消费使人们的体力和智力得到恢复和发展，精神得到满足，即是旅游消费的“产出”。在旅游者的消费过程中，投入与产出、消耗与成果、消费支出与达到消费目的之间的对比关系，就是旅游消费效果。通常，可从不同的角度对旅游消费效果进行划分。

二、旅游消费效果的分类

（一）按旅游消费的研究对象划分

按旅游消费的研究对象划分，可将旅游消费效果分为宏观旅游消费效果和微观旅游消费效果。宏观旅游消费效果是把所有旅游消费作为一个整体，从社会角度研究旅游产品的价值和使用价值，分析旅游消费的状况、旅游者的满足程度、旅游消费对社会生产力及再生产的积极影响，以及对社会经济发展所起的促进作用等。微观旅游消费效果是指旅游者通过旅游消费，在物质上和精神上得到的反映，如旅游消费能否达到旅游者预期效果，旅游者能否获得最大满足，等等。

（二）按旅游消费与所取得的成果的联系程度划分

按一定的消费投入与所取得的成果之间关系的密切程度划分，可将旅游消费效果分为直接旅游消费效果和间接旅游消费效果。直接旅游消费效果指的是以一定的旅游消费投入直接取得的旅游消费效果，如旅游者花钱乘车实现了空间位移等。间接旅游消费效果是指一定的旅游消费投入，其旅游消费效果并不是直接显示出来的，而是潜在的反映，如旅游陶冶情操、提高人们素质的效果，则需要通过人们的工作生活实践才能具体体现出来。

此外，还可以按旅游消费效果产生的时间划分为当前旅游消费效果和长远旅游消费效果等。总之，旅游消费效果是一个包含丰富内容的范畴，只有从不同角度、不同方面进行比较分析，才能得出关于旅游消费活动的综合性效果。

三、旅游消费效果的衡量

对旅游消费效果的衡量，一般根据旅游供求可以分为两个层次：一是对旅游需求方面的衡量，即对旅游者的旅游消费满足程度的衡量；二是对旅游供给方面的衡量，即对目的地国家或地区向旅游者提供旅游产品消费后，从而得到旅游收入的消费效果的衡量。

（一）旅游者消费效果的衡量

旅游消费效果最直接的体现，就反映为旅游者消费的最大满足。

分析：所谓旅游者消费的最大满足，是指旅游者在付出一定时间和费用的条件下，通过旅游消费获得的精神上与物质上的最佳感受，即旅游者在旅游过程中实际感受与主观愿望的最大相符程度。从经济学的观点看，旅游者对旅游产品的消费选择是理性的。无论怎样安排，一个理性的旅游者总要选择在收入水平限制和旅游产品价格既定情况下，怎样消费才能使自己得到最大满足。

假设旅游者想进行一次舒适的旅游，在旅游活动中，每单位的旅游产品价格为20元，而游览景点每日平均花费150元，该旅游者有900元可用于旅游消费，试分析他在购买旅游商品和游览景点之间，应如何消费才能使他感到最大满足。

分析：由于该旅游者的可支配收入仅有900元，因而他的支出就受到900元的限制而使他不能随意选择任何一种消费搭配，他必须根据可以支配的900元来选择使他得到最大满足的旅游消费组合。于是就有表7-1中的几种旅游消费的组合情况。

表7-1　旅游者预算限制下的可能产品消费组合

旅游产品消费组合	A	B	C	D
游览旅游景点数（个）	6	4	2	0
购买旅游商品数（单位）	0	15	30	45

根据经济学理论，在旅游者的可支配收入900元的限制下，若旅游者既要游览旅游景点，又要购买旅游商品，则只有选择B种产品消费组合。即游览旅游景点4个，同时购买15单位旅游商品，才能实现旅游者消费的最大满足。

一般产品的消费，是消费者在既定价格和限定收入水平条件下，通过自己对不同产品的偏好来进行选择，而对于旅游消费，时间又成为一个必要的限定因素。这样，旅游者的旅游产品选择就是在三重客观因素条件下即价格、时间和主观偏好因素共同限制下进行的决策。

（二）旅游目的地旅游消费效果的衡量

在一定时期内，旅游者在旅游目的地的消费越多，则旅游目的地的国家或地区的收入就越多。因此，可以通过分析旅游者在旅游目的地的消费支出来衡量旅游目的地的旅游消费效果。通常，反映旅游者消费支出的指标主要有旅游消费总额、人均消费总额、旅游消费率和旅游消费构成。

旅游消费总额是指一定时期内在旅游目的地国家或地区，进行旅游活动过程中所支出的货币总额。它从价值形态上反映了旅游者对旅游目的地的旅游产品消费的总量。

人均旅游消费额是指一定时期内在旅游目的地国家或地区的旅游过程中，平均每一个旅游者支出的货币额。它反映了旅游者在某一目的地的旅游消费水平，并为旅游经营者开拓旅游市场和开发产品提供重要的依据。

旅游消费率是指一定时期内，一个国家或地区旅游消费支出同该国家或地区个人消费支出总额的比例，它从价值角度反映了一个国家或地区在一定时期内旅游者对旅游消费的强度和水平。

旅游消费构成是指旅游者在旅游过程中，对于食、住、行、游、娱等方面的消费比例。旅游消费构成不仅反映了旅游者的消费状况和特点，而且为旅游目的地国家或地区配置旅游资源和要素、组合旅游产品提供科学依据。

四、旅游消费效果的评价

旅游消费效果不仅包含对旅游者物质需求的最大满足，更重要的是对旅游者精神需求的最大满足。旅游的特点，决定了精神需求的满足也必须凭借物质资料，通过人与人的相互交往来实现。因此，在旅游消费中，除了物质产品消费外，对旅游者的旅游服务、对旅游者的尊重和友谊，都对旅游消费效果起着决定性的作用，从而决定了对旅游消费效果的评价。旅游消费效果的评价应重点考虑以下三方面内容。

（一）旅游产品价值和使用价值的一致性

在市场经济条件下，旅游产品作为消费资料进入消费领域，并以商品形式满足人们的消费需要，在使用价值上必须使旅游者能够得到物质与精神上的享受，即旅游产品要体现有用性；在价值上要符合社会必要劳动时间的客观要求，即价值的外在表现形式价格一定要和其使用价值的含量保持一致。

（二）微观旅游消费效果与宏观旅游消费效果的一致性

宏观旅游消费效果以微观旅游消费效果为基础，而微观旅游消费效果则以宏观旅游消费效果为依据，两者相互联系，又相互矛盾。微观旅游消费效果反映的是个人的主观评价，它是由旅游者的个性特征（年龄、性别、习惯、性格爱好和宗教信仰）所决定的。但是在旅游消费的实际活动中，二者也会存在争议。微观效果一般反映出个人的主观评价。由于旅游者素质的不同，在旅游活动中一些旅游者常会出现某些不文明行为，如乱刻乱画，虽然旅游者自身得到了满足，但是从整个社会的角度来看，旅游消费的结果造成了对旅游目的地的环境破坏，宏观消费效果低下。因此，我们必须要坚持宏观消费效果与微观消费效果相结合的原则。

（三）旅游消费效果与生产、社会效果的统一

旅游消费的对象往往就是生产成果，生产的经济成果直接影响消费效果，考察消费效果也要兼顾生产消费资料的经济效果。如有些地区开发的旅游产品，其消费效果可能是很好的，但旅游产品所产生的经济效果却很差，因此片面强调消费效果，完全抛开生产的经济效果，也是不科学的。这会损害旅游经济活动中生产者的经济性，从而对旅游业的长期发展不利。由于旅游消费活动不仅是满足人们物质和精神需要的经济行为，同时也是一种社会行为，因此要求评价旅游消费效果时还要注意对其社会效果的评价。假如这种消费不利于人们的身心健康，甚至会造成有害的社会影响，就应坚决予以摒弃。

[思考与练习]

1. 怎样理解旅游消费的性质?
2. 旅游消费有哪些类型?
3. 旅游消费具有哪些特点?
4. 如何衡量旅游消费?

第八章　旅游收入及分配

旅游收入是旅游经济活动的重要内容，它一方面反映了旅游者的旅游需求通过旅游经营者的旅游供给而不断得到满足，另一方面又体现着旅游产业部门和企业在生产经营活动价值运行与价值实现过程中，自身不断得到发展。旅游收入与分配是旅游经济运行的前提。本章阐述了旅游收入的概念和分类，分析了旅游收入初次分配和再分配的内容和流程，对旅游乘数效应与旅游收入漏损的基本理论及其相互关系作了进一步的论述，从而可进一步提高学生对旅游收入乃至旅游业接待国家或地区经济发展作用的认识。

第一节　旅游收入分类

一、旅游收入的概念

旅游收入是指旅游目的地国家或地区在一定时期内（以年、季、月为计算单位）向游客销售旅游产品、旅游商品和其他劳务而获得的全部货币收入，也即旅游目的地国家或地区向旅游者提供旅游资源、设备设施、交通工具、旅游劳务和旅游物品换取的货币。旅游收入是旅游企业存在和发展的前提。在旅游企业生产规模和旅游经营成本不变的前提下，旅游收入的变化和旅游利润的增减是同方向的。旅游收入的增加，能引起旅游利润的相应增加，而旅游收入的减少也同样会导致旅游利润的相应减少。旅游收入直接反映了某一旅游目的地国家或地区旅游经济的运行状况，是衡量旅游经济活动及其效果的一个不可缺少的综合性指标，也是某一个国家或地区旅游业发达与否的重要标志，在一国社会经济发展中占有重要的地位。

（一）旅游收入体现着旅游业对国民经济的贡献

发展旅游业的目的是为了发展同全世界各国人民的友好往来，促进国际经济、文化、技术交流，满足国内外旅游者对旅游产品的需求。现代旅游业以其强劲的发展势头和广阔的发展前景，已经成为国民经济的新增长点和支柱产业之一，对国民经济的贡献十分显著。而这种贡献可以通过旅游收入直接反映出来。旅游收入从总体上反映着旅游目的地国家或地区在一定时期内的经营成果，是形成旅游利润的基础。旅游收入是旅游经济活动中所消耗的一定量的活劳动和物化劳动的补偿部分，这部分补偿越充分越有利于旅游产品供给者。旅游收入的多少，一方面体现着旅游接待量的增减、旅游服务质量的高低、旅游产品的畅销程度和旅游者对旅游需求的满足程度；另一方面也体现着旅游业对国家作出贡献的大小，以及对国民经济的促进和影响作用。在旅游产品生产或经营成本不变的情况下，旅游利润与旅游收入的多少成正比例关系。旅游收入越多，旅游利润就越大；反之，旅游收入越少，旅游利润就越小。由此可见，旅游收入的增长对旅游企业的发展起着决定性作用，同时对国民经济和旅游业的发展也起着举足轻重的作用。

（二）旅游收入体现了货币回笼和创汇的状况

旅游经营活动包括国内旅游业务和国际旅游业务两部分。开展国内旅游业务，可引导人们进行合理消费，提高人们的生活质量和个人素质，让人们在旅游活动中增长见识、丰富知识、开拓眼界；同时通过销售旅游产品和提供服务，可以完成回笼货币的任务。开展国际旅游业务，努力销售本国各类旅游产品，可取得旅游外汇收入，对减少国家外贸逆差、平衡外汇收支、增强国家外汇支付能力以及增加国家外汇储备作出贡献。

（三）旅游收入反映了旅游经济活动的成果

旅游收入体现了旅游经济活动的成果，旅游收入的增加标志着流动资金周转的加速和固定资金回收期的缩短。每一次旅游收入的取得，都标志着在一定时期内一定量的流动资金所完成的一次周转。因此，在一定时期内，旅游收入取得的越快越多，就意味着流动资金周转次数越多、速度越快，占用的流动资金越少，旅游企业的经济效益就会越好；反之，旅游企业的经济效益就会越差。

表 8-1 和表 8-2 分别列示了 1978～2007 年国际旅游外汇收入情况和我国 2000～2007 年全国各省市国际旅游外汇收入总额。

表 8-1　　1978～2007 年国际旅游外汇收入统计表

INTERNATIONAL TOURISM RECEIPTS 1978～2007

年份 YEAR	外汇收入（亿美元） RECEIPTS（100Mn. US＄）	发展指数（1978 年为 100） INDICES（1978＝100）	比上年增长（%） GROWTH（%）
1978	2.63	100	—
1979	4.49	170.9	70.9
1980	6.17	234.6	37.3
1981	7.85	298.6	27.3
1982	8.43	320.7	7.4
1983	9.41	358.0	11.6
1984	11.31	430.3	20.2
1985	12.5	475.5	10.5
1986	15.31	582.3	22.5
1987	18.62	708.1	21.6
1988	22.47	854.6	20.7
1989	18.6	707.7	−17.2
1990	22.18	843.5	19.2
1991	28.45	1082.1	29.3
1992	39.47	1501.3	38.7
1993	46.83	1781.4	18.7

续表

年份 YEAR	外汇收入（亿美元） RECEIPTS（100Mn. US$）	发展指数（1978年为100） INDICES（1978=100）	比上年增长（%） GROWTH（%）
1994	73.23	2785.4	—
1995	87.33	3321.7	19.3
1996	102	3880.0	16.8
1997	120.74	4592.7	18.4
1998	126.02	4793.4	4.4
1999	140.99	5362.7	11.9
2000	162.24	6171.2	15.1
2001	177.92	6767.6	9.7
2002	203.85	7753.9	14.6
2003	174.06	6620.8	−14.6
2004	257.39	9790.4	47.9
2005	292.96	11143.4	13.8
2006	339.49	12913.3	15.9
2007	419.19	15944.8	23.5

资料来源：中华人民共和国国家旅游局

表 8-2　　2000～2007 年全国各省市国际旅游外汇收入总额

（单位：百万美元）

地区 / 年份	2007	2006	2005	2004	2003	2002	2001	2000
北京	4580	4026	3619	3173	1904	3115	2946	2768
天津	779	626	509	413	329	342	280	232
河北	309	243	209	190	85	167	157	142
山西	222	164	116	81	36	75	59	50
内蒙古	545	404	352	253	138	149	137	126
辽宁	1228	934	738	613	454	550	463	383
吉林	179	137	120	96	66	86	76	58
黑龙江	643	492	340	302	244	297	250	189
上海	4673	3904	3556	3041	2053	2275	1808	1613
江苏	3469	2787	2260	1763	1132	1050	822	724
浙江	2708	2133	1716	1300	873	928	699	514
安徽	344	227	186	141	83	124	106	86
福建	2169	1471	1305	1065	915	1100	942	894

续表

地区 年份	2007	2006	2005	2004	2003	2002	2001	2000
江西	196	140	104	80	47	72	70	62
山东	1352	1014	780	567	370	472	382	315
河南	318	274	216	160	63	145	133	124
湖北	413	320	276	192	136	284	201	146
湖南	642	503	390	313	46	311	271	221
广东	8706	7533	6457	5378	4267	5091	4484	4112
广西	577	423	359	288	164	321	301	307
海南	302	229	128	82	80	92	106	109
重庆	382	309	264	203	113	218	163	138
四川	512	395	316	289	150	200	166	122
贵州	129	115	101	80	29	80	69	61
云南	860	658	528	422	340	419	367	339
西藏	135	61	44	37	19	52	46	52
陕西	612	511	446	361	198	351	309	280
甘肃	70	63	59	44	21	54	45	55
青海	16	13	11	9	5	10	9	7
宁夏	3	2	2	2	1	2	3	3
新疆	162	128	100	91	49	99	99	95

资料来源：中华人民共和国国家旅游局

二、旅游收入的分类

旅游收入综合反映了旅游业的生产经营成果。为了更明确地认识旅游收入的内涵，我们可以从不同的角度来分析旅游收入的构成。通常来说，旅游收入按不同标准有不同的分类。

（一）按旅游经营业务的不同分类

按旅游经营业务的不同，旅游收入可分为国内旅游收入和国际旅游收入。

国内旅游收入是指旅游目的地国家或地区因经营国内旅游业务而取得的本国货币收入，它是国内生产总值的一部分。国内旅游收入来源于本国居民在本国境内的旅游消费支出，通过旅游经营者提供旅游产品来吸引人们手中的货币。它一般不增加该目的地国家或地区的国民收入，而只是本国物质生产部门生产劳动者所创造的价值的转移和地区间收入再分配的结果。所以说，国内旅游收入体现了该国家或地区范围内经济发展的状况以及国家与企业、企业与企业、企业与居民间的经济关系，属于国民收入再分配的范畴。国内旅游收入可用公式表示为：

国内旅游收入＝本国居民在国内旅游的消费支出

从旅游者的主体构成角度看，国内旅游收入均来自旅游者的食、住、行、游、购、娱等直接消费数额，也包括长途交通费、市内交通费、邮电通讯费等间接消费额。另外，团体游客的包价旅游，上述食、住、行、游等直接费用已付给旅行社，其中包含长途交通费和市内交通费，其他费用（如邮电通讯费）由游客自己承担。衡量国内旅游收入的指标，主要是出游人数、平均出游率、平均出游天数、每次出游的人均消费及消费结构等。

国际旅游收入是旅游目的地国家或地区因经营境外游客来本国或本地区旅游业务而取得的外国货币收入，通常被称为旅游外汇收入。国际旅游收入是一国外汇收入的一部分，是非贸易收入的一个重要项目。与贸易一样，它属于一种创汇形式，即旅游者在地域上是入境旅游，但在外汇贸易上是目的地国的产品和服务的出口，故有人把旅游称为不出国门的“无形贸易”，也有人称其为一种“风景出口”。其与有形商品的过境转移、支付有所不同。国际旅游收入来源于外国游客在旅游目的地国家或地区境内的旅游消费支出，是其他国家国民收入流入旅游目的地国家或地区用于补偿旅游产品价值的部分。因此，对于旅游目的地国家或地区而言，国际旅游收入是外来经济对本国经济的“注入”，具体表现为旅游目的地国家或地区社会价值总量的增加。这也就等同于旅游目的地国家或地区对外输入旅游产品，是以一种特殊形式进行的对外贸易，体现着旅游客源国与旅游接待国之间的国际经济关系。国际旅游业从外国游客那里获取的外汇收入，扣除物化劳动和活劳动价值后的差额，就是国际旅游业的利润。因而国际旅游业同其他生产行业一样，为社会创造或增加了新价值，这部分价值构成了一国国民收入的一部分，所以，它属于国民收入初次分配的范畴。当然，初次分配和再分配之间又是相辅相成的关系，国际旅游业职工的工资收入和上缴税金等则又构成了国民收入再分配的来源之一。

此外，在理解国际旅游收入的内涵时，还应注意以下两点：其一，旅游目的地国家或地区的国际旅游收入是外国旅游者的开支中扣除用于支付客源国或地区与目的地国家或地区之间的国际交通费，以及客源国或地区旅游承包商的利润与旅游零售商的佣金两项费用之后的余额；其二，由于货币兑换率经常变动，同量的外汇收入在不同时期以本国货币表示的国际旅游收入在数额上会存在差异。所以旅游目的地国家或地区的国际旅游收入是旅游者开支中扣除国际交通费和外国旅游商或代理商的收入之后的部分。用公式表示为：

国际旅游收入＝国际旅游者总支出－国际间交通费－外国旅游商或代理商的收入

影响国际旅游收入的因素有很多，除旅游设施、可进入性、目的地的吸引力外，大致可以从客源国和目的地国的经济、政治、文化和历史以及国际经贸关系等角度进行考察。

（1）经济因素。包括人均国内生产总值、个人可支配收入、水手、外汇储存额、外汇汇率、企业跨国经营规模等。

（2）政治因素。包括客源国对出境旅游的政策，目的地国的政治局势、治安情况等。比如海湾战争、波黑内战使该地区旅游活动基本停止，尤其是波黑内战，直接经济损失800亿美元，间接损失难以计算，昔日每年25亿美元的国际旅游收入几乎降为零。

（3）历史文化因素。包括语言、民族、习俗、历史渊源、文化类型上的认同程度。例如，东亚属于同源的佛教文化，来华旅游的人众多；欧美同源于古罗马、希腊文化，地中海沿岸对西方游客有很强的吸引力。

（4）国际经济政治关系。包括双边及多边关系，影响到出入境的可能性与方便程度。

如联合国取消对南非、前南斯拉夫的制裁后，其入境旅游者、国际投资者迅速增加。

（二）按旅游需求弹性的不同分类

按旅游需求弹性的不同，旅游收入可分为基本旅游收入和非基本旅游收入。

基本旅游收入是指在旅游过程中，旅游目的地国家或地区向游客提供旅游交通、食宿、景点游览等必需的基本旅游设施和旅游服务所获得的货币收入的总和。它来源于游客在旅游过程中必须支付的费用。与基本旅游收入的实现相关联的产品，通常来说其旅游需求的价格弹性和收入弹性都较低，即不论游客收入水平、支付能力高低以及产品价格变化如何，旅游者在旅游过程中都必须购买。换言之，从每个游客身上获得的基本旅游收入是比较稳定的。正由于这一点，对一个旅游目的地国（地区）而言，在其他条件不变的情况下，总的基本旅游收入与游客人次数、人均天基本旅游消费支出以及人均停留天数均成正比例变化，即游客人次数越多，游客的人均天基本旅游消费支出越高，人均逗留天数越长，该旅游目的地国家（地区）获得的基本旅游收入越多。基本旅游收入可用如下函数关系来表示：

$$R=f\ (N,\ S,\ T)\ =N\cdot S\cdot T$$

其中：R——总的基本旅游收入；

N——游客总人次数；

S——游客人均天基本旅游消费支出；

T——人均停留天数。

通过对基本旅游收入及其增减速度的分析，我们可大体衡量一个国家或地区的旅游发展状况。

非基本旅游收入又称边缘旅游收入，是指旅游目的地国家或地区向游客提供的非必需的旅游产品和服务（如医疗保健、邮电通讯、修理、咨询、购物等）所获得的货币收入。对于这一类货币支出，游客可依据自身的收入水平、支付能力、需求层次、兴趣偏好等来自愿灵活地进行选择，所以说非基本旅游收入只是游客在旅游过程中可能发生的消费支出。由于非必需或非基本的旅游产品的需求弹性都较大，因而通过提供此类旅游商品而形成的非基本旅游收入就具有不稳定的特点，与游客人次、逗留时间等因素也没有必然的正比例关系。所以，旅游目的地的旅游企业只有提供多样性的产品和服务，刺激旅游者的购买欲望，才能增加旅游者的消费支出，如开发具有地方特色的旅游纪念品，增加能够让旅游者乐而忘返的娱乐项目等。非基本旅游收入在旅游收入总量中所占比重的大小，可以反映出一个国家或地区旅游业发展的深度。旅游业越发达，旅游经济运行机制越完善，非基本旅游收入比例就越高。

基本旅游收入和非基本旅游收入的划分是相对的，根据不同地区的特点，可以有所不同。以购物为例，对于一般旅游目的地而言，其购物收入都被视为非基本旅游收入；而对于香港而言，其“购物天堂”的独特魅力吸引着四面八方的游客赴此采购，因其旅游形象独特，香港的购物收入应视为一项基本旅游收入。

（三）按旅游收入构成的不同分类

按旅游收入构成的不同，旅游收入可分为商品性收入和劳务性收入。

商品性收入是指向游客提供实物形式的商品而得到的货币收入，包括商品销售收入

(如销售各种生活用品、工艺美术品、旅游纪念品、土特产品、药品、书报杂志等)和饮食销售收入(指为游客提供膳食、酒水饮料等而得到的收入)。

劳务性收入是指为游客提供各种劳务性服务而获得的收入。劳务性收入有以下几种。

(1) 旅行社旅游业务费收入。指旅行社在包价旅游收入中扣除支付给有关部门的住宿费、餐费、交通费、文娱活动等费用后余下的翻译导游费、各项手续费及其他服务性收入。

(2) 住宿费。指为游客提供饭店、宾馆客房等住宿服务而得到的收入。

(3) 交通费。指为游客提供地区间的飞机、火车、轮船、汽车等长途运输和市内交通服务而获得的收入。

(4) 文化娱乐费。指为游客提供游览观光、文艺表演等各种文化娱乐服务而得到的收入。

(5) 邮电通讯费。指为游客提供邮寄文件、包裹、长途电话、电报等服务而获得的收入。

(6) 其他。指为游客提供上述各项服务以外的其他服务,如医疗、美容、洗染等而得到的收入。

应当明确的是,劳务性和商品性收入只是一种理论上的划分,具有相对性。在实践中,餐饮食品价格本身也包含着服务性收费,而交通住宿中也包括所提供的实物商品费用。在现实统计中只能作相对的划分。

三、旅游收入指标

旅游收入指标是旅游目的地国家或地区掌握和分析旅游经济活动的重要工具。它通过有关的统计数据及其相关计算,来说明旅游经济活动的实质,反映旅游经济活动的水平、规模、速度、结构及其他比例关系,从而为旅游经营者和有关部门在制定旅游发展规划、选择最佳旅游目标市场时提供依据和信息,发挥提高旅游企业经济效益和整个旅游业的经验管理水平的功效。因此,旅游收入指标是旅游目的地国家或地区掌握和分析旅游经济活动的重要工具。旅游收入指标通常是以货币单位来计算和表示的。旅游收入指标不是单一的,而是由若干相关指标组成的指标群或指标体系。在旅游统计工作中,通常把旅游收入的衡量指标归纳为两大类:旅游收入总量指标和旅游收入指标。

(一) 旅游收入总量指标

1. 旅游总收入

该指标是指一定时期内旅游目的地国家或地区向国内外游客提供旅游产品、购物品和其他劳务所获得的货币收入的总额。这一经济指标综合反映了旅游目的地国家或地区旅游经济的总体规模状况和旅游业的总体经营成果。它包括国际旅游收入和国内旅游收入两部分,通常用本国货币计量表示,用公式表示为:

$$R_T = R + P_e = N \cdot P + P_e$$

其中:R_T——一定时期内旅游总收入;

R——基本旅游收入;

N——旅游总人次;

P——人均基本旅游消费支出;

P_e——非基本旅游收入。

2. 旅游外汇总收入

该指标是指一定时期内旅游目的地国家或地区向外国游客提供旅游产品、购物品和其他劳物所取得的外国货币收入的总额，也是外国游客入境后的全部消费支出总额。其计算公式可套用公式如下：

$$R_T = R + P_e = N \cdot P + P_e$$

其中：R_T——一定时期内一国或地区的旅游外汇总收入；

R——外国游客的基本旅游消费支出；

N——一定时期内接待的外国游客总人次；

P——外国游客入境后的人均基本旅游消费支出；

P_e——外国游客的非基本旅游消费支出。

旅游外汇总收入指标是衡量一个国家或地区国际入境旅游发展水平的重要标志之一，也是反映该国家或地区旅游创汇能力的一项综合性指标。在国际旅游业中，它常被用来同该国家或地区的外汇收入总量（包括外贸商品出口收汇量和非贸易外汇收入）进行比较，以说明国家入境旅游在一个国家或地区全部外汇收入中的地位及其对弥补国家外贸逆差所作的贡献。这里应该指出的是，旅游外汇总收入指标并不直接反映旅游业的经营成果，因为旅游业在向国际旅游者提供产品和劳务的过程中，还有相关部门的创汇劳动和价值转移（如民航、铁路、邮电、商店等），所以，扣除上述内容后，才能真正反映旅游业的创汇成果。该指标一般以美元为计量单位。

（二）旅游收入水平指标

1. 人均旅游收入指标

人均旅游收入指标是指旅游目的地国家或地区在一定时期内平均接待一个游客人次所取得的货币收入，亦即游客在旅游目的地国家或地区旅游活动过程中的平均货币支出额。它反映了游客的人均消费水平，一般以本国货币计算表示。人均旅游收入指标是某一时期旅游总收入与同期接待的旅游总人次之比，可用公式表示如下：

$$R_u = \frac{R_T}{N}$$

其中：R_u——人均旅游总收入；

R_T——旅游总收入；

N——旅游总人次。

同样，当 N 为接待的海外游客总人次，R_T 为旅游外汇总收入时，则 R_u 为人均旅游外汇收入，可用之比较不同时期内旅游目的国或地区接待每一外国旅游者人次的外汇收入。

人均旅游外汇收入指标是指一定时期内旅游目的地国家或地区平均接待一个海外游客人次所获得的旅游外汇收入额，也是每一个海外游客在旅游目的地国家（地区）境内的人均外币支出额。一般以美元为计量单位。

人均旅游收入指标常被用来比较在不同时期内旅游目的地国家或地区接待每一个旅游者人次的实际收入，从而分析其增长或降低的原因，以便作出相应的决策或采取必要的措施。

此外，人均旅游收入指标（R_u）与旅游总收入指标（R_T），二者可结合起来评价旅游经营效果。二者的变化关系在其他条件不变的情况下有以下几种情形：

(1) R_T 与 R_u 同方向、同比例变化。旅游总收入增长或减少，人均旅游收入随之同比例增减。由此推出，旅游总收入也随着游客数量的增减而相应变化。

(2) R_T与 R_u 反方向变化。有两种组合情况。第一，R_T 增大，R_u 却减少。这说明旅游总收入虽然增加了，但人均旅游收入减少了，此时旅游总收入的增加是靠来访人次数的增多而获得的，而不是靠旅游业自身提高经营效率，促使来访游客在本国或地区的人均旅游消费支出增大而获得的。第二，R_T 减少，R_u 却增加。说明旅游业本身经营效率的提高虽然使得来访游客在本国或地区的人均消费支出增多，但由于其他原因造成客源流失，以至于提高经营效率而带来的好处难以弥补由于客源量下降而造成的损失，从而导致旅游总收入的减少。

(3) R_T 与 R_u 同方向、不同比例变化，或 R_0T 与 R_u 不同方向、不同比例或同比例变化。此时情况比较复杂，需对照（1）、（2）两种方法分别予以分析。例如，当 R_T 与 R_u 同方向不同比例变化时，若 R_T 的增长速度超过 R_u 的增长速度，则意味着在旅游总收入中非基本旅游收入增多。

当然，以上分析方法和结论同样适用于人均旅游外汇收入指标和旅游外汇总收入指标二者相结合的分析。

2. 人均天旅游收入指标

人均天旅游收入是指旅游目的地国家和地区平均每天从每位游客那里获得的旅游收入。它等于一定时期内旅游目的地国家或地区的旅游总收入与游客停留总天数之比，或是一定时期内旅游目的地国家或地区人均旅游收入与人均停留天数之比。可用公式表示如下：

$$R_d = \frac{R_T}{N \cdot D_a} \quad 或 \quad R_d = \frac{R_u}{D_a}$$

其中：R_d——单位时间内人均旅游收入；

R_T——一定时期内旅游总收入；

D_a——一定时期旅游者在旅游目的地国家或地区平均停留天数；

N——一定时期内旅游总人次；

R_u——人均旅游总收入。

人均天旅游收入指标主要用于分析与比较不同时期旅游目的地国家或地区接待旅游者平均每人次每天的开支趋势，以表明该国家或地区在旅游市场上的竞争地位。同样，若公式中的 R_T、R_u 代表相应的外汇收入量，N 为一定时期内接待的国际游客总人次，D_a 为一定时期国际游客在该国或地区平均停留天数，R_d 则为人均天旅游外汇收入指标，它主要用于分析和比较不同时期内旅游目的地国家或地区接待的旅游者平均每人次每天的外汇开支趋势，用来衡量一定时期内旅游目的地国家或地区平均从每位游客获得的外汇收入额，可反映该国或地区在国际旅游市场上的竞争地位。

3. 旅游换汇率

旅游换汇率是指旅游目的地国家或地区提供单位本国货币的旅游产品所能换取的外国货币的数量比例。这一指标的数值表明单位本国货币所表示的旅游目的地国家或地区付出的必要社会劳动量可以从国际旅游者手中换取的外国货币的数量。由于外国游客到某一目的地国家或地区旅游支付的是外国货币，其结算是以外币对本币比价为依据的，因此通常说，旅游换汇率与该国家或地区同期的外币兑换率是一致的。在不同时期，外汇比价不同，旅游换汇率的数值也就不同。在国际经济交往中，国家旅游的换汇率成本明显低于对外贸易中物质产品的换汇成本。换句话说，即以一定数量货币表示的出售给国际游客的旅游产品，要比同量货币表示出口的一般物质产品换取到更多的外汇收入。这是因为旅游产品的核心是服务，相对于物质产品的出口而言，单位旅游出口值所需的物质投入比单位物质产品更小得多。此外，旅游出口具有产地成交的特点，免除了中间运输环节，而且旅游出口基本上不受国际市场价格波动的影响，因此旅游换汇率指标反映了旅游外汇收入对一国或地区国际收支平衡的作用大小，愈来愈引起各个国家和地区，特别是发展中国家和地区的高度重视。

4. 旅游收汇率

旅游收汇率又称旅游外汇净收入率，是指一定时期旅游外汇纯收入与同期旅游外汇总收入的比例。它等于一定时期内旅游外汇收入总额与同期旅游外汇支出总额的差除以旅游外汇总收入量。可用公式表示如下：

$$R_E=\frac{R_T-E}{R_T}$$

其中：R_E——旅游收汇率；

R_T——旅游外汇收入总额；

E——旅游目的地国家或地区旅游外汇支出总额。

为发展旅游业而支出的外汇称为旅游外汇收入的漏损或流失，主要用于购买进口的设备设施和原材料，进行境外的宣传促销及驻外办事处的费用支出，偿付外商投资利息、利润分红和国外管理人员费用，购买外国旅游者需要的进口消费品等。这些项目的外汇支出使旅游目的地国家或地区已收入的外汇中的一部分又流向国外。外汇流出的部分越少，旅游收汇率就越高。这个指标值的高低是衡量旅游目的地国家或地区经济社会发展总体水平和完善程度的重要标志之一。

一般而言，旅游收汇率的高低同一国或地区社会经济发展水平密切相关，它在一定程度上反映了一国或地区旅游业发展过程中的自立程度。

5. 旅游创汇率

该指标是指旅游目的地国家或地区在一定时期内非基本旅游外汇收入与基本旅游外汇收入之比。可用公式表示如下：

$$C=\frac{R_0}{R_a}$$

其中：C——旅游创汇率；

R_0——非基本旅游外汇收入；

R_a——基本旅游外汇收入。

此公式表明，旅游创汇率与非基本旅游外汇收入成正比，与基本旅游收入成反比。因此，要提高旅游创汇率，重点应放在不断扩大外国游客对非基本旅游产品的消费支出上面。这个指标的高低，既反映了旅游目的地国家或地区的产业结构、经济体系的完善程度，也反映了该国或地区旅游业的发达程度以及创汇能力和潜力。

四、影响旅游收入的因素

旅游业是一个有着较高关联性、依托性的产业。由于受到社会经济现象和经济关系中的多种因素不同程度的影响，旅游目的地国家或地区在一定时期内的旅游收入和旅游外汇收入量都会呈现不同程度的变化。可以说，旅游收入量是多种影响因素的函数。下面就对影响旅游收入的主要因素进行分析。

（一）旅游需求价格弹性

旅游目的地国家或地区按一定的价格水平提高旅游产品，在一定时期内形成了旅游收入。因而旅游收入等于旅游产品价格与旅游产品销售量之积。由此看来，旅游收入与旅游价格存在着密切的依存关系。一般说来，旅游产品价格的提高会导致旅游收入的增多，但是这一论断并不是在任何情况下都是正确的。其间有一个旅游收入同旅游需求价格弹性的关系问题。这在第四章第一节已经作了分析，具体请见 P_{42}。

（二）外汇汇率

汇率是指两种不同货币之间的兑换比例。外汇汇率变动对涉外旅游价格和旅游创汇率有直接影响。一般而言，外汇汇率上升，亦即本币贬值，可使外币表示的旅游报价相对降低，从而有利于吸引更多的国际游客，增强旅游业在国际市场上的总体竞争力，继而增加旅游外汇收入。但是，本币贬值，亦即外币升值，会导致以外币支付的旅游推销费用和进口商品成本上升，这对于旅行社和建材、设备、劳动力以进口为主的“三资”饭店而言无疑是一种巨大的财力负担。反之，外汇汇率下降，亦即本币贬值，则会导致外币表示的旅游产品价格相对上升，从而抑制旅游需求和出口，减少旅游外汇收入。此外，同量的旅游外汇收入由于汇率的变化，在不同时期内用本币单位计算表示的数额会出现差异，有时差别会较大。一般来说，旅游目的地国的货币贬值，更有利于旅游业的发展，增加旅游收入。因为对于外国旅游者而言，旅游目的地国的货币贬值相当于旅游目的地国的旅游价格下跌，旅游者用同等数量的本国货币可以购买更多的旅游产品。因此，旅游目的地国家或地区在衡量旅游总收入时，应注意分析因汇率因素变动而形成的差异，这样，才能使旅游目的地国家或地区在不同时期内所取得的旅游总收入更具真实性和可比性。

（三）旅游统计要素

旅游收入有些来自直接旅游业，也有些来自间接旅游企业。由于受诸多因素的影响，旅游统计部门所统计出来的旅游收入并不能真实反映旅游目的地国家或地区所取得的旅游收入。有时有遗漏统计的情况发生，比如游客在旅游过程中支付的消费；某些游客在探亲旅游过程中把房费、餐费、当地交通费直接支付给他们的亲戚朋友，或直接将外汇与其亲属兑换；海外游客在国内购物时被要求直接支付；有些海外游客将外汇在黑市上高价卖出；游客与旅游从业人员（司机、导游等）之间通过直接支付的方式进行私下交易；由于各银行信用卡部门衔接不好所致使的海外游客信用卡消费的统计错误等情况。此外，旅游部门之间、旅游部门与非旅游部门之间还有可能出现重复统计的现象，这是因为旅游是一项包括食、住、行、游、购、娱等多方面的综合性活动，涉及交通、通讯、邮电、商业、教育、金融、园林建筑等多个领域。例如，旅行社与交通部门、饭店、餐饮部门之间，旅游部门与农业、商业、建筑业、园林部门、轻工业之间，由于旅游收入分配的转换方式所致，遗漏和重复统计的现象经常发生。许多提供非基本旅游产品的第三产业，如美容、购物、文娱、通讯、银行等服务部门，常常难以准确地区分他们的营业收入中有多少来自游客，有多少来自当地居民，因而重复统计是不可避免的。总而言之，以上这些情况都会对旅游目的地国家或地区的旅游收入统计的精确性产生影响。

（四）通货膨胀和通货紧缩

通货膨胀或通货紧缩都会直接影响货币购买力。旅游目的地国家或地区通货膨胀或紧缩会使游客购买力下降或上升，从而影响该国旅游人次和旅游收入；反之客源国通货膨胀会促使居民出境旅游。正如 20 世纪 80 年代中期的日本，由于巨额贸易顺差，导致日元升值，继而引起国内的通货膨胀。为此，日本政府以鼓励本国国民出境旅游的方式来缓解国内的经济局势。

此外，如前所述，旅游目的地国家或地区接待的人次数、旅游者的平均消费水平、游客停留时间三个因素都对收入产生影响。

五、旅游收入分配

（一）旅游收入分配的概念

旅游收入分配是旅游营业收入在直接经营旅游业务的部门、企业以及全社会范围内的分配。旅游收入分配是社会经济关系的重要组成部分，它反映了一国（地区）的政府部门、旅游部门和企业以及旅游从业人员各自的利益与义务，也反映了旅游部门在一定程度上决定着旅游业发展的速度、规模和水平。

旅游收入是一国国内生产总值的组成部分。旅游部门的经济收入以分配和再分配的形式参与国民经济的再生产过程。从微观的角度上来看，旅游企业经营的目的是为了获得营业收入，取得一定的利润，并寻求不断的发展。同时，它还必须为国际承担缴纳税金的义务。从宏观角度上看，一国政府的管理部门，调控国民经济的目标是要实现社会充分就业、保持物价稳定、保证经济适度增长以及国际收支平衡。为了实现政府调控经济的以上四大目标，国家必须参加国民收入的分配与再分配。

旅游收入分配同国民收入分配一样，通常是通过旅游收入的初次分配和再分配两个过程来完成的。

1. 旅游收入的初次分配

旅游部门和企业取得旅游收入以后，首先应该在直接经营旅游业务的部门和企业之中进行分配。这些部门和企业包括饭店、旅行社、交通部门、餐饮部门、旅游景点、旅游用品和纪念品商店等。在一定时期内，旅游部门和企业付出了物化劳动和活劳动，向旅游者提供了满足他们需要的旅游产品，从而获得营业收入。在这些收入中，首先必须扣除当期为生产旅游产品而消耗的生产资料部分，如旅游产品的折旧、原材料和物料的消耗、建筑物的折旧等等。这部分不参与初次分配，参与分配的是营业收入中的净收入部分。将其旅游营业总收入扣除掉当年生产旅游产品所耗费的物化劳动即价值补偿（这部分价值补偿不能用于扩大再生产和职工的消费，故不存在分配问题）之后所剩余的那部分即旅游从业人员所创造的新价值。旅游净收入在初次分配中，分解为职工工资、政府税收和企业留利三大部分，这就使得国家、旅游部门和企业、旅游从业人员三方得到了各自的初始收入。

（1）职工工资。是指旅游部门和企业根据合理的分配原则，向旅游从业人员支付的工资，作为他们提供劳务的报酬，满足他们自己和家庭生活的需要。

（2）政府税收。旅游部门和企业按照国家税收政策的规定向政府纳税，成为国家财政预算收入的一部分，由国家统筹安排和使用。从 1994 年开始，我国实行了新税制，规定旅游经营中的劳务性收入上缴营业税的税率为营业收入的 5%；旅游经营中的商品性收入上缴增值税，基本税率为营业收入的 17%，低税率为营业收入的 13%。在扣除了营业成本、营业费用、租金、利息、营业税之后，旅游部门和企业经营所得纯利润上缴所得税的税率为纯利润额的 33%。

（3）企业留利。旅游部门和企业的自留利润被称做企业净利润，留归企业自行安排分配和使用。在我国旅游部门和企业中，企业净利润又可分为企业公积金和公益金两部分，分别用于企业的自身发展和职工的福利支出等。

旅行社是旅游业赖以生存和发展的“三大支柱”之一。旅行社的特殊职能和地位，使其在旅游收入的初次分配中具有独特的作用。旅行社不仅是从事旅游产品流通的企业，而且是整体旅游产品的生产者。它根据市场的需求，首先向住宿、餐饮、交通、游览、娱乐等部门和企业预订单项产品，经过加工组合，形成不同的包价旅游产品出售给旅游者，由此获得包价旅游收入。这种包价旅游收入首先表现为旅行社的营业总收入，但与饭店、餐馆、交通部门等旅游企业不同。旅行社的营业总收入中，很大一部分的成本项目是其他旅游部门或企业的营业收入。旅行社要根据所签订的经济合同中所规定的支付时间、支付方式，双方约定的价格、数量以及其他有关规定，向这些为自己提供单项旅游产品的旅游部门和企业分配其应得的营业收入。当这些部门和企业获得营业收入后，才按照前述的分配方式进行旅游收入的初次分配。从这个意义上说，旅行社首先参与旅游收入的初次分配，在旅游收入分配中又体现为旅游营业总收入转化为其他旅游部门和企业营业收入的过程。因而，旅行社的经营活动既是旅游营业收入的来源，又决定了旅游营业和收入的分配，具有双重只能。

2. 旅游收入的再分配

旅游收入经过初次分配后，在初次分配的基础上，按照价值规律和经济利益原则，在旅游目的地国家或地区的全社会范围内进行再分配，以实现旅游收入的最终用途。旅游收入之所以进行再分配的原因在于：一是为了使旅游业能够不断扩大生产，满足其自我发展和自我完善必需的物质条件的需要；二是满足旅游从业人员的物质文化生活需求，以恢复和增强其体力和智力，以便为游客提供优质服务，同时，劳动者的家庭需要也能够得到满足，使劳动力不断地再生产；三是满足社会综合发展的需要，维护社会安定团结，推动社会文化的进步和社会经济的繁荣、发展。

旅游收入再分配的流向：

（1）旅游收入中上缴政府的各类税金构成政府的财政预算收入。政府通过各种财政支出的方式来实现旅游收入的再分配，政府的财政支出主要用于国家的经济建设、国防建设、公共事业和社会福利投资及国家的储备金。其中一部分可能会作为旅游基础建设和重点旅游项目开发再返回到旅游业中来。

（2）旅游收入中支付给旅游从业人员个人的报酬部分。其中大部分被用于购买他们所需要的生活用品和劳务产品，以满足旅游从业人员自己和家庭成员物质生活和文化生活的需要，保证劳动力的再生产。这部分支出构成了社会经济中相关的提供生活资料和提供劳务的行业的营业收入。旅游从业人员个人收入消费之后所剩下的另一部分则存入银行，购买保险，购买国库券等，又形成了国家金融建设资金和保险部门的收入等。

(3) 旅游收入中的企业自留利润分为公积金和公益金两部分。公积金主要用于旅游部门和企业扩大再生产的追加投资、购买新的设备和设施、新产品的研制、技术更新改造、开辟新的市场以及弥补企业亏损等方面。公益金主要用于旅游部门和企业职工与集体的福利，作为职工住房、医疗、教育、文体等活动的投资。公积金和公益金的支出构成了直接或间接为旅游部门、企业提供产品与服务的相关部门的营业收入。

(4) 旅游收入中还有一部分流向其他部门。如支付贷款利息而构成金融部门的投入，支付保险金而构成保险部门的收入，支付房租或购买住宅而形成房地产部门的收入，租赁设施设备而形成租赁单位的收入，等等。

旅游收入再分配过程是一个不断重复和不断扩大的运动过程，通过这一过程，企业在再生产过程中，物质上得到替换，价值上得到补偿。旅游收入经过再分配之后，使全社会的各相关部门获得了应有的派生收入，体现了旅游业对旅游目的地国家或地区整体社会经济的促进和带动效应。

第二节　旅游乘数效应

一、乘数概念

“乘数（Multiplier）”是经济学中的一个基本概念，是指某一经济量与由其引起的其他经济量变化的最终量之间的关系。乘数理论反映了现代经济的特点，即由于国民经济各部门的相互联系，任何部门最终需求的变动都会自发地引起整个经济中的产出、收入、就业等水平的变动，后者的变化量与引起这种变化的最终需求变化量之比即是乘数。自此，不少经济学家便对乘数理论展开了长期的研究，并在 20 世纪 20 年代末 30 年代初掀起一股乘数理论研究高潮。庇古、博塞拉甫、吉布林和沃明等经济学家均从不同视角提出了各自的乘数分析方法。其中，英国经济学家卡恩于 1931 年最早提出乘数概念。然而，现代乘数理论主要是沿着凯恩斯乘数模型和里昂惕夫投入－产出模型两大主线发展而来的。而乘数效应就是这种一个部门最终需求变动能够引起整个经济中产出、就业、收入变动的倍增作用。

经济活动中之所以会产生乘数效应，是因为各个经济部门在经济活动中会发生技术、经济上的联系。某一经济部门的一笔投资不仅会增加本部门的收入，而且会在国民经济的各个部门中引起连带反应，从而增加本部门的收入，最终使国民收入总量成倍增加。由此可见，某一行业的发展必然会促进一系列同该行业相关的其他部门的发展，从而带动整个国民经济的协调发展。

二、旅游乘数的概念

鉴于旅游业综合性强和涉及面广的特点，旅游学术界在一些旅游经济学的著作中往往对经济学的乘数理论加以修正和发展，形成旅游乘数理论，并以此说明旅游业“兴一业，旺百业”的产业关联性（即具有促进国民经济各部门倍数增长的优势）。马西森和沃尔于1982年提出旅游乘数概念的雏形，即“旅游乘数是这样一个数值，最初旅游消费和它相乘后能在一定时期内产生总收入效应”；世界著名旅游学者、英国萨瑞大学的阿切尔认为：旅游乘数是指旅游花费在经济系统（国家或地域）导致的直接、间接和诱导性变化与最初的直接变化本身的比率。这两个定义在一定程度上揭示了旅游乘数的本质，但将旅游乘数仅仅理解为旅游收入乘数，因而具有很强的片面性。旅游乘数的完整定义可以表述为：旅游乘数是用以测定单位旅游消费对旅游接待地区各种经济现象的影响程度系数。这一定义间接说明了旅游乘数种类的非单一性及各种旅游乘数值之间的差异。

三、旅游乘数效应的发挥

旅游乘数效应是如何发挥的呢？原来，对于旅游目的地国家或地区来说，来访国际游客的旅游消费作为无形出口贸易的收入，使外来资金“注入”到接待国的经济之中，这种“注入”资金在部分流失于本国或地区经济系统之外的同时，余额部分则在本国或地区经济系统内渐次渗透，依次发挥直接效应、间接效应和诱导效应，刺激本国家或地区经济活动的扩张和整体经济水平的提高，直至外来资金在目的地国家或地区经济活动中少到可以忽略不计时为止。旅游乘数效应可以分为以下三个阶段：

第一阶段，直接效应阶段。旅游收入最初注入的一些部门和企业，如旅行社、餐饮业、交通部门、参观游览部门等，都会在旅游收入的初次分配中获益。旅游者的旅游消费对于经济系统中旅游企业在产出、收入、就业等方面造成的影响，称为旅游消费的直接效应。

第二阶段，间接效应阶段。直接受益的各旅游部门和企业在再生产过程中要向有关部门和企业购进原材料、物料、设备，各级政府把旅游中缴纳的税金又投资于其他企事业、福利事业等，使这些部门在不断的经济运转中获得了效益，即间接地从旅游收入中获利。世界上大量研究结果表明，旅游消费的间接效应常常超过它的直接效应。

第三阶段，诱导效应阶段。直接或间接为旅游者提供服务的旅游部门或其他企事业单位的职工把获得的工资、资金用于购置生活消费品或用于服务性消费的支出，促进了相关部门和企事业的发展。此外，那些从旅游收入的分配与再分配运转中受到间接影响的部门或企事业单位在再生产过程中又不断内置生产资料，推动了其他相关部门生产的发展。如此，旅游收入通过多次的分配与再分配，对国民经济各部门产生着连锁的经济作用。旅游消费的诱导效应是非常显著的。1967年美国学者哈姆斯顿对于美国密苏里州旅游消费诱导效应的研究表明，旅游消费的诱导效应导致的区域内货币流量是间接效应的3倍多。

旅游乘数是用以测定旅游消费（即接待国或地区的旅游收入）所带来的全部经济效应（直接效应＋间接效应＋诱导效应）大小的系数。一般来说，旅游乘数效应可以从两方面估计。一是旅游消费中留在经济系统内继续转手花费的数额，如果这部分数额大，则乘数值大，反之则相反；二是旅游者的花费能在本地内再花费的次数，轮转次数越多，乘数越大，次数越少，乘数越小。

四、旅游乘数的计算公式

旅游乘数的计算公式是：

$$K=\frac{1}{1-MPC} \quad 或 \quad K=\frac{1}{MPS} \quad 或 \quad K=\frac{1}{MPS+MPM}$$

其中：*MPC*——边际消费倾向；

MPS——边际储蓄倾向；

MPM——边际进口倾向。

边际消费倾向（*MPC*）是指当可支配收入增加了一个货币单位时消费增加的量。它是与边际储蓄倾向（*MPS*）相对应的。边际储蓄倾向是指当可支配收入增加了一个货币单位时储蓄增加的量。边际进口倾向（*MPM*）是指当可支配收入增加了一个货币单位时进口物资增加的量。

上述公式表明，乘数与边际消费倾向成正比，与边际储蓄倾向成反比。边际消费倾向越大，乘数效应就越大；边际消费倾向越小，乘数效应就越小。边际储蓄倾向越大，乘数效应就越小；边际储蓄倾向越小，乘数效应就越大。

例如，某旅游目的地旅游边际消费倾向为70%，即表示在这个地区的旅游收入中，70%的资金在本地区的经济运行系统中运转，而余下30%的资金用于储蓄或购买进口物资，或是离开了本地区的经济运行。则：

$$K=\frac{1}{1-MPC}=\frac{1}{1-0.7}\approx 3.3 \quad 或 \quad K=\frac{1}{MPS}=\frac{1}{0.3}\approx 3.3$$

即旅游收入经过初次分配和再分配获得了3.3倍于原始收入量的经济效果。如果把80%的资金投入经济运行中，仅有10%的资金用于储蓄，10%的资金用于购买进口物资。则：

$$K=\frac{1}{1-MPC}=\frac{1}{1-0.8}=5 \quad 或 \quad K=\frac{1}{MPS+MPM}=\frac{1}{0.1+0.1}=5$$

说明把该笔资金经过初次分配和再分配，可获得5倍于原始收入量的经济效果。

五、旅游乘数类型

旅游乘数种类不一。各种旅游乘数具有内在的联系，但它们所测定的具体内容却不尽相同。因此，只有准确地分析各种旅游乘数的具体内容及彼此间的区别，才能根据实际情况客观地评价旅游业的经济影响，更好地发挥乘数理论对旅游政策制定和旅游规划操作的指导作用。否则，将各种乘数不加区别地混为一谈，必然会对实际工作产生极大的误导作用。

（一）收入乘数

旅游收入乘数是旅游消费所带来的总收入与旅游消费之比，可用来说明单位旅游消费额增量所产生的经济效应。它又分为居民收入乘数和政府收入乘数。居民收入乘数是指旅游消费所带来的单位旅游收入增加额与由此导致的旅游目的地国家或地区居民总收入增加额之间的比率关系。政府收入乘数是指旅游所带来的旅游收入增加额与旅游目的地国家或地区政府净收入总额的增加量之间的比率关系。在分析旅游业经济影响时，收入乘数被认为是灵敏度最高的“显示器”。

（二）销售乘数和产出乘数

销售乘数是指增加单位旅游消费对目的地国家或地区的直接效应和效应所导致的全部

有关企业营业收入总额的增长量。它衡量的是单个旅游消费对于经济活动水平的影响和单位旅游花费对目的地国家或地区的整个经济系统产出水平的增加。

旅游产出乘数是指每个单位旅游消费额给整个经济系统带来的产出水平的增加。20世纪70年代末，菲律宾国际旅游的产出乘数为1.8686。产出乘数和销售乘数的不同之处在于：产出乘数除了包含销售乘数引发的销售量变化外，还包括了导致的存货水平的变化。因此，企业库存的变化实际上反映了产出乘数与销售乘数之差。产出乘数可以用来表示一个特定地区旅游业的收入对整个地区经济总量增长的影响。

（三）就业乘数

就业乘数用来说明单位旅游消费所引起的全日制就业机会的数量变化。就业乘数有两种用法：一是表示单位旅游消费所导致的全部就业人数；二是表示由单位旅游消费所带来的直接就业人数与继发就业人数之和同直接就业人数之比。这两类乘数均可用来分析旅游业的经济影响。在大量劳动力剩余的发展中国家，就业乘数和收入乘数同等重要。就业乘数往往要求作出以下与实际不完全相符的假设：不考虑规模经济效应和技术的应用，即产出水平提高后资本/劳动力比率不变；每一生产部门现有劳动力都得到充分利用，增加其产品需求必须增雇劳动力；劳动力市场供大于求，从而保证剩余劳动力的供给。因此，应谨慎对待就业乘数。

（四）进口乘数

进口乘数表示的是旅游收入增加额与由此导致的进口额增加量之间的比率关系。该乘数表明一国家或地区随着旅游经济活动的发展，旅游企事业以及向旅游企事业提供产品和服务的其他相关部门向国外进口物资、设备等数额的增加量与旅游收入增量的关系。

四、旅游乘数模型介绍

为更好地分析乘数理论，预测旅游业对接待国家或地区的经济影响，使旅游消费的乘数效应最大化，经济学家基于各自的立足点，研究出各种有关旅游乘数分析的经济模型或对经济学中的已有模型加以修正。在这些模型中，以投入－产出模型、经济基础模型和“特定”模型最为常见。

（一）投入－产出模型

投入－产出模型是分析旅游业经济影响最具综合性的方法。投入－产出分析的关键是建立一个包括旅游部门在内的各个经济部门的投入－产出状况表。投入－产出状况表表明了经济系统中不同部门的活动是如何联系的以及各个部门同其他所有部门相联系的程度。就旅游部门与其他部门关联的矩阵进行计算，即可获得旅游对于整个经济影响的数值。投入－产出模型是旅游乘数分析最好用的工具，其结论对于决策者有很高的使用价值，因而在实践中早已广泛应用，如西班牙、牙买加等国的旅游业都有其国家一级的投入－产出模型。

但是投入－产出模型一般主要为工业部门所用，作为分析国民经济中产业关联的一种数量工具。该模型可有效地显示出商品和服务从一个生产者到另一个生产者、从最终生产者到最终购买者之间的流动情况，并将最终品和中间品的全部生产囊括其中。由于旅游业总体产品由住宿业、旅行社、饮食业、交通运输业、旅行用品业以及土特产业等多项产业共同提供，因而旅游业很难构成一项界限分明的标准产业，在多数国家的标准产业分类SIC中也都没有将旅游业划为单独的立项产业。我国的旅游业被归入“住宅、公用事业和居民生活服务业”一类。因此，在构筑旅游业投入－产出模型时，只能通过对有关的交通运输业、住宿业、饮食业等产业的产出情况进行调查、分析和综合，从而确定旅游业产出及其经济影响。例如，理查兹于1972年在为英国构建一个27产业部门矩阵时分析旅游业就业影响的过程中发现，英国铁路运输总就业的12.61％、食品饮料及香烟业总就业的0.48％与旅游业有某种关联。

（二）经济基础模型

经济基础模型在估算旅游乘数效应大小时，首先将旅游接待国或地区的经济系统划为两大块：为外部市场服务的企业和为本地市场服务的企业。其中，为外部市场服务的企业将其产品的服务“出口”到外部地区，因而被认为是启动地区经济发展的主要突破口，其营业额和就业量的增加能够间接推动那些为本地市场服务的企业营业收入和就业量的增加。例如，接待地区餐馆“产品”向非居民游客销量愈多，餐馆及其雇员在当地经济中用于购买产品和服务的支出也就愈多，从而引起为本地市场服务企业的营业收入、就业量、产出的增多，进而带动整个地区的经济增长。经济基础模型认为，大多数企业同时为本地市场（非基本市场）和外部市场（基本市场）销售产品和服务。如果将这些企业总就业量、产出或营业收入分成基本市场份额，那么总就业量（产出或营业收入总额）同相应的基本市场份额之比即是旅游乘数，可用其分析旅游业的直接经济影响，其前提是这些企业为本地市场服务是它为外部市场服务的直接结果。

（三）“特定”模型

阿切尔根据凯恩斯收入乘数理论，提出“特定”模型，着力说明最初旅游消费通过当地居民在本地经济系统内的各种消费支出所带来的总收入效应，从而估算出旅游消费的收入乘数。其公式表示如下：

$$K = 1 + \sum_{j}\sum_{i} Q_j \cdot V_{ji} \cdot Y_i [1/(1 - C \cdot \sum_{j} X_i Z_i Y_i)]$$

其中：K——旅游消费的收入乘数；

j——旅游者类型；

i——直接为游客服务的企业类型；

Q——每一类旅游消费者的消费比例；

V——旅游者在每一类直接为游客服务企业中心的消费比例；

Y——旅游者在每一类直接为游客服务企业单位货币支出所带来的直接和间接收入；

C——当地居民消费倾向；

X——当地居民在不同类型企业之间的消费分配；

Z——当地居民在本地用于消费的收入比例。

投入－产出模型作为综合性最强、最全面的乘数分析工具，在评价游客“购物单”的具体构成后，能有效地分析旅游业的经济影响，尤其是继发影响。它的缺点是：对资料要求过高，而资料经过四五年的老化后才能形成投入－产出表；耗资大，一般不可能专为计算旅游的乘数效应而建立投入－产出表；投入－产出模型中的线性假设与实际也可能存在差异。

经济基础模型资料收集比较容易，因而具有很强的实用性，但它将地区内的经济增长源错误地假设为单一的出口销售提高，忽视了增长的内部动力（如居民纳税负担减轻或消费方式改变所引起的对本地产品和服务需求的上升），从而过高地估计了出口销售（即游客购买）的经济影响，也没有对游客“购物单”的组合内容进行具体分析，认为不同形式外部资金的“注入”会产生相同的经济效果。实际上，同等数量的旅游消费用在餐馆、酒店产品上比用在汽车燃料上能产生更大的继发影响。

“特定”模型是所有三个模型中唯一一个专门用来研究旅游业经济影响的模型，模型构筑比较简单明朗，因而具有一定的可操作性。但是，该模型只是单一分析旅游收入乘数，不考虑或不能用于其他类型旅游乘数的分析。同时，为取得所需资料和数据，往往需要向当地居民、企业和旅游者作大量调查，为此必须支出大量的时间和高昂的费用。

五、旅游乘数理论的局限性

虽然乘数理论被广泛地用来评估旅游业对接待国家或地区的经济影响，但同时也存在以下两方面的局限性。

第一，乘数理论不以分析接待国家或地区的产业结构、经济实力为基础。实际上，不同的经济背景可能产生不同性质和不同量值的乘数。如果接待国家经济实力较强、技术先进、生产部门齐全、经济上自给的程度很高，无论从数量上还是质量上都有能满足国内企业、居民及外来旅游者对各种物质商品和服务的需要，那么便有可能使游客通过旅游消费所带来的收入尽可能多地留在国内，减少对进口商品和服务的购买。自给的程度越高，旅游乘数数值就越大，乘数效应就越强。反之，如果接待国家或地区经济落后，生产门类不全甚至单一化，不能满足人们对有关商品和服务的需要，那么该国或地区势必会在相应的经济领域过度依赖进口，因而乘数效应就必然很微弱。而且，经济规模愈小，产业关联愈弱，边际进口倾向就愈高，乘数效应也就愈不显著。

第二，乘数理论的前提条件之一是要有一定数量的闲置资源和存货可被利用，以保证需求扩张后供给能力相应增长。然而，在实际中，由于需求过度膨胀或原有供给存量所剩无几，要满足需求的增长要求，就必须从其他经济活动中借用资源（从而减少其他活动的产出）或从外部进口产品或服务。否则，乘数效应的发挥就会受阻。我国目前的情况就是如此，由于国内旅游、国际旅游市场日趋成熟和规模化，旅游消费受到刺激，从而给其他关联部门造成很大的压力。其中，交通业处于超饱和运输状态，不存在资源闲置和存货现象，因而成为制约旅游业增长的“瓶颈”，影响旅游消费乘数效应的充分发挥。要消除“瓶颈”约束，营造有利于乘数效应发挥的环境，有两种方案可供选择。一是从其他活动中抽调资源来供给这一部门的需求，如改变现有的交通运输结构、增加运客能力、压缩货运运量，这样实际上是削减了交通部门对其他行业的投入；二是进口相关物品（如购进大型客机，缓解民航压力），但是我国外汇储备一直紧张，进口引起的外汇漏出又同旅游业创汇的经济目标相冲突，与此同时，外汇漏出还会进一步削弱乘数效应。因此，无论选择哪一种方案，都会陷入顾此失彼的两难境地。由此可见，如果经济中不存在闲置资源和存货，或“瓶颈”制约比较严重，旅游乘数理论将失效。

第三节 旅游外汇漏损

一、旅游外汇漏损的含义

旅游外汇漏损是指旅游目的地国（地区）或旅游社团和企业，由于需要购入外国商品、劳务或者因为贷款等原因而导致的外汇流失现象。漏损主要包括购进本地区以外的物资和商品的费用、本地区居民或雇员出外的旅游消费、国外或外地投资者带走的利润、贷款利息、向外地的投资、外籍外地雇员部分工资、在外地的广告和促销费用、驻外办事机构开支以及储蓄储备等。

旅游外汇漏损大大削弱了乘数效应，引起了各国旅游学者和政府部门的广泛关注。漏损率较高的多是小型的发展中岛国，这主要同这些国家的经济发展程度、经济规模和资源有关。发达国家及一些制造业基础较好、资源较丰富的国家漏损率明显较低。据世界银行估计，各发展中国家及以对外贸易为国民经济支柱的一些发达国家的旅游外汇漏损率一般在 55%左右。我国的旅游漏损自 1978 年以来居高不下，主要原因是旅游业各类进口较多和外汇黑市交易情况较严重。中国旅游外汇收入黑市漏损在旅游总漏损中占据很大的比例，最高达 1/3 左右，最低占 1/5 左右。

二、旅游外汇漏损形式

旅游外汇漏损的形式主要有六种。

（一） 直接漏损

这类旅游外汇漏损主要包括以下四种。

（1）购买旅游开发建设与经营运转所需的各种进口物资的外汇支出。这些进口物资包括各种原材料、各种建筑和装饰材料、机械设备、食品饮料、高档消费品、燃料、各种办公设备、车辆及其他运输工具、陈设用品等等。

（2）为发展旅游业而向国外筹借的外债和贷款的利息及合资或独资旅游企业中外国投资者所获利润的外流。

（3）旅游业雇用外国雇员的薪金和其他外籍人员的劳务费用。

（4）政府旅游管理部门、各个旅游团体组织或旅游企业在国外进行旅游推销宣传所支付的各种费用成本。

（二） 间接漏损

这类旅游外汇漏损主要包括以下两方面。

（1）向旅游业供应各种物资和服务的各有关企业或其他机构为满足旅游业需要而从国外进口各种物品和劳动力所造成的外汇流失。

（2）使用进口物资或劳动力程度较高的各种基础设施因旅游业的发展而引起其耗用加大、进口增多而造成的外汇支出。

（三）无形漏损

无形漏损是指旅游接待地为了修复、弥补由于旅游者的大量使用而造成磨损的公共基础设施和旅游设施，或者为了清除游客过多而带来的自然环境污染，有时可能需要从国外进口某些物资或人力资源从而造成的外汇流失。

旅游者增多会使旅游接待地的道路、桥梁、机场设施、排污系统等各种公共设施的磨损加剧，引起各种人造和自然旅游资源损坏和自然环境污染。在旅游接待地为此而进行修复、弥补和清除时，有时可能也需要从国外进口某些物资或人力，从而造成外汇流失。对斯里兰卡旅游漏损情况的一项研究报告指出：1979 年因旅游业使用该国一般基础设施和各类公共设施而形成的磨损，使该国损失了约 1400 万斯里兰卡卢比，约占当年该国 11.05 亿斯里兰卡卢比旅游总收入的 2%。

（四）黑市漏损

外国旅游者在旅游目的国购买旅游产品和服务，并非全部用其所携带的外币或用通过正式渠道汇兑得到的当地货币来支付，一部分是用通过在当地外汇黑市非法套汇而得到的当地货币来支付的。这样，从旅游目的地官方的角度来看，便造成部分外汇流失。

（五）后续漏损

后续漏损亦称诱导性漏损，是指旅游从业人员个人生活消费中所涉及的外汇外流。直接和间接从旅游企业获得工资收入的各类从业人员，为自己和家人的生活需要，有时也要用工资收入购买各种进口物品，旅游接待国因为这些进口物品所支付的外汇便形成旅游外汇的后续漏损。

（六）先期漏损

先期漏损是指旅游经营商向旅游者销售某一国家的旅游产品所获得的全部收入中未进入这一旅游目的国的那部分收入。造成这种先期漏损的因素包括旅游预订方式、旅游距离、使用何国交通工具及交通工具的类别和旅游者进入旅游目的国的线路等。

三、影响旅游外汇漏损的因素

影响旅游外汇漏损额多少的因素很多，概括起来主要有以下几种。

(1) 旅游目的国的经济发展水平。衡量这一类的主要指标包括国内生产总值和人均国内生产总值水平、农副业产出和加工能力、制造业产出能力等。

(2) 旅游目的国各种资源的自给能力。衡量这一类因素的主要指标包括本国（地区）的自然资源赋存，人力资源规模、结构及素质，农业产出和加工能力，制造业产出规模、结构及技术水平，科技研发能力和水平，教育培训能力和水平，经营管理水平，等等。

(3) 旅游目的国有关法规、政策。包括有关进口物资的规定、涉及外汇收入与管理的财政金融政策、对旅游业给予资助和贷款等方面的优惠政策、建筑方面的有关规定等。

(4) 旅游目的国的人口规模。

(5) 旅游目的国的旅游业发展规模。

(6) 旅游目的国对外进行旅游促销所需开展的工作量的大小。

除了以上原因外，造成旅游收入流失的原因还有以下两方面：一方面是由于金融管理混乱所致，如一些拥有外汇的单位，未经国家金融机构批准，私下倒卖外汇，从中渔利；

另一方面，某些个体经营者收到外汇后未上缴国家金融机构，存于个人手中或私下倒卖。在经济发达国家，本国居民出境游多是外汇流失的主要原因。若一国或一地区出境旅游者的消费量大于入境旅游者的消费量，势必会造成该国家或地区旅游外汇收入的隐性流失。同理，某些地区在开展旅游经济活动中，无论是国际旅游还是国内旅游，都会由于本地区的经济、技术力量不足，在旅游再生产中将大量资金用于向其他地区购置原材料、商品、设备，或聘请外地人才协助经营等，这都会造成该地区旅游收入的外流，从而对本地区的经济发展起不到太大的乘数效应。

从长期宏观角度看，旅游漏损率的变化在曲线图中一般会出现“双峰”图形，并且与旅游目的国的社会经济和旅游业的发展程度有着密切关系。在旅游目的国的国际旅游业初创阶段，旅游漏损率一般较低，这是因为这一阶段旅游业的开发和经营规模都有限，旅游者的人数和消费水平也不高，因此旅游外汇收入和前述各种形式的漏损都处于低水平，有的漏损甚至还不会出现。随着旅游目的国的国际旅游业规模不断扩大，旅游业所需外来贷款和进口数量也会大量增加，旅游漏损率也会随之大大增加，形成第一个波峰。

在旅游业发展过程中，无论是国际旅游还是国内旅游，都会由于本地区的经济、技术力量不足，在旅游再生产中将大量资金用于在其他地区购置原材料、商品、设备，或聘请外地人才协助经营等。这些都会造成该地区旅游收入的外流，从而对本地区的经济发展起不到太大的乘数效应。但旅游业的发展会刺激一些与旅游业关系密切的其他经济部门的发展，在与旅游供给有关的资源开发上的投资额也会随之大大增加，所以在经过旅游业快速发展阶段之后，旅游目的国能够满足国际旅游业各种需求的能力会大幅度提高，从而使旅游业进口需要减少，旅游漏损率也随之下降。

四、减少旅游漏损的对策

旅游漏损会使旅游外汇收入大量流失，从而影响旅游乘数的发挥，不利于旅游目的国或地区的经济发展，因此必须采取各种措施减少旅游漏损。为了减少旅游外汇收入的流失，其根本的途径是：

(1) 不断提高本国产品的质量，对引进技术和先进设备，要组织人员攻关、研究，就地消化，在符合质量标准前提下尽快投入生产。尽量使用本国产品和设备。

(2) 积极培养旅游管理专门人才，学习现代管理方法，使用高效管理手段，树立现代市场经营观念，不断提高企业、政府、行业组织的管理水平，逐步减少外方管理人员的数量。

(3) 着力开发低漏损旅游产品，如生态旅游、自然旅游、探险旅游、游客主动参与式旅游等等。

(4) 加强旅游外汇收支的宏观控制，完善税收机制，以形成公平竞争，避免低税企业削价竞争。例如，对各种只用于满足外国游客的消费品，尤其是诸如法国葡萄酒及各种高档饮料之类的消费品征收较高的关税和其他税收，抑制这类进口物品的需求和消费。即使仍然发生这类物品的消费，也可使从中获得的旅游收入最大限度地留在旅游目的国之内。

(5) 要制定和完善经济法规和外汇管理方法，对违法经营、干扰市场环境的行为要给予必要的行政与法律制裁，以建立良好的市场秩序。

(6) 利用互联网，减少用于宣传的营销费用。

[思考与练习]

1. 何谓旅游收入的初次分配与再分配？请阐明其过程和流向。
2. 什么是旅游收入乘数效应？在实际应用中它可以进行哪几方面的分析？
3. 什么是旅游漏损？如何减少和避免旅游漏损？

第九章 旅游投资决策与评价

旅游投资是一个国家或地区旅游经济发展必不可少的前提条件，也是旅游业实现扩大再生产的物质基础。在掌握旅游市场需求与供给的基础上，要开拓旅游市场，就必须根据旅游市场竞争与发展的态势，进行旅游项目的投资与决策。本章正是从旅游项目投资分析的角度，阐述旅游投资决策的基本概念和主要内容，介绍旅游投资的可行性研究方法以及与投资决策相关的成本分析、风险分析和方案评价的原理与方法。

第一节 旅游投资分析

一、投资与旅游投资

投资一词具有双重含义：一是指特定的经济活动，即为了将来获得收益或避免风险而进行的资金投放活动。投资活动按对象分类，可分为产业投资和证券投资两大类。产业投资是指经营某项事物或使真实资产存量增加的投资。证券投资是指投资者用积累起来的货币购买股票、债券等有价证券，借以获得效益的行为。在这里我们研究的是旅游产业投资。那什么是旅游投资呢？旅游投资是指在一定时期内，根据旅游业或旅游企业发展的需要，为获得收益而投放到某一旅游项目上的一定数量的资金。旅游业是为旅游者提供旅游产品的行业，这些产品包括食、住、行、游、购、娱六大内容，每一个方面都要投入必要的资金，而对旅游投资来说，着重研究的是固定资产投资。固定资产投资与流动资产投资相比有着不同的特点：第一，固定资产投资的结果形成的是旅游基础设施和配套设施，它决定了未来旅游活动的地点、规模和特色，并且决定了相应流动资产投资的数量和结构；第二，固定资产投资回收期长，并且由其所决定的未来旅游活动的地点、规模、特色，还相应影响着流动资产的周转速度，影响着全部资产投资风险的大小。由此可见，旅游投资决策的关键在于如何进行固定资产投资决策。

旅游投资是一个国家或地区旅游经济发展必不可少的前提条件，也是旅游发展必不可少的物质基础。因此，旅游投资在国民经济发展中具有重要作用。

二、旅游投资的重要性

（一）是国民经济的组成部分

固定资产是国民经济的财富，是构成国家国民财富的主要组成部分，是社会再生产的物质技术基础，为工业、农业、交通运输业、建筑业、商业等物质生产部门实现再生产提供劳动资料，是人民物质文化生活的物质条件，为人民的居住、文化、教育、卫生和科学研究提供必不可少的设施。

（二）对国民经济有较强的推动力

社会发展的各个时期，没有一定量的投入，经济是难以启动和发展的。投资的重要作用还表现在它的乘数效应，一定量的投资可以引起数倍于它的国民收入、国民总收入的增长。增加适度的投资数量和提高投资的效率，是促使国民经济增长的首要推动力。此外，旅游业在国民经济中有很高的产业关联度，即旅游业的发展会大幅度拉动或带动相关产业的发展，投资对国民经济的作用在旅游业显得很敏感，这也是我国许多地区关注旅游投资的原因之一。

（三）改善人民物质文化生活水平

旅游投资是一种非生产性投资，转化形成非生产性固定资产，是直接为满足人民的物质文化生活需要服务的。它对现代化精神文明建设和物质文明建设发挥着重要作用。

（四）解决劳动者就业问题

我国人口众多，就业问题是一个重大的社会问题。投资的实施要由建筑业承担建设任务。现阶段建筑业手工操作仍占较大的比重，是劳动密集型的行业。投资推动建设工程兴建，需要有计划、有步骤地发展建筑业，吸收为数众多的劳动用工，这就为促进劳动就业问题广泛开辟了场所。同时，当旅游投资项目竣工投产交付使用之后，旅游业也是典型的劳动密集型企业，也可为劳动就业提供机会。

三、旅游投资的分类

为了进一步了解各种投资的特点，加强投资管理，提高投资效益，还必须分清旅游投资的性质，对旅游投资进行科学的分类。旅游投资有以下几种类型。

（一）实体投资与金融投资

按投资对象的存在形态，可将投资分为实体投资与金融投资。所谓实体投资，是指企业购买实质形态的资产的投资。在这里实质形态的资产不仅包括具有物质形态的资产，而且包括各种无形资产。因为无形资产尽管没有实质形态，但企业投资无形资产是为了直接从事生产经营活动或劳动活动，谋求投资收益，不具备实物形态。金融资产的直接表现形式是金融工具，它是资金缺乏部门向资金盈余部门融通资金时，或者发行者向投资者筹措资金时，依一定格式形成的书面文件。金融工具的种类繁多，如商业银行活存款、大额定期存款单、公司债券、股票、保险单以及期货和约等等。

实体投资与金融投资的比较：在投资收益上，实体投资一般只能获得投资利润，而金融投资不仅可以获得投资利润，还可以获得资本利润，即金融工具的卖价与买价之差。在投资的风险上，实体投资一般只遇到所生产的产品或提供的劳务在市场上不能实现的风险，还会遇到金融市场的风险。通常影响金融市场的因素不仅多而且比较频繁，金融工具的价格对这些变动反映也十分敏感，所以，金融市场风险比之实物商品风险要大得多。总之，实体投资风险相对较小，投资收益也相对较低；金融投资风险相对较大，投资收益也相对较高。因而企业在进行投资时，必须以此为基础，进行合理搭配。

此外，在投资分类中，也可按其与企业的生产关系，把投资分为直接投资和间接投资两类。直接投资是把资金投放于经营（或服务）性资产，以便获取利润的投资；间接投资是把资金投放于证券等金融资产，以便取得投资利润和资本利润的投资。这种分类与实体投资和金融投资内涵一致，只是角度不同。

（二）长期投资与短期投资

按投资回收时间长短，可以划分为长期投资和短期投资。长期投资是指 1 年以上才能收回的投资，主要指对厂房、机器设备等固定资产的投资，也包括对无形资产和长期有价证券的投资；短期投资是指能够并且也准备在 1 年内收回的投资，主要指对现金、应收账款、存货、短期有价证券等流动资产的投资。长期有价证券如能随时变现便可用于短期投资。一般而言，长期投资风险大于短期投资风险，与此相应，长期投资收益通常高于短期投资收益。

（三）对内投资和对外投资

按投资投出的方向，可分为对内投资和对外投资。对内投资是把资金投在企业内部，购置各种生产经营用品的资产投资；对外投资是指企业以现金、实物资产、无形资产等方式或者以购买股票、债券等有价证券方式向其他单位投资。企业金融投资一定是对外投资，从理论上讲，对外投资的收益要高于对内投资的收益，否则企业无须作出对外投资的决策。

（四）初创投资与后续投资

按投资在再生产过程中的作用，可分为初创投资和后续投资。初创投资是在建立新企业时所进行的各种投资，其特点是投入的资金通过建设形成企业的原始资产，为企业的生产经营（或服务）创造必备的条件。后续投资则是指为巩固和发展企业再生产所进行的各种投资。包括为维持企业面临再生产所进行的更新性投资、为实现扩大再生产所进行的追加性投资、为调整生产经营方向所进行的转移性投资等。从理论上讲，企业的后续投资至少要维持以前投资的收益水平。按照风险收益对等的原理，后续投资的风险相对较高。其原因在于，如果后续投资是原投资方向的继续，那么由于在单一项目上投资在不断增加，风险也就较大；如果后续投资的方向与原投资方向不同，那么由于新的投资领域，收益的不可知性较大，风险也就较大。

（五）独立投资、互斥投资和互补投资

按投资项目关系，可以分为独立投资、互斥投资和互补投资。独立投资也称非相关性投资，是可以不管任何其他投资是否得到采纳和实施，都不显著地受到影响的投资；互斥投资也称互不相容性投资，是采纳或放弃某一投资，并会显著地影响其他投资的投资；互补投资是指可同时进行、相互配套的投资，如港口和码头、油田和油管投资。

就这三种投资类型的收益来说，独立投资的风险收益是独立的、自身的；互斥投资的风险收益虽然是独立的、自身的，但还取决于投资项目的正确选择；互补投资的风险收益与各配套项目间能否有效补充相联系。

（六）先决投资和后决投资

按投资时间顺序可以分为先决投资和后决投资。先决投资是指只有先进行该项目投资之后，才能使其后或同时进行的一起或多起投资得以实现其收益的投资；后决投资是指只有在别的相关投资实施后，本投资才能得以实现其收益的投资。一般来说，先决投资的风险收益主要由其自身的风险收益决定，而后决投资的风险收益不仅仅取决于自身的风险收益，还取决于先决投资的风险收益。

四、旅游投资的特点

投资作为社会经济活动的重要领域，是国民经济的重要组成部分，具有和一般物质生产、流通领域诸多不同的特点。深刻认识这些特点，对于研究和掌握投资活动的规律具有重要意义。

（一）投资领域的广阔、复杂性

投资是覆盖全社会的重要事业。投资领域涉及面广、综合行强，这是与投资在国民经济中的地位、作用的特殊性密切相关的。国民经济各部门必须以固定资产作为自身活动的物质条件和基础，旅游业也是如此。一切能发挥综合生产能力和工程效应的固定资产，都必须通过投资建设才能形成。国民经济各个部门在各个不同时期为求得自身的生存和发展，必须有计划有步骤地进行投资。投资在国民经济的这种作用，使其存在与各个部门存在有内在的密切联系。与此同时，投资活动的进行和投资事业的完成，也离不开国民经济各个部门的支持，需要各个部门发展生产、积累资金、提供投资品、培训劳动力以及提供生活资料，否则投资活动将成为无源之水、无土之木。

旅游投资活动必然涉及计划、财政、金融以及建设用地、劳动力和物资等资源的分配、供应和占有。投资计划是国民经济计划的重要组成部分，投资支出占财政支出和信贷总额的相当大的比重，投资建设需要的投资品在国家计划调节和市场调节的物资总量中分别所占的比重也很大。投资规模是否适当，结构、布局是否合理，直接关系到国民经济的主要比例关系和平衡关系，如社会总需求和总供给的关系、两大部类的比例、积累和消费的比例、地区经济发展的比例，以及财政收支平衡、信贷平衡、物资平衡和外汇平衡等。这些都是投资活动的重要宏观经济问题。

从微观经济投资活动考察，旅游投资领域内部的经济关系也颇为复杂，与物质生产部门的一般生产活动相比，也有其特殊性。物质生产部门和企业运用生产要素，直接从事生产，资金支出和销售收入在同一生产过程完成，并获取收益。而作为投资主体的投资者，并不直接从事建造活动，无须拥有生产基金和配备建设队伍；在投资实施过程中，一般只有投入没有收益，投资回收要到资产形成并投入使用后才能逐渐实现。投资者进行投资，作为一种经济活动，其活动内容主要集中在：投资的计划与决策，投资资金的筹集与运用，投资项目的工程招标和委托，征地拆迁和投资品的申拨、购置或组织供应，投资全过程的组织监督和管理，等等。为此，投资者的投资活动既涉及与投资公司、勘察设计单位、综合开发单位、施工单位、管理机构和咨询机构的密切联系，又涉及银行与非银行金融机构、地产管理部门以及物资供应单位等经济组织的错综复杂的经济关系。

旅游投资领域经济关系的上述特点，使投资的宏观调控与微观管理更具复杂性。在社会主义商品经济条件下，正确处理投资领域错综复杂的经济关系，建立合理的投资管理体制和运行机制，制定切实可行的投资政策，做到宏观管好，微观搞活，是十分重要的。

（二）投资周期的长期性

生产领域的工业等部门，其产品体积一般都较小，生产活动中总是一边投入和消耗资金，一边推进生产过程，每小时、每天、每月或每季都能完成产品。旅游投资则不是这样。旅游投资活动直接投资用于形成固定资产，投资项目的造型庞大，地点固定，又具有不可分割性，这些决定了投资周期很长。在投资实施和资产形成时期，大量的一次性费用长时间内退出国民经济的流通，并且在这一较长阶段不能创造出任何有用成果，要到整个建设周期完结，才能形成资产产品。

就微观经济投资活动而言，一个旅游项目的投资周期主要由投资决策期、投资建设期和投资回收期三个阶段构成。通常，投资决策期应予合理保证，以便对投资进行充分审慎的研究论证，避免仓促拍板上马；投资建设期要力争缩短，以加快建设速度；投资回收期则要快，以尽快收回投资，从而实现投资的良性循环。过去我国的投资实践，在整个投资周期中，决策期一般都很仓促，而建设期和回收期却拖得很长，这种现象是很不正常的，必须加以克服纠正。

（三）投资实施的连续性和波动性

旅游投资的实施，客观上是一个不间断的过程。从事直接投资，在决策立项之后，投资项目一旦被批准动工建设，就必须不断投入资金和其他资源，以保证连续施工和均衡施工的需要。投资实施的连续性遭到破坏和中断，不仅不能按期形成新增固定资产，为社会增加产品和积累，而且已投入的大量资金占用和呆滞于未完成工程，不能周转，扩大了投资支出，失去了时间价值。对于已建造起来的半截工程和已到货的设备，如果保养维护不妥，会造成严重的损失和浪费。

在旅游投资活动中还表现出投资的内在波动性，投资支出具有高峰期的特点。通常在一个投资项目的一个投资周期中，实施期的投资支出要比决策期多，建筑施工阶段的投资要比建设准备阶段大，到了建筑施工中期，设备大多到货，投资达到最高峰。这一特点要求规划好项目进度和投资分布，在安排宏观、微观投资计划时，要正确处理好在建投资规模和投资总规模的关系，协调好投资续建项目、新开工项目和竣工项目之间的比例，特别是在安排项目尤其是大中投资项目时，应力求做到均衡实现投资实施，错开投资高峰期。在一定年度里，新开工的项目，主要是大中型投资项目不宜过多，否则到了一定年度，过多的项目同时处于高峰，资金和投资品如果都满足不了需求，那时无论是对投资项目“撒胡椒面”，平均缺额分配资源，或是实行清理整顿，停缓一批在建项目，都会导致投资连续性的破坏与中断，拉长宏观、微观投资周期，损害投资事业。

（四）投资收益的不确定性

经济活动中预期能获取经济效益是普遍的要求。旅游投资一般都是在预测的期望值高于银行信用利率的基础上作出决策的。但是，实施投资的结果，是不是就一定能带来预期的收益？很难断然肯定。不能保值、增值，甚至发生亏损而不能收回投资的风险是存在的。旅游投资收益的不确定性与投资活动涉及面广、影响因素多、投资周期长密切相关。具体分析起来，形成旅游投资不确定性大的特点的原因有：

（1）旅游投资预测和决策是立足于对已知数据和信息作出判断的，而未来的情况则是多变的，投资周期长更使得这种变化与人们主观上的预测会有更大的差距。

（2）管理因素对效益的形成影响很大。投资者即使拥有稳定的投资来源和足够的投资品，也未必能保证一定能够实现期望值，因为在周期很长的投资过程中，投资管理是否得力，将在很大程度上决定着投资的收益。

（3）预测和决策本身也难免会有技术上的偏差和误差，这也是造成投资收益不确定的一个方面。

旅游投资收益不确定的特点促使投资者科学预测，慎重决策，强化管理，避免和减少投资失误，争取更大的效益。同时，还要因势利导，建立和健全投资责任制。

第二节 旅游投资决策

一、决策与旅游投资决策

（一）决策的类型

决策是指从多个为达到同一目标而可以相互替代的行动方案中选择最优方案的过程。决策贯穿于人类社会经济活动的各个方面，大至国家大政方针的决策，小至个人生活、工作的决策，尤其是经济部门和企业，在经济活动中更是面临大量的决策问题。因此，旅游业也不例外，没有旅游投资决策，就没有旅游项目的建设和旅游业的可持续发展。通常，决策有各种各样的分类，一般可分三种类型，即确定型、非确定型和风险型。

1. 确定型决策

这是指决策的条件和因素均处于确定情况下的决策。例如，旅游企业有一笔资金，可以用来购买利率为14%的五年期的国库券，也可以用来购买某公司利率为11%的三年期的企业债券，这两种利率都是确定的，旅游企业购买它们均不存在任何风险。但是二者利率不同，还本付息期也不同。因而旅游企业必须根据自己的目标，从中选择最优的方案，这就是确定型决策。

2. 风险型决策

也叫统计型决策或随机型决策。它需具备以下几个决策要素：一是决策者试图达到一个明确的决策目标；二是决策者具有可供选择的两个以上的可行方案；三是有两个以上不确定的决策条件及影响因素；四是不同方案在不同条件及因素作用下的损益值可以计算出来；五是决策者可以对各种条件及因素作用的概率进行估计。在上述要素构成下的决策，就称为风险型决策，这类决策一旦失误，会给企业和投资者带来损失。

3. 非确定型决策

这种决策是指决策的条件和因素处于完全不确定情况下的决策。由于决策条件和因素既不确定也不能估计，因此只能在作出方案相对比较后，再进行决策。其具体有乐观决策法、悲观决策法、折中决策法等多种方法。

（二）旅游投资决策

旅游投资决策是为达到一定的旅游投资目标，而对有关投资项目在资金投入上的多个方案比较中，选择和确定一个最优方案的过程。从投资的目的看，可把旅游投资决策方案分为以下三种类型。

1. 为获取经济和财务收益的旅游投资决策方案

如对饭店、餐馆的投资建设，主要的目的就是为了获取超过投资成本的利润，并且使利润最大化。这类投资多属于企业性投资决策。

2. 为获取包括经济效益和社会综合效益的旅游投资决策方案

如兴建秦兵马俑博物馆、改善和提高漓江水质、整治滇池等。主要目的是为了发展当地名牌旅游产品，使经济效益、社会效益、环境效益等都得到改善和提高。这类投资多属于地方和国家投资决策。

3. 为获取特定的经济或非经济效果的旅游投资决策方案

前者如开设免税商场和旅游购物中心以赚取外汇；后者如建设旅游院校或培训设施，以培养和训练旅游业发展中所需要的各类人才。这类投资也属于地方和国家投资决策。

在旅游企业投资决策中，根据企业发展的需要，其投资决策方向又具体分为以下几种不同情况：一是扩大经营规模，即不断扩大现有旅游企业的生产经营规模，如增建客房、餐厅、娱乐设施等，以提高经济效益；二是更新改造，主要是指对饭店的客房、餐厅进行重新装修、装饰，对饭店的电脑预订系统进行更新等，以提高设施设备的档次，从而提高综合服务质量；三是不断开发旅游新产品，来满足旅游者多样化的需求，如建设旅游景区、景点，新建饭店、餐厅、娱乐设施等，或对传统产品进行挖掘改造，使它成为优质产品；四是如何购买国家发行的国库券或其他企业发行的债券而进行的证券投资等。

二、旅游投资决策中的基本概念

投资决策对旅游部门和企业来说是十分重要的，因为它关系到旅游部门和企业未来的发展方向、发展速度和获利的可能性。所以为了保证投资决策的正确性，必须对有关投资决策的数据进行收集，为投资方案的比较和选择提供定量的依据。涉及旅游投资决策数据的一些基本概念及其计算方法主要有以下几种。

（一）净现金投入量

为了评估投资方案，首先要估计投资费用大小。净现金投入量是指因决策引起的投资的增加量，包括建筑物和附属设施费用、家具与设备费用、经营设备费用、技术服务费用、开业前费用、流动资金等。

（二）净现金效益量

旅游部门或企业在进行投资时，总期望它将来在若干年内每年能获得一定的效益。在投资决策中，这种效益是用净现金效益量来衡量的。净现金效益量是指旅游企业在经营中因投资决策而引起的现金效益的增加量。净现金效益量的计算公式可表示如下：

$$NCB=\Delta S-\Delta C$$

$$NCB=\Delta P'+\Delta D$$

$$NCB=\Delta P(1-t)+\Delta D$$

其中：NCB——净现金效益量；

ΔS——销售收入的增加量；

ΔC——经营费用的增加量（不包括折旧）；

ΔP——利润的增加量；

ΔD——折旧的增加量；

$\Delta P'$——税后利润的增加量；

t——税率。

（三）机会成本

机会成本又称为择一成本，它是指在同时具有多个投资方案，将资金投入到其中一个方案而放弃其他方案时可能丧失的收益。例如，某旅游企业有一笔资金，它既可投资于餐厅的扩建，也可投资于商场的扩建。如果不去投资商场的扩建而用于投资餐厅建设，那么投资于餐厅扩建的机会成本就是指放弃投资于商场扩建可能获得的利润。因此，机会成本为投资决策提供了方案比较的重要依据。

（四）资金时间价值

资金时间价值，是指一定量的资金未投入生产流通而存入银行，经过一段时间后所带来的利息收入。在进行投资决策时，必须考虑资金的时间价值，才能作出正确的投资决策。对资金时间价值计算的方法，主要有以下几种。

1. 单利计算法

这种方法是指只按本金计算利息，每期利息并不在下期加入本金中增算利息，其计算公式如下：

$$I=P\cdot i\cdot n$$

$$S=P+I=P\cdot(1+i\cdot n)$$

其中：S——终值，即本利和；

P——现值，即本金；

I——利息；

i——利率；

n——计息期数。

2. 复利计算法

这是一种将每期利息并入下期本金中增算利息，逐期滚算、利上加利的计算方法。复利计算法可以分为复利终值的计算和复利现值的计算。

(1) 复利终值的计算。是本金以每年一定的利率来计算若干年后的本利和。计算公式为：

$$S=P\cdot(1+i)^n$$

通常表示为（S/P，i，n）。

其中：S——终值，即本利和；

P——现值，即本金；

i——利率；

n——计息期数。

此式是指复利次数为一期一次，若一期不止复利一次，而是复利 m 次，则复利终值计算公式为：

$$S=P\cdot(1+i)^{m+n}$$

其中：S——终值，即本利和；

P——现值，即本金；

i——利率；

n——计息期数；

m——复利次数。

（2）复利现值的计算。与复利终值的计算正好相反，它是预期若干年后每年按一定利率计算所得的终值，折算成现在的本金应是多少。计算公式如下：

$$P=\frac{S}{(1+i)^{n}}=S\cdot(1+i)^{-n}$$

通常表示为（P/S，i，n）。

其中：S——终值，即本利和；

P——现值，即本金；

i——利率；

n——计息期数。

3. 年金计算法

年金是指在一个特定的时期内，每隔一段相同的时间，收入或支出相等金额的款项。年金按收支的时间不同可分为普通年金、预付年金、递延年金、永续年金等，下面给出普通年金的计算方法。

（1）普通年金终值的计算。年金终值是一定时期内每期期末收付款项的复利终值之和，恰似零存整取的本利和。其计算公式如下：

$$S=A\cdot\frac{(1+i)^{n}-1}{i}$$

其中：S——年金终值；

A——每期的年金；

i——利率；

n——年金的计息期数。

（2）普通年金现值的计算。年金现值与年金终值的计算正好相反，它是每期等额款项收付的复利现值之和。其计算公式如下：

$$P=A\cdot\frac{1-\ (1+i)^{-n}}{i}$$

通常表示为（P/A，i，n）。

其中：P——年金现值；

A——每期的年金；

i——利率；

n——年金的计息期数。

（五）贴现率

在旅游投资决策分析中，还有一个重要的数据，就是贴现率。所谓贴现率，就是在投资决策分析中，把未来值折算为现值的系数，如复利现值计算 $P=\frac{S}{(1+i)^{n}}=S\cdot(1+i)^{-n}$ 中的 $(1+i)^{-n}$，年金现值 $P=A\cdot\frac{1-(1+i)^{-n}}{i}$ 中的 $\frac{1-(1+i)^{-n}}{i}$。如贴现率定得高，现值就小；贴现率定得低，现值就大。所以，合理确定贴现率也是正确评价投资项目的关键。

三、旅游投资项目优先顺序的确定

在旅游投资决策中，投资的目的是为了获得包括经济效益在内的综合效益，或获取特种的经济或非经济的效果。在旅游建设项目中，获取经济的或非经济的效果主要有如下几个方面：第一，能获取更多的外汇收入；第二，提供更多的就业机会；第三，更好地调整国家或地区内经济发展的不平衡性；第四，更好地继承和发挥社会文化方面的作用；第五，更好地保护和改善环境。

在对各种旅游投资项目进行顺序排列时，一方面要注意排列必须符合国家或地方政府旅游政策所强调实现的目标，即属于政府要重点实现的主要目标的旅游建设项目应排在首位，并以此类推；另一方面在确定优先顺序时，应尽可能作好可行性研究，用数量指标来表示投资项目在实现某一特定目标的程度。通常，对投资项目进行优先排序时，使用的数量指标主要有以下几种。

（一）外汇收入指标

某项旅游项目建成后的外汇收入能力，反映一定时期内所赚取的外汇净额与同期产生这一净额所需国内资金之间的关系。在国外，一定时期是指该项目投入建设期加上建成后5年的时间，而不是可行性研究要求的20年。

（二）提供就业指标

一项旅游投资项目提供直接就业的能力可根据该项目招用的有关人次数与向该项目职工所付的工资总额来测量。

（三）社会文化影响指标

同上述指标不同，确定一项旅游投资项目对社会文化的作用难以用数量表示，它只能依靠主观判断。为了最大限度地减少主观判断的偏差，需组织专门的专家小组，对旅游投资项目可能给社会文化带来影响的各个方面进行评价，并对起积极作用的用正数表示，起消极作用的用负数表示。通常，旅游项目对社会文化的影响有：对恢复、保护和合理利用名胜古迹的影响；对传统艺术和文化遗产的作用；对人们思想与职业道德的影响；对当地居民消费方式的影响；对传统社会结构与家庭的影响；对国内旅游的促进作用等。

（四）综合效益指标

对获取综合效益的旅游投资项目优先顺序的排列，首先，应分别列出各投资项目产生综合效益的各个领域，并分别计算各领域的数值；其次，根据国家或地方政府旅游政策所强调的重点对各个领域的数值进行加权，以确定各领域的相对重要性；最后，计算在同一离散范围内每一领域加权数值同基点（这里为平均数）的偏差，并以此为基础来比较各个方案的优劣。

第三节 项目可行性研究

一、可行性研究的必要性

项目可行性研究是指在技术上是否可行，开发上是否可能，经济上是否合理。可行性研究是在投资项目建设之前，由开发者、投资者、经营者委托可行性研究单位或人员，对投资项目是否可行所进行的一系列分析性研究，其包括投资可行性项目技术上是否可行，开发上是否可能，经济上是否优化等内容。研究人员应本着客观、全面的态度，对各种相应资料进行搜集、处理和分析，判断该项目能否取得预期的经济效益。因此，可行性研究就是对拟定的投资项目在未来能否带来经营上和经济上的利益而对市场和经济前景进行的研究，以确定投资项目在技术上、开发上和经济上的可行性。

（一）可行性研究是旅游项目投资必不可少的工作

旅游投资项目建设包括三个主要的阶段，即投资前阶段、投资建设过程阶段和生产经营过程阶段。可行性研究属于项目建设投资前阶段的主要工作内容。为了保证旅游投资项目的有效实施，达到投资的基本目标，并且在生产经营过程中实现投资利润的最大化，就必须对市场，包括竞争者市场，进行研究分析；对投资项目的选址和区域特点进行分析，对生产经营过程的原材料、燃料、动力、设备、劳动力等资源的来源渠道和价格等进行分析；对旅游建设项目总成本进行估算；对生产经营成本与收益进行分析。以确定旅游建设项目在技术上是否可行，开发上是否可能，经济上是否合理，从而为投资开发者提供决策的依据。

（二）可行性研究是评估旅游项目的重要依据

可行性研究是旅游项目建设中一项重要的前期工作，是旅游投资项目得以顺利进行的基础和必要环节。可行性研究的主要目的就是判断拟建的旅游投资项目能否使产权投资者获得预期的投资收益。要达到或完成这一目的，就必须用科学的研究方法，经过多方分析并提供可行性研究报告，作为向该项目上级主管部门或者投资者提供对该项目进行审查、评估和决策的依据。

（三）可行性研究为筹集资金提供重要的参考依据

旅游投资项目多属于资金密集型项目，往往需要注入大量的资金。对于旅游项目开发单位而言，除自筹资金和国家少量预算内资金外，大部分需要向金融市场融资，其中主要渠道是向银行贷款。作为商业银行，为保证或提高贷款质量，确保资金按期收回，要实行贷前调查，并对旅游投资项目的可行性进行审查。因此，可行性研究报告可为银行或资金借贷机构贷款决策提供参考依据。

二、可行性研究的基本原则

可行性研究是对拟建的旅游投资项目提出建议，并论证其技术上、开发上和经济上是否可行的重要基础工作。在对旅游项目进行可行性分析论证时，必须坚持以下几项基本原则。

（一）根据项目的具体要求进行研究

由于各个旅游投资项目的背景情况千差万别，因此可行性研究并没有千篇一律的模式。在实际工作过程中，研究人员对市场需求、项目规模、设计要求的确定，以及编制财务计划所使用的方法，都应根据项目的具体要求而定。

（二）提供充分论据供决策者参考

可行性研究是供投资者、开发者、经营者和相关部门决策时的重要参考依据，因而报告中证据必须充分，论证过程必须全面，并明确提出研究的结论和建议，为决策者进行正确合理的投资方案选择提供依据。

（三）正确使用定量和定性分析相结合的方法

在可行性研究中，应把定量分析和定性分析的方法相互结合，通过精确可靠的数据尽可能客观地得出定性结论，使可行性研究更富科学性、准确性和可操作性。

（四）实事求是地预测项目效益

如果研究人员经过研究认为某一旅游投资项目无法取得预期的效益和目标，就应本着实事求是的态度，毫不迟疑地向投资者报告，而不应该牵强附会地作出一个并不可行的可行性报告，从而导致旅游投资项目实施后带来巨大损失。

三、可行性研究的内容

可行性研究的规范性内容主要有以下几方面。

（一）进行市场需求调查

需求是企业经营活动的起点。在对旅游投资项目进行可行性分析时，首先要进行市场需求调查，预测国内外旅游消费者对其产品或服务的需求量。然后，以此调查为基础，预测项目投入后未来发展的前景，从而确定旅游建设项目的规模和产品，以及应采用何种服务方式等。

（二）市场区域特点和选址方案

旅游投资项目可行性研究离不开对本地区或邻近地区市场区域特点和经济情况的分析。要对项目的地理位置、地形、地质、水文条件、交通运输和供水、供电、供气、供热等市政公用设施条件，以及当地或邻近地区的社会经济状况进行分析，以确定旅游投资项目建设的可行性。

（三）项目工程方案研究

主要研究旅游投资项目建设的工期安排、进展速度、建设内容、建设标准和要求、建设目标及主要设施布局、主要设备的选型及所能达到的技术经济指标等，以确定旅游投资项目所提供的旅游产品或服务的规格和要求。

（四）原材料、燃料、动力供应

主要研究旅游投资项目建成后原材料、动力、燃料等供应渠道、价格变动、使用情况和维修条件等，以保证项目建成后的正常运转，确保旅游产品和服务的提供。

（五）劳动力的需求和供应

主要研究旅游投资项目建设时和完成后的劳动力使用、来源、培训补充计划以及人员组织结构等方案，以确保投资项目建成后人力资源的充分利用和正常运行。

（六）投资额及资金筹措

主要研究为保证旅游投资项目顺利完成所必需的投资总额数目、外汇数额、投资结构、固定资产和流动资金的需要量、资金来源结构、资金筹措方式及资金成本等，从资金上保证旅游投资项目建设的顺利进行。

（七）效益评价

从社会效益、环境效益和经济效益三方面研究旅游投资项目建成后对周围环境和社区所带来的影响和作用，对其可能产生的不良影响要作出预测性分析，并采取相应措施，尽力减少和避免其不利影响，确保旅游投资项目在获得较佳经济效益的同时也能带来较好的社会效益和环境效益。

四、可行性研究的种类

从旅游投资项目的实际出发，可行性研究又可分为投资机会研究、初步可行性研究和最终可行性研究。

（一）投资机会研究

投资机会研究，是指在一个确定的地区或部门内，在利用现有资源的基础上所进行的寻找最有利的投资机会的研究。其主要目的是为旅游投资项目提出建议。旅游项目建议书就是在投资机会研究的基础上形成的。投资机会研究比较粗略，主要是对旅游效益项目的可行性进行一些估计，并非进行详细的计算。但是，这种研究是必要的，因为每个项目都需要确定是否有必要进一步获取建设的详细资料。国外投资机会的研究对总投资估算的精确度一般要求在正负30%之间。

（二）初步可行性研究

初步可行性研究是在投资机会研究的基础上，对拟议的旅游投资项目的可行性所进行的进一步研究。它主要是针对那些比较复杂的建设项目而进行的，因为这类项目仅凭投资机会研究还不能决定其取舍，必须进一步进行可行性分析。初步可行性研究要解决的主要问题是：进一步论证投资机会是否有可能；深入研究拟议的旅游投资项目建设可行性中某些关键性问题，如市场分析、中间工厂实验等；详细分析是否有必要开展最终可行性研究。初步可行性研究在国外旅游投资项目中对投资估算的精确度一般在正负20%之间。

（三）最终可行性研究

最终可行性研究即在上级主管部门批准立项后对旅游投资项目所进行的技术经济论证。它需要进行多种方案的比较。投资项目越大，其内容就越复杂。最终可行性研究是确定旅游投资项目是否可行的最终依据，也是向有关管理部门和银行提供进一步审查和资金借贷的依据。国外旅游投资项目最终可行性研究的精确度一般在正负10%之间。

总之，在旅游投资项目建设中，常常涉及开发者、经营者、资产借贷者、资产投资者和政府机构等，每一方面从各自的利益出发，都要对拟建的工程进行可行性研究。所以可行性研究往往又可分为投资前研究、经营研究、资金研究、资产投资研究和政府机构研究等内容。投资前研究是由开发者进行的，主要研究项目开发或建设的投入和开支是否合算。项目开支包括设计费、土地征购费和主体投资三大部分。经营研究是由经营部门进行的，主要是估计该旅游投资项目工程完工后的市场销售情况和预测未来经营中可能带来的经济效益。资金研究是由资金借贷者进行的，主要是研究该项工程建设所需要的投资资金的数量及资金的分配。资产投资研究是由资产投资者进行的，主要是预测该项工程建成后在资产投资收入和资产现金流动的基础上，研究投资利润与税收上的好处（如减免税等）。政府机构研究是由政府有关部门进行的，主要是评价该项旅游投资项目建设后对财政、经济、社会、环境及对周围地区的影响。

第四节　旅游投资风险分析

一、投资风险意义

投资风险是指一项旅游投资所取得的结果和原期望结果的差异性。对大多数投资活动来说，都存在一个风险问题，只是风险程度不同而已。如果一个投资方案只有一个确定的结果，就称这种投资为确定性投资。例如，旅游企业投资购买政府国库券 100 万元，年利 10%，每年可得利息收入 10 万元，这种比较可靠的投资就属于确定性投资。确定性投资一般没有什么风险。旅游企业投资决策所涉及的问题都具有长期性，这些关系到未来旅游产品的需求、价格和成本等因素都具有不确定性质，某些因素的变化往往会直接引起投资效果的变化，甚至某些在投资决策时认为可行的方案在投入实施以后会由于某些因素的变化而变成不可行的。所以任何一项投资决策都会出现风险，因而要对风险作出正确的评判，并力求使这种风险减小到最低限度。

二、投资风险的衡量

衡量投资风险的大小，可以用风险率指标。风险率就是指标准离差率与风险价值系数的乘积。标准离差率是标准离差与期望利润之间的比率；风险价值系数一般由投资者主观决定。风险率计算出来后和银行贷款率相加，所得之和如果小于投资利润率，那么方案是可行的，否则是不可行的。例如，某企业有两个投资方案可供选择，两个方案都需投资 150 万元，其可能实现的年利润额及其概率情况如表 9 - 1 所示。

表 9 - 1　某企业甲乙投资方案可能实现的年利润额及其概率情况比较

市场情况	甲方案		乙方案	
	利润（万元）	概率	利润（万元）	概率
好	45	0.3	50	0.3
一般	35	0.5	35	0.5
较差	25	0.2	0	0.2

(一)期望利润的计算

期望利润指投资方案最可能实现的利润值。它是各个随机变量以其各自的概率进行加权平均所得到的平均数,其计算公式如下:

$$E=\sum_{1}^{n}X_iP_i$$

其中:E——期望利润;

X_i——第 i 种结果的利润;

P_i——第 i 种结果发生的概率。

由此可得:

$E_{甲}=45\times0.3+35\times0.5+25\times0.2=31.5$(万元)

$E_{乙}=50\times0.3+35\times0.5+0\times0.2=32.5$(万元)

(二)标准差与标准离差率的计算

标准差是各种可能实现的利润与期望利润之间离差的平方根。其计算公式如下:

$$\sigma=\sqrt{\sum_{i-1}^{n}(X_i-E)^2\cdot P_i}$$

其中:σ—标准差;

X_i——第 i 种结果的利润;

P_i——第 i 种结果发生的概率;

E——期望利润。

由此可得:

$\sigma_{甲}=\sqrt{(45-31.5)^2\times0.3+(35-31.5)^2\times0.5+(25-31.5)^2\times0.2}=8.32$(万元)

$\sigma_{乙}=\sqrt{(50-32.5)^2\times0.3+(35-32.5)^2\times0.5+(0-32.5)^2\times0.2}=17.5$(万元)

由于 $\sigma_{甲}<\sigma_{乙}$,说明甲方案的风险小于乙方案。

标准离差率是标准差与期望利润之间的比率,计算公式为:

$$\sigma'=\frac{\sigma}{E}\times100\%$$

其中:σ'——标准离差率;

σ——标准差;

E——期望利润。

由此可得:

$\sigma'_{甲}=\frac{\sigma'_{甲}}{E_{甲}}\times100\%=\frac{8.32}{31.5}\times100\%\approx26.41\%$

$\sigma'_{乙}=\frac{\sigma'_{乙}}{E_{乙}}\times100\%=\frac{17.5}{32.5}\times100\%\approx53.85\%$

由于 $\sigma'_{甲}<\sigma'_{乙}$,说明甲方案比乙方案风险小。

(三)风险价值的计算与衡量

标准离差率计算出来后,就可计算风险率了。风险率是标准离差与风险价值系数的乘积。其计算公式为：

$$R=\sigma' \cdot F$$

其中：R——风险率；

F——风险价值系数。

假设投资者确定风险价值系数为 10%，则两个方案的风险率分别为：

$R_{甲}=26.41\%\times10\%\approx2.64\%$

$R_{乙}=53.85\%\times10\%\approx5.39\%$

投资者投资时，期望得到一个无风险收益率再加一个超额收益率，而这个超额收益率应大于或等于风险率，投资才有价值。通常，将无风险收益率与风险率之和称为风险点收益率，与之对应点的称为风险点。用公式表示为：

$$Z=J+R$$

其中：Z——风险点收益率；

J——无风险收益率；

R——风险率。

投资者期望得到一个超过风险点的收益率，否则，这项投资是不合算的。所以，考虑投资风险，选择投资方案时，就要选择平均期望收益率 E_e 大于或等于风险点收益率 Z 的方案。如上述两例方案的平均收益率 E_e 分别如下：

$E_{e甲}=\dfrac{31.5}{150}\times100\%\approx21\%$

$E_{e乙}=\dfrac{32.5}{150}\approx21.67\%$

若以银行利率为无风险收益率，再假设银行现行贷款利率为 17%，则有：

$Z_{甲}=17\%+2.64\%=19.64\%$

$Z_{乙}=17\%+5.38\%=22.38\%$

因为 $E_{e甲}>Z_{甲}$，已过风险点，说明甲方案具有投资价值；因为 $E_{e乙}<Z_{乙}$，没过风险点，说明乙方案不具有投资价值。

三、旅游投资风险的处理

旅游投资风险是不可避免的。伴随着投资风险的加大，投资者对投资的预期收益率也在提高，以便用较高的收益率来补偿较大的风险。在一般情况下，企业投资风险有两种：一种是系统风险，又称市场风险，是指企业本身无法回避的风险，是所有企业共同面临的风险，如物价上涨、经济不景气、高利率和自然灾害等；另一种是非系统风险，又称企业风险，是指由于经营不善、管理不当等一系列与企业直接有关的意外事故所引起的风险，它可以通过组合投资和加强管理等方式予以抵消或减少，如投资多样化，就是分散和减少风险的最佳途径之一。

第五节　旅游投资项目的评价方法

一、返本法

返本法是指通过计算一项旅游投资项目投产后所产生的税后利润总和等于该项目初始投资额时所需年限的方法，又称为返本期法。这种方法主要是计算投资所需要的返本期长短。如果每年的净现金效益量相等，用每年净现金效益量除以净现金投资量，即可得到返本期。如果每年的净现金效益量不等，就需要用推算的方法求返本期，一般也可通过计算年均净现金效益量来推算。

假设某旅游项目有三个方案（见表 9－2），试计算哪一方案最佳。

表 9－2　某旅游项目三个投资方案比较

年次 \ 净现金流量（万元） \ 投资方案	方案 A	方案 B	方案 C
0	－1000	－1500	－2000
1	200	500	1000
2	200	500	600
3	400	300	400
4	400	200	1000
5	400	200	
6	500	1000	

注：表中的负值净现金流量指净现金投资量，正值净现金流量是指净现金效益量。

根据表 9－2 中的有关数据，可计算出旅游投资项目各方案的返本期如下：

方案 A 为：$\dfrac{1000}{(200+200+400+400+400+500)\div 6}\approx 2.86$（年）

方案 B 为：$\dfrac{1500}{(500+500+300+200+200+1000)\div 6}\approx 3.33$（年）

方案 C 为：$\dfrac{2000}{(1000+600+400+1000)\div 4}\approx 2.67$（年）

使用返本法评价投资方案，需要首先确定一个标准返本期，即最低限度的返本期，然后将建议的投资方案的返本期与其进行比较，小于标准返本期的方案均可接受。其中，返本期最短的方案为最优方案。例如表 9－2 中三个方案的标准返本期都为 3 年，那么根据计算，上例中投资方案 A 和 C 的返本期都低于 3 年，因而两个方案都是可以接受的，而其中 C 方案的返本期最短，因而 C 方案为最佳方案，A 方案是次佳方案。

运用返本法的优点是便捷、简单、易懂。其不足之处在于：一是未考虑资金的时间价值；二是只考虑了投资回收期，却忽略了投资回收期以后该项目各年的赢利状况，因而准确性不够高。

二、净现值法

净现值等于投资方案未来预期收益总现值减去投资费用后的余额。计算公式如下：

$$NPV = C + \sum_{t-1}^{n} \frac{R_t}{(1+i)^n}$$

其中：NPV——净现值；

C——投资费用；

R_t——投资项目在未来 t 年内的收益量（各年收益不等）；

i——资金成本率。

在上式中，若企业资金是从银行借贷的，则资金成本率为银行利息率；若资金来源于企业积累，则资金成本率为资金的机会成本；若资金来源于多种渠道，如银行借款、债券、股票、利润留成，那么资金成本率等于各项资金的成本率与各项资金在资金总额中所占百分比乘积之和。根据上述公式计算，若净现值 NPV 为负值，说明该方案不可行；若净现值 NPV 等于零，意味着该方案的预期收益刚够还本付息；只有当净现值 NPV 为正值时，方案才可接受。净现值 NPV 越大，则收益越多，该方案可行性越强。

例：某旅游企业欲投资一项旅游工程，其投资方案的净现金投资量为 6500 万元，第一年末的净现金收益为 1000 万元，第二年末的净现金收益为 1150 万元，第三年末的净现金收益为 1300 万元，第四年末的净现金收益为 1450 万元，第五年末的净现金收益为 1700 万元，第六年末的净现金收益为 1800 万元，第七年末的净现金收益为 1900 万元，资金成本率为 6%，请问该项目的净现值是多少？这个方案可否接受？

按公式计算如下：

$$NPV = -6500 + \frac{1000}{(1+6\%)} + \frac{1150}{(1+6\%)^2} + \frac{1300}{(1+6\%)^3} + \frac{1450}{(1+6\%)^4} + \frac{1700}{(1+6\%)^5} + \frac{1800}{(1+6\%)^6} + \frac{1900}{(1+6\%)^7}$$

$$\approx -6500 + 1000 \times 0.943 + 1150 \times 0.89 + 1300 \times 0.84 + 1450 \times 0.792 + 1700 \times 0.747 + 1800 \times 0.705 + 1900 \times 0.665$$

$$= -6500 + 943 + 1023.5 + 1092 + 1148.4 + 1269.9 + 1269 + 1263.5$$

$$= 1509.3\text{（万元）}$$

净现值为正值，说明该方案可行。如果有两个方案，其净现值均为正值，则看这两个方案是否独立。若二者各自独立，就都可采纳。若二者互相排斥，只能取其一，则应该选择净现值较大者。

净现值法的优点是不仅考虑了资金的时间价值，能反映方案的盈亏程度，而且考虑了投资风险对资金成本的影响，鼓励企业从长远和整体利益出发作出决策。缺点是该方法只反映了投资方案经济效益量的方面（即盈亏总额），而没有说明投资方案经济效益质的方面，即每单位资金投资的效率。这样容易促使决策者趋向于采取投资大、赢利多的方案，而忽视赢利总额较小，但投资更少、经济效益更好的方案。

三、内部投资回收率法

内部投资回收率是指投资方案的未来预期净效益与投资费用之差等于零时的利息率或贴现率。如投资方案的内部投资回收率大于企业或上级主管部门规定的最小的投资回收率，则投资方案可取，否则就应拒绝。内部投资回收率公式如下：

$$-C+\sum_{i-1}^{n}\frac{R_t}{(1+r)^t}=0$$

其中：C——投资项目的全部现金支出；

R_t——投资项目在未来期间 t 年的净现金效益；

r——投资项目计算的内部投资回收率。

由于该公式是一个 t 次方程，要求出内部投资回收率 r 的值，靠手算较困难。可借助计算机计算，如果没有计算机，一般采用试算法。

从经济意义上说，内部投资回收率实质上是资金成本的加权平均数，因为旅游投资项目资金来源往往是多渠道的。内部投资回收率法的优点是它为企业主管部门控制企业投资的经济效果提供了一个行业内部统一的、合理的衡量标准，这对加强行业投资管理具有重要的现实意义。该方法的不足之处是内部投资回收率只是一个相对值，容易引起投资额大、内部投资回收率低但收益总额很大的方案遭到否定。

[思考与练习]

1. 旅游投资是如何分类的？
2. 为什么要进行旅游投资的可行性研究？
3. 旅游投资可行性研究的主要内容有哪些？
4. 旅游投资决策方案分几种类型？
5. 旅游投资的风险可以从哪些方面分析？
6. 试对某旅游投资项目进行可行性研究。

第十章　旅游经济效益与评价

提高经济效益是旅游产业及其企业追求的经营目标，是判断旅游业对国民经济贡献大小的主要标志，也是旅游业可持续发展的客观要求。因此，本章着重分析旅游经济效益的特点及影响因素，并分别从旅游微观经济效益与旅游宏观经济效益两个层次对旅游经济活动的成果进行分析，介绍衡量旅游经济效益的指标因子，以探讨提高旅游经济效益的途径。

第一节　旅游经济效益的含义

一、旅游经济效益的概念含义

追求经济效益是一切经济活动的基本方针和核心准则。经济效益是指经济活动过程中，生产要素（资金、物质资料、劳动、经营管理才能）的占用、投入、消耗与有效成果产出（产品和服务）之间的数量比例关系，即人们在从事经济活动过程中，投入与产出的比较。一般认为，生产同样数量、质量的产品和服务，要素投入越少，则经济效益越高；在一定的要素投入总量和结构下，成果产出越多，则经济效益越好。

旅游经济效益是在合理开发利用旅游资源和保护环境的前提下，旅游经济活动过程中生产要素的占用、投入、耗费与成果产出之间的数量对比关系。

(1) 生产要素的占用。是指旅游企业在生产经营过程中占用的生产资料，其价值形态表现为物化劳动，其使用价值形态表现为固定资产。在其他条件既定的情况下，占用的固定资产越多，其折旧就越多，折旧费就越多，企业成本就越高，利润额就越小，经济效益就越差；反之，则经济效益越好。然而，并不是说固定资产占用越少越好，它必须有一个基本前提，那就是不影响正常经营活动的开展。

(2) 生产要素的耗费。是指旅游企业在组织旅游活动过程中向旅游者提供物质产品和服务时所耗费的物化劳动和活劳动。物化劳动，是指生产资料的价值；活劳动是指劳动力的价值。旅游企业在从事旅游活动过程中向旅游者提供产品和服务，必然要耗费一定的生产资料和人力，并发生各种相关的费用开支。这些耗费在企业财务管理和经营核算上视作旅游成本。旅游企业要讲求经济效益，就必须控制生产要素的耗费，降低企业成本水平，减少各种费用开支，提高资金利用率。

(3) 旅游企业经营成果。是指旅游经济活动的最终产出。它包含两层含义：一是指旅游收入；二是指旅游经营利润。旅游收入是指旅游经营者在其生产经营过程中为旅游者提供物质产品和服务之后所取得的全部货币收入，是旅游企业的产值，属于国内生产总值的组成部分。在旅游经营成本既定的条件下，旅游收入越多，旅游利润额就越大，旅游经济效益就越好；反之，旅游经济效益越差。

因此，旅游经济效益与旅游经济活动所得到的成果成正比，与生产要素的占用、消耗成反比。下面的公式反映了这一比例关系：

$$旅游经济效益=\frac{旅游业的经营成果-生产要素的占用与消耗}{生产要素的占用与消耗}$$

旅游经济效益可分为微观与宏观两个不同层面：一是研究各个旅游企业在其经营活动中所耗费和所获得的关系，它属于旅游微观经济效益层面；二是研究旅游活动的开展对全社会的经济、文化及其他方面带来的积极与消极的影响，它属于旅游宏观经济效益层面。宏观经济效益与微观经济效益表现为全局和局部的关系。微观经济效益是宏观经济效益的基础，没有单个企业的经济效益，就没有整体社会的经济效益。宏观经济效益是整个社会经济发展的根本体现，没有整个社会的经济效益，单个企业的发展就会受到影响和限制。两者是相互关联、相互促进，又相互制约的关系。因此，研究旅游经济效益，首先应把重点放在如何提高旅游企业的微观经济效益上，即以旅游微观经济效益为出发点，把旅游宏观经济效益建立在微观经济效益的基础上。

二、旅游经济效益的特点

旅游业作为一个综合性的经济产业，有其自身的特点和运行规律。因此，旅游经济效益既有和其他经济活动相似的特点，又有区别于其他经济活动的不同特点，具体表现在以下几方面。

（一）旅游经济效益是微观经济效益与宏观经济效益的统一

旅游经济活动通常由旅行、餐饮、住宿、交通、购物、娱乐等多种活动所组成，因而旅游经济效益实质上是食、住、行、游、购、娱等多种要素综合作用的结果，而各种要素作用发挥的好坏，最终必须体现在食、住、行、游、购、娱一系列旅游经营企业的经济效益上。同时，旅游经济效益不仅体现旅游企业的经济效益，使旅游经济活动的主体及其组织得以生存和发展，而且还要体现整个旅游产业的宏观经济效益。旅游产业通过旅游经济活动及其较强的产业带动效应，把旅游经济活动所产生的经济效益辐射、渗透到其他产业和部门，促进人们生活质量的改善和提高，从而充分体现出旅游经济的宏观效益及社会价值。

（二）旅游经济效益的衡量指标是多方面的

在市场经济条件下，旅游经济活动必须面向市场，以旅游者为中心。这就要求旅游经营部门和企业在组织旅游活动时，必须树立为旅游者服务的经营思想和观念，从旅游者的消费需求考虑，尽可能提供适销对路、物美价廉的旅游产品和服务，这是获取经济效益的前提。旅游企业在充分满足人们旅游消费需求的基础上，取得合理的经济收入和利润，不断提高旅游业的宏观、微观经济效益。因此，无论从宏观层面还是从微观层面来衡量旅游经济效益，均可采用多方面的指标体系进行综合分析和评价，如接待旅游者人数、旅游者逗留天数、旅游收入、旅游外汇收入、旅游利润和税收、旅游者人均消费、旅游投诉率、资金利润率、成本利润率以及服务质量等多项指标。

（三）旅游经济效益具有质和量的规定性

旅游经济效益质的规定性，主要表现为取得旅游经济效益的途径和方法必须在国家有关法律、法规和政策的范围内和指导下，通过加强管理、技术进步和改善服务质量来实现。旅游经济效益量的规定性，是指旅游经济效益不仅能用量化的指标来反映，而且还能通过对指标体系的比较作分析，发现旅游经济活动中的问题，从而寻找提高旅游经济效益的途径和方法。旅游经济效益质和量的规定性是有机统一的整体，离开了质的规定而片面追求量的目标，就会偏离旅游经济发展的宗旨和方向，甚至导致不良社会行为；反之，若只考虑旅游经济效益的质的规定性，而没有量的追求，就没有经济开拓的进取精神和科学的经营管理方法，难以实现旅游经济效益。

三、旅游经济效益的影响因素

（一）旅游者数量及构成

在旅游经济活动中，旅游者是旅游活动的主体和旅游服务的对象，也是旅游活动产生的前提。旅游者数量的多少与旅游活动中所占用和耗费的劳动量之间存在一定的比例关系。若以较少的劳动占用和耗费，为更多的旅游者及时提供优质的旅游产品和服务，则旅游经济效益就好；反之，旅游经济效益就差。这种影响具体表现在两方面：一方面，旅游经济活动中旅游者数量的增加，必然相应增加旅游收入，从而提高旅游产品和旅游服务的利用率，增加经济效益；另一方面，旅游经济活动中的生产要素的占用和耗费，特别是表现为固定费用的部分（如基本工资、折旧、管理费用等），在一定范围内会随着旅游者数量的增加而相对减少，于是在其他条件不变的情况下，旅游者数量越多，则对于每一个旅游者所花费的成本费用就相对减少，从而使旅游经济效益增加。

另外，旅游者的年龄、性别、社会阶层等不同，也会使他们在旅游活动中的旅游消费和支出具有不同的构成和特点，从而对旅游经济效益也会产生影响。例如，在旅游者数量既定的情况下，旅游者逗留时间越长，旅游消费支出就越大，于是旅游目的地的经济效益就越高。

（二）旅游物质技术基础及其利用率

旅游物质技术基础是指对各种旅游景观 、旅游接待设施、旅游交通和通讯等旅游辅助设施的总称。在旅游经济活动中，各种旅游物质技术基础与旅游经济效益具有直接的关系。通常，旅游物质技术基础条件好，则吸引的旅游者多，旅游收入多，生产要素占用和耗费少，从而提高了旅游经济效益。因此，旅游业应适度超前发展各种旅游设施，尽可能配备现代化程度较高的物质技术设备和手段，以提高劳动效率，减少生产要素耗费，增加经济效益。

（三）旅游活动的组织和安排

旅游活动的全过程涉及旅游者的食、宿、行、游、购、娱等多方面的需求，这些需求是相互联系、衔接配套的。因此，在旅游活动中能否有效地提供旅游产品和服务，能否高质量地组织和安排好旅游者的旅游活动，就直接影响着旅游经济效益。例如，在其他条件既定的情况下，若旅游时间超过了计划安排，则势必增加旅游成本而减少旅游利润；若旅游活动组织得单一、重复、枯燥，则可能产生负面影响，导致客源减少，效益下降；若旅游服务质量不高，不能较好地满足旅游者的身心需求，就不能刺激旅游者增加旅游消费，从而也就无法增加更多的经济效益。综上所述，在旅游活动的组织和安排中，一定要针对不同旅游者的类型、需求特点、消费习惯等，有目的地规划和组织好旅游活动。

（四）旅游业的科学管理

旅游经济效益的提高，最根本的是劳动生产率的提高，而劳动生产率的提高离不开现代科学管理。因此，旅游行业必须科学地组织劳动的分工与协作，把食、住、行、游、购、娱等方面衔接配套好，才能有效地提高劳动生产率。另外，劳动者是生产力诸要素中最活跃、最关键的因素，也是决定劳动生产率能否提高的关键，因而要积极培训和提高职工的业务技术水平，充分调动职工的劳动积极性和创造性，真正实现劳动生产率的提高。

四、旅游经济效益评估的内容

旅游经济效益评估，就是对旅游经济活动的效果和水平进行综合评价。评估的内容不仅包括直接的旅游经济效益，还包括旅游经济活动所产生的社会效益和环境效益等。

（一）旅游经济效益

任何旅游经营部门和企业，为了向旅游者提供旅游产品，必然要耗费一定的社会劳动，占用一定的资金，从而形成旅游经济活动的成本和费用。如果旅游经济活动只讲满足社会需求，而不计成本高低，则是违背经济规律的。因此，要讲求经济效益，就必须把旅游经济活动的有效成果（特别是利润和税金）同要素占用和消耗进行比较，以评价旅游经济活动的合理性和旅游经济效益的好坏。这是旅游经济效益评估的主要内容。

（二）旅游社会效益

旅游经济活动带来的社会效益，主要是指给社会带来的不可用货币测量的物质文明与精神文明。旅游社会效益主要表现为促进各相关经济与非经济部门的发展，扩大就业，提高人们收入水平；创造舒适、美观、和睦、安全的环境，改善人们的生活质量；组织游览自然景观和人文景观，提高人们的文化素质；促进不同国家和地区之间的文化交流，提高开放水平等。对旅游经济活动的社会效益评估是一个综合性的评估，包含了政治、经济、文化、生活等诸多项目，主要是通过公众反映和社会评价体系来进行评估的。

（三）旅游环境效益

旅游经济活动的环境效益是指旅游活动对自然环境与生态平衡的贡献与影响。旅游经济活动必须以旅游资源为基础，以市场为导向，充分有效地利用各种资源。在利用旅游资源的同时，还要考虑对旅游资源的保护，合理开发、有效利用资源，减少对环境的污染。旅游资源是一种特殊的资源，不论是自然景观还是人文资源，对其进行保护就是保持旅游产品的质量、保护旅游业发展的前提条件。如果造成自然生态环境恶化，人文资源遭受破坏，就会直接影响旅游业的可持续发展和整个社会的可持续发展，也就违背了旅游业发展的初衷。

（四）长远效益和近期效益

任何经济活动都会面临长远效益和近期效益的权衡问题，旅游经济活动也不例外。不仅要追求近期效益，更要有战略眼光，注重长远效益，要把长期效益和短期效益结合起来，这样才能符合旅游业可持续发展的内在要求。但在旅游经济实践中，有些部门和企业往往只注重追求眼前利益，盲目开发，掠夺经营，忽视长远的、持续稳定的发展。因此，要对旅游经济的长远效益和近期效益进行综合评估，纠正不良倾向，努力将两者统一起来。

第二节 旅游微观经济效益

一、旅游微观经济效益的概念

旅游微观经济效益即旅游企业的经济效益，是指旅游企业在旅游经济活动中，为了向旅游者提供旅游产品和服务而花费的物化劳动和活劳动同取得的经营收益的比较，也就是旅游企业的经营收益同成本的比较。这些旅游企业主要包括旅行社、饭店、景区、旅游交通和娱乐场所等。

二、旅游企业经济效益指标体系

（一）旅游企业成本

旅游企业的成本，是指旅游企业在生产经营旅游产品或提供服务过程中所耗费的物化劳动和活劳动价值的货币表现。旅游企业的成本通常可以按照费用类别、成本性质以及成本与产品的关系进行划分

1. 按费用类别划分

按费用类别划分，旅游企业成本可分为经营成本、管理成本和财务成本三大类。

(1) 经营成本，是指旅游企业从事经营活动所支出的全部费用，具体内容包括：折旧、修理费、低值易耗品摊销、职工福利、工资、装卸、运输、包装、保管、燃料、水电、广告宣传、物料消耗等各种支出。

(2) 管理成本，是指旅游企业决策和管理部分在企业经营管理中所发生的且不能直接计入营业费用的其他支出，包括行政办公经费、工会经费、职工培训费、劳动保险费、外事费、租赁费、咨询费、审计费、诉讼费、土地使用费等。

(3) 财务成本，是指旅游企业为筹集经营资金所发生的各种费用，包括利息支出、汇兑损失（外汇差价）、金融机构手续费以及筹资发生的其他费用等。

在此，旅游经营总成本可用公式表示为：

$$TC = C_0 + C_m + C_a$$

其中：TC ——旅游经营总成本；

C_0——营业成本；

C_m——管理成本；

C_a——财务成本。

2. 按成本性质划分

按成本性质划分，旅游企业成本可分为固定成本和变动成本。

(1) 固定成本，是指一定业务范围内，随着业务量的增减变化而固定不变的成本。固定成本主要包括固定资产折旧、修理费、租赁费、行政办公费、管理人员工资等。固定成本总额不随业务量增减而变化，这部分费用会随着业务量增加而不断分摊到单位产品中去。因此，当一个企业经营业务量不断增加时，单项旅游产品成本会不断降低。

(2) 变动成本，是指随着业务量的增减变化而发生相应变化的成本。变动成本主要包括原材料消耗、生产用的水电费用、燃料、低值易耗品、服务人员的工资等。

在此，旅游经营总成本可用公式表示为：

$$TC = C_f + C_u$$

其中：TC ——旅游经营总成本；

C_f——固定成本；

C_u——变动成本。

（二）旅游企业的营业收入

旅游企业的营业收入，是指旅游企业在出售旅游产品或提供旅游服务过程中所实现的收入，主要包括基本业务收入和其他业务收入。营业收入的高低，不仅反映了旅游企业经营规模的大小，而且反映了旅游企业经营水平的高低。

$$S = \frac{TS}{t}$$

其中：S——人均营业收入；

TS ——年营业总收入；

t——年职工平均人数。

（三）旅游企业的经营利润

旅游企业的经营利润，是指旅游企业的全部收入减去全部成本，并缴纳税收后的余额，主要包括营业利润、投资净收益和营业外收支净额。经营利润指标，集中反映了旅游企业从事旅游经营活动的全部直接成果，可以有效地衡量旅游企业的经营管理水平和市场竞争力。旅游企业的经营利润计算如下：

$$P = TS - C_0 - C_m - C_a - T$$

$$TP = P + IP + (D_s - D_c)$$

其中：P——营业利润；

TS——年营业总收入；

C_u——变动成本；

C_m——管理成本；

C_a——财务成本；

T——营业税金及附加；

TP——经营总利润；

IP——投资净收益；

D_s——营业外收入；

D_c——营业外支出。

三、旅游企业经济效益评价方法

（一）利润率分析法

利润是表示企业通过自己的经营活动所带来的效益。由于利润额是个绝对数，不同规模企业间无法进行直接比较，难以说明企业经营贡献的大小，因此，要通过利润率指标来分析。利润率反映一定时期内旅游企业利润与经营收入、经营成本以及资金占用等指标间的相互关系，一般包括资金利润率、成本利润率和营业收入利润率三个利润率指标，用公式分别表示为：

$$R_m=\frac{P}{M_f+M_i}\times 100\%$$

$$R_c=\frac{P}{TC}\times 100\%$$

$$R_s=\frac{P}{TS}\times 100\%$$

其中：R_m——资金利润率；
P——营业利润；
TC——旅游经营总成本；
TS——年营业总收入；
R_c——成本利润率；
R_s——营业收入利润率；
M_f——固定资金；
M_i——流动资金。

（二）盈亏平衡分析法

盈亏平衡分析法，是通过旅游企业的成本、收入和利润三者之间的关系进行综合分析，从而确定旅游企业保本点营业收入，并分析和预测在一定的营业收入水平下可能实现的利润水平。一般情况下，影响利润高低的因素主要有两个，即营业收入和经营成本。如前所述，按照成本性质划分，经营成本又可分为固定成本和变动成本。这种方法的利润计算公式如下：

$$T_p=Q\cdot W\ (1-r_s)\ -Q\cdot C_u-T_f$$

其中：T_p——利润；
Q——业务量；
W——单价；
r_s——营业税率；
C_u——单位变动成本；
T_f——总固定成本。

若令 $Q=Q_0$，$T_p=0$，则保本点业务量计算公式为：

$$Q_0=\frac{T_f}{W(1-r_s)-C_u}$$

其中：Q_0——保本总业务量；
T_f——总固定成本；
W——单价；
r_s——营业税率；
C_u——变动成本。

由此，保本点收入额为：

$$S_0=W\cdot Q_0$$

其中：S_0——保本点收入额；

W——单价；

Q_0——保本点业务量。

（三）边际分析法

边际分析法又称为最大利润分析法，是引进现代西方经济学的边际收入和边际成本概念，通过比较边际收入与边际成本来分析旅游企业实现最大利润的经营规模的方法。

边际收入（Marginal Revenue，简称 MR），是指每增加销售一个单位旅游产品而使总收入相应增加的部分，即增加销售单位旅游产品而带来的营业收入。边际成本（Marginal Cost，简称 MC），是指每增加销售一个单位旅游产品而引起总成本相应增加的部分，即增加销售单位旅游产品而必须支出的成本费用。比较边际收入和边际成本，有三种情况。

（1）当 MR＞MC 时，说明每增加销售一个单位旅游产品所带来的收入大于其成本，因而继续增加销售还能够增加利润，从而使旅游企业的总利润继续扩大。因此，可以继续扩大销售规模，以获取更多的经济效益。

（2）当 MR＜MC 时，说明每增加销售一个单位旅游产品所带来的收入小于其成本，即产生亏损，从而使旅游企业的总利润继续减少。因此，旅游企业应该缩减销售规模，以保证获得最大的经济效益。

（3）当 MR＝MC 时，说明每增加销售一个单位旅游产品所带来的收入与其成本支出刚好相等，即利润增量为零。在这种情况下，旅游企业的总利润既不会增加，也不会减少，因而此时是企业实现最大利润的经营规模。

因此，按照边际分析法，旅游企业为了实现利润最大化的经营规模，必须在边际上实现均衡，也就是尽量在边际收入等于边际成本的规模处经营。

四、提高旅游企业经济效益的途径

（一）加强旅游市场调研，扩大旅游客源

旅游客源是旅游业赖以生存和发展的前提条件，也是增加旅游企业营业收入的重要途径。因此，旅游业必须随时掌握旅游客源市场的变化，对现有客源的流向、潜在客源的状况，以及主要客源国的政治经济现状及发展趋势进行调查、研究和分析，以便有针对性地进行旅游宣传和促销，提供合适的旅游产品和服务，不断扩大客源市场，增加旅游企业的经营收入，提高经济效益。否则就会失去市场竞争力，失去客源。而没有客源就没有旅游经济活动，也就无法实现和提高旅游企业的经济效益。

（二）提高劳动生产率，降低旅游产品成本

提高旅游企业的劳动生产率、降低旅游产品成本是提高旅游企业经济效益的重要途径之一。提高劳动生产率，就是要提高旅游企业职工的素质，加强劳动的分工与协作，提高劳动组织的科学性，尽可能实现以较少的劳动投入完成同样的接待任务，或者以同样的投入完成更多的接待任务，从而达到节约资金占用、减少人财物力的消耗、降低旅游产品的成本的目的。同时，提高劳动生产率还有利于充分利用现有设施，扩大营业收入，达到提高利润、降低成本、增加旅游经济效益的目的。

（三）加强经济核算，提高经济效益

经济核算是经济管理不可缺少的重要工作之一。旅游企业的经济核算，是旅游企业借助货币形式，通过记账、算账、财务分析等方法，对旅游经济活动过程及其劳动占用和耗费进行反映和监督，为旅游企业加强管理、获取良好的经济效益奠定基础。加强旅游企业的经济核算，有利于发现旅游经济活动中的薄弱环节和问题，分析其产生的原因和影响因素，有针对性地采取有效的对策和措施，开源节流，挖掘潜力，减少消耗，提高经济效益。

（四）提高旅游职工素质，改善服务质量

改善和提高旅游服务质量，是增加旅游效益的关键。旅游服务质量的好坏，不仅表现为旅游景观是否具有吸引力，旅游活动的内容是否丰富多彩，旅游接待设施是否舒适、安全，而且也体现在旅游服务人员的服务态度、文化素质和道德修养上。旅游服务通过旅游企业职工热情周到、诚挚友好的服务态度，通过服务人员谦虚的礼貌、整洁的仪表、娴熟的服务技能、良好的文化素质和修养来使游客真正享受到“宾至如归”的感受。因此，改善和提高服务质量就能满足游客的需求，促使他们增加逗留时间，增加消费，从而相应提高旅游经济效益。既然服务质量的好坏主要体现在职工身上，因此必须提高旅游企业职工的政治素质、专业知识、业务技能和道德修养，这也是提高服务质量的保证。

（五）加强旅游企业的管理基础工作，不断改善经营管理

旅游企业的经济效益也是建立在良好的管理基础工作之上的。良好的管理基础工作，不仅是改善旅游企业经营管理的前提，也是创造良好经济效益的重要途径。因此，加强旅游企业的管理基础工作，必须切实做好以下工作：一是要加强标准化工作，促使企业各项活动都能纳入标准化、规范化和程序化的轨道，建立良好的工作秩序，提高工作效率；二是要加强定额工作，制定先进合理的定额水平和严密的定额管理制度，充分发挥定额管理的积极作用；三是加强信息和计量工作，通过及时、准确、全面的信息交流和反馈，不断改善服务质量，并在加强计量监督和管理的前提下，不断提高服务质量，降低成本，提高经济效益；四是加强规章制度的制定和实施，严格制定各种工作制度、经济责任制度和奖惩制度，规范职工行为，促进经营管理的改善和提高。

第三节　旅游宏观经济效益

一、旅游宏观经济效益的概念

旅游宏观经济效益，是指旅游产业在旅游经济活动中，社会投入的物化劳动、活劳动、自然和社会资源的占用和消耗，与旅游业及全社会所获效益的比较。旅游宏观经济效益体现了旅游产业自身的直接效益，由旅游产业的带动而引起国民经济中相关产业部门的间接效益，以及社会经济发展和生态环境改善的间接效益等。因此，研究旅游宏观经济效益就不能孤立地研究旅游产业，还必须对相关的社会经济和生态环境进行分析和研究。

二、旅游宏观收益与旅游宏观成本

（一）旅游宏观收益

旅游宏观收益，反映的是通过开展旅游经济活动而为全社会带来的成果和收益。它不仅包含旅游产业自身所获得的经济效益，也包括对相关产业、部门的带动，对社会文化的促进，以及整个社会、经济所产生的积极作用等。具体讲，旅游宏观效益也可分为有形收益和无形收益两大部分。

1. 有形收益

有形收益是指开展旅游活动而直接给社会带来的经济效益，它可以通过一定的方法统计和测算，具体包括：各类旅游企业所实现的利润和上缴的税金；通过旅游经济活动而创造的外汇收入；围绕旅游经济活动而提供的劳动就业人数；随着旅游业的发展而带动其他经济部门，以及文化、教育、科技、卫生等方面的发展；对旅游资源的开发利用及对社会经济繁荣的促进等。

2. 无形收益

无形收益是指发展旅游业给社会带来的难以测算的效益。这些效益虽然无法用量化的形式表现出来，但它对社会的促进作用是显而易见的。例如，旅游经济活动促进了国家之间、民族之间、人民之间的相互了解，增进了友谊；旅游经济活动给旅游目的地国家带来了广泛的经济、文化和科学技术信息，促进这些国家科学技术的进步和教育事业的发展；旅游经济活动对旅游资源的开发和利用，促进了自然环境的保护和对各种民族文化、历史遗产的保护和维修，增强了人们的爱国主义观念，同时对促进精神文明建设以及带动边疆少数贫困地区的社会经济发展等都具有积极的影响。

（二）旅游宏观成本

旅游宏观成本，是指为开展旅游经济活动而形成的整个社会的耗费和支出，即旅游的社会总成本。除了旅游企业所发生的旅游经营成本以外，其他旅游宏观成本可大致划分为有形成本和无形成本两大部分。

1. 有形成本

有形成本是指为开展旅游经济活动而必须付出的直接成本，主要体现为经济上的支出。具体包括：对发展旅游业而必需的有关道路、机场、水电、排污、码头等基础设施的投资；国家、地方、集体、个人对旅游景点、接待设施等方面的投资和贷款；引进国外的旅游设备、设施及购买原材料的支出等；国家各级旅游组织及相关机构用于旅游方面的市场调研、宣传促销、考察交流、外联、科研等方面的支出等。

2. 无形成本

无形成本是指为发展旅游业而导致社会、经济和生态环境等方面产生的消极影响，是开展旅游经济活动而支付的“间接成本”。事实上，旅游业虽然是一个“无烟工业”，但并非是无污染的产业。旅游业的发展及大量旅游者的涌入，首先会对旅游目的地的环境和生态造成消极影响，如疾病的流传、环境的污染、生态平衡的破坏，从而使良好的自然景观受到影响。其次，会造成对传统文化、艺术及各种文物古迹的破坏和影响。特别是大量海外游客涌入，对旅游目的地国家和地区的传统道德观念、社会安定等都会带来一定的消极影响。再次，会引导旅游目的地的消费超前增长，从而刺激通货膨胀、物价上涨，对社会经济增长和经济结构产生消极作用。总之，旅游经济活动的消极影响往往为人们所忽略，而要解决这些问题需要投入大量的成本费用，因此就形成了旅游宏观成本的重要组成部分。

三、旅游宏观经济效益分析和评价

（一）旅游宏观经济效益评价指标

旅游宏观经济效益涉及面很广，内容丰富，通常要求从多方面用多种指标进行分析和评价。目前，考核旅游宏观经济效益的指标主要有以下几个。

1. 旅游创汇收入和旅游总收入

旅游创汇收入反映了旅游业通过开展旅游经济活动，直接从海外游客的支出中所得到的外汇收入。由于外汇收入在一国的国际收支平衡中有着重要的意义，而旅游业又是除了出口产品以外最主要的创汇途径，因此旅游创汇收入指标在旅游宏观经济效益的考核评价中就占有十分重要的位置。对旅游创汇收入的计算，通常是以年度内旅游产业内部各部门（如旅行社、饭店业等）的创汇总计来表示的，货币单位统一使用国际通行的结算币种——美元。

旅游总收入，是指通过开展旅游经济活动从国内外旅游者的支出中所得到的全部收入，其反映了旅游产业发展的总规模收益，也是考核评价旅游宏观经济效益的重要指标。

2. 旅游就业人数

旅游就业人数指标反映了旅游产业发展过程中，为社会提供的劳动就业人数的总量。旅游业是一个以服务为主的综合性产业，具有对劳动力的高容纳性，可以从不同的工种、不同的部门为社会提供大量的就业机会。据世界旅游组织统计，全世界每年新增的劳动就业人数中，每 15 个人中就有 1 人是从事旅游业工作的。而对于许多经济发达国家来说，社会经济越发展，旅游业就业人数就越多。因此，旅游业就业人数的多少，也反映了旅游业自身发展的规模及其对社会经济发展的推动作用。

3. 旅游投资效果系数

该指标是指旅游投资所获得的赢利总额同投资总额的比值，是反映旅游投资效益的重要指标，计算公式如下：

$$E_i=\frac{TS-TC}{T_i}\text{（静态指标）或}\quad E_i=\frac{F}{T_i}\text{（动态指标）}$$

其中：TS——旅游经营总收放；

TC——旅游经营总成本；

E_i——投资效果系数；

T_i——旅游投资总额；

F——年平均现金净流量。

投资效果系数的动态指标是在考虑了资金的时间价值以后，通过贴现计算每年的平均现金净流量，因此该指标通常略低于静态指标，但更符合旅游经济活动的实际。根据旅游投资效果系数，就可评价旅游投资的效益好坏，通常旅游投资效果系数越大，则表明旅游投资效益越好。

4. 旅游投资回收期

旅游投资回收期是指一项旅游投资回收的年限，是投资效果系数的倒数，也是反映旅游投资效益的重要指标之一，其计算公式如下：

$$T_b=\frac{T_i}{TS-TC}\text{（静态指标）或 }T_b=\frac{T_i}{F}\text{（动态指标）}$$

其中：T_b——投资回收期；

TS——旅游经营总收入；

TC——旅游经营总成本；

T_i——旅游投资总额；

F——年平均现金净流量。

通常，旅游投资回收期数值愈小，说明旅游投资的回收时间愈短，投资效益愈好；反之，旅游投资回收期数值大，则投资的回收时间长，投资效益就差。

5. 旅游带动系数

旅游带动系数是指旅游直接收入的增加对国民经济各部门收入增加的促进作用。根据国际上有关研究表明：每 1 美元的直接旅游收入可带动相关产业增加 25 美元的间接收入；旅游业每增加 1 名直接就业人员，可带动相关产业增加 25 个人就业。据中国有关部门研究测算，在中国，旅游业每收入 1 美元，第三产业产值相应增加 107 美元；旅游外汇收入每增加 1 美元，利用外资金额相应增加 59 美元。

（二）旅游宏观经济效益的评价

对旅游宏观经济效益的评价，主要是评价旅游产业的发展对整个国民经济发展的贡献。它可从以下三方面进行综合评价。

1. 对旅游产业自身经济效果的评价

对旅游产业自身经济效果的评价，是旅游宏观经济效益评价的主要内容，即通过分析旅游业满足社会需要的程度及发展旅游业所消耗的社会总劳动量间的关系，来评价旅游业的宏观经济效益。旅游业满足社会需要的程度，主要指通过对旅游业及相关产业的投资，最大限度地满足旅游市场的需求，通常用接待旅游者数量、旅游收入、接待设施规模等指标来体现。发展旅游业所消耗的社会总劳动量，主要指用于提供食、住、行、游、购、娱等多种旅游产品要素的劳动量。而在基础设施、接待设施、游乐设施及旅游服务等方面所花费的全部物化劳动和活劳动消耗，通常用旅游投资及经营成本来反映。因此，分析旅游产业投资经济效果，就可以对投入和产出进行比较，具体就是用单位接待能力投资额、劳动生产率、资金利税率、投资效果系数及投资回收期等主要指标来反映。

2. 对旅游产业社会经济效果的评价

旅游业是一个综合性的经济产业，它对社会经济的促进作用主要表现在对社会的促进及相关产业的带动方面。对社会经济的促进可以通过旅游创汇指标、提高就业机会以及人们收入水平增加等指标来反映。对国民经济相关产业的带动则可通过计算旅游产业同其他相关产业的关联性、带动系数等指标来反映。通过上述两方面的比较和评价，可以评价旅游业关联带动功能的强弱。对于旅游资源丰富、具备发展旅游业的条件且关联带动功能较强的地区，可通过大力发展旅游业，带动相关产业的发展，从而促进整个国民经济的发展。

3. 对旅游产业的社会非经济效果的评价

旅游业对社会经济的影响效果不仅体现在经济效果方面，还体现在非经济效果方面，即无形的收益。但由于对社会文化影响、环境保护、生态平衡、污染治理等方面的测量，无法以准确的量化数据来反映，因此只能根据某些主观判断来评价。为了在评价中增强科学性，减少主观偏差，可采用专家意见法的评价程序进行评价，使评价结果尽可能接近实际状况。

三、提高旅游宏观经济效益的途径和方法

（一）改善宏观调控，完善旅游产业政策

旅游业与国民经济中许多行业和部门是密切相关的，旅游经济活动的顺利开展必须得到其他相关部门和行业的支持与配合。同时，旅游产品和服务又是由多个旅游部门和企业共同完成的，客观上也需要这些部门和企业达到最优化的配合。因此，要提高旅游宏观经济效益，促进整个旅游业的发展，就要求国家不断改善和加强宏观调控，充分利用和发挥经济、行政、法律等调控手段，对整个旅游产业的发展作出统一、科学合理的规划和指导，调动社会各方面的积极性，促进旅游产业的发展。

另外，由于我国现代旅游业起步较晚，基础薄弱，因此为了促使旅游业适当超前发展，不断提高经济效益，还必须制定和完善旅游产业政策。在完善旅游产业政策时，一是要确立和完善旅游产业结构政策，明确旅游产业的发展重点及优先顺序，制定保证实现旅游产业发展重点的政策措施；二是健全旅游产业组织政策，建立反对垄断、促进竞争的政策和机制，推动旅游产业的规模化经营，实现优胜劣汰；三是倡导旅游产业技术政策，强化技术进步对旅游发展的促进意义，制定推动旅游技术进步的具体措施；四是制定旅游产业布局政策，运用区域经济理论推动旅游资源的区域开发，并从空间上对旅游业及其产业结构进行科学、合理的布局。

（二）改革旅游经济管理体制，建立现代企业制度

在社会主义市场经济条件下，必须改革传统经济管理体制，按照市场经济的要求建立旅游经济管理体制。首先，在旅游经济宏观管理中，要做到政企分离，明确划分旅游行政管理部门和企业的权力和责任，充分调动旅游企业的积极性，提高旅游企业的经济效益。其次，要改善旅游行业管理，促进行业管理的规模化和科学化，减少和杜绝行政管理部门对旅游企业正常经营活动的干预，促进旅游企业面向市场，在国家宏观调控下自负盈亏地从事各种旅游经济活动。再次，要改变单纯依靠国家为投资主体的做法，在统一规划的前提下，建立能调动各方积极性的管理机制，促进国家、集体、个人及外资等多渠道投资的格局，加快旅游风景区的开发和旅游设施的建设，促进旅游业的进一步发展。最后，必须加快对国有旅游企业制度的改革，建立适应于社会主义市场经济要求的现代旅游企业制度，明确界定企业所有者和经营者的地位和身份，促进企业行为规范化，建立合理的利益动力机制，调动各方面的积极性，不断提高旅游经济效益。

（三）加快旅游设施建设，提高旅游服务质量

旅游业的发展和经济效益的提高，离不开旅游“硬件”建设和“软件”建设。所谓旅游“硬件”，就是指旅游产业的基础设施和接待设施等。一方面，要对构成旅游经济活动

的基本条件，如水、电、交通、通讯等基础设施进行超前建设，为旅游者迅速抵达和退出旅游目的地创造条件，满足旅游活动“安全、舒适、方便”的要求；另一方面，要抓好旅游产品的开发，加快旅游景点、景区的建设，在搞好环境保护的前提下，配套完善各种旅游接待设施，努力开发对游客具有吸引力的旅游产品。所谓旅游“软件”，就是指旅游的服务质量，即旅游行业职工的服务态度、服务技能和水平。旅游服务质量是旅游业的生命线，是旅游事业发展过程中永恒的主题。因此，强调质量意识，抓好管理监督，不断提高服务质量，是改善旅游形象、增强竞争能力的关键。根据世界旅游组织 1994 年提出的口号“高质量的员工、高质量的服务、高质量的旅游”，旅游企业必须不断改善和提高服务质量，更好地满足旅游者的消费需求。同时，要对旅游目的地的社会治安、交通、卫生、市容等进行综合治理，创造一个良好的旅游环境和氛围，促进旅游产业长期持续稳定的发展，并不断提高旅游经济效益。

（四）抓好旅游市场管理，加强法制建设

旅游业是一个新兴产业，涉及面广，关联效应大，因此在经济管理、行政管理及法制建设等许多方面都有待进一步理顺和定型。针对目前我国旅游市场秩序紊乱、旅游安全形象不佳、市场竞争非法性等问题，必须建立、健全市场法规，依法规范市场主体行为，严厉打击破坏、犯罪行为，制止各种不正当竞争手段，提高旅游市场管理水平，使旅游行业管理逐步实现法制化、规范化和国际化，从而加快与国际旅游市场的接轨，促进旅游产业服务质量和经济效益的不断提高，为培育和发展社会主义市场经济创造条件。

[思考与练习]

1. 何为旅游经济效益？其有何特点？
2. 试分析影响旅游经济效益的因素。
3. 如何提高旅游企业的经济效益？
4. 如何提高旅游宏观经济效益？
5. 结合实际，阐述提高旅游经济效益的重要意义。

第十一章 旅游经济管理

旅游经济管理体制是旅游经济活动有效运行的保证。本章阐述了旅游经济管理体制的含义、特点等，提出了建立适合我国国情的旅游管理体制的问题；详细讲述了旅游经济行业管理的概念和构成并加以具体分析；同时还阐述了旅游经济管理体制与法规建设的必要性。通过本章的学习，要从总体上把握旅游经济管理的基础知识，并能结合我国的具体国情予以分析。

第一节 旅游经济管理体制

一、旅游经济管理体制的含义

旅游经济管理是指通过对旅游经济活动的各个领域进行市场调节和宏观调控，使得社会资源与生产力各要素在整个旅游行业内有效配置，以最有效的方式实现旅游经济目的的管理活动。

旅游经济管理体制是指国家对旅游企业或相关部门进行规范、制约及协调的有机体系，具体包含管理机制、管理机构和管理制度三方面的内容。

旅游经济管理机制是指推动旅游经济活动运行的各种社会动力和约束力，具体表现为中央和地方、国家与企业在旅游经济活动中的管理权限、职责划分及利益关系等，这些因素共同影响着旅游经济活动的发展方向和发展形式。

旅游经济管理机构是指各级旅游管理部门的设置方式、职责、层次、权限和相互关系等。

旅游经济管理制度是指由旅游经济管理机制决定，体现管理主体意志并借助强力实行的行为规范的总和，它明确了管理主体实施管理的范围、程度、程序和准则等。

以上三个部分相互联系、相互影响，主要解决了旅游经济运行过程中谁来管、管什么和怎么管等问题。

二、旅游经济管理体制的特点

（一）综合协调性

旅游产业的一大特点是众多行业、众多企业之间有着广泛的联合。这种联合主要有三种方式：按照部门利益进行联合；按照特定的旅游目的地进行联合；按照旅游活动进行联合。这些联合方式形成了各方面的经济效益关系，如国家与旅游企业之间、旅游企业与旅游企业之间、旅游企业与职工之间、旅游主管部门之间、旅游主管部门与其他部门之间、各个旅游地区之间的经济关系。旅游管理体制必须能够协调与旅游业相关的各种经济关系与利益关系，并使这种利益关系制度化、规范化、协调化。

旅游业是国民经济的一个组成部分，旅游业的健康发展不仅依赖于旅游经济管理体制，更与整个经济体制密切相关。建立旅游经济管理体制，一方面要与整个经济体制相一致，另一方面也要符合旅游业的特点。

（二）应变性

旅游经济管理体制应具有较强的应变能力，这是由旅游业的不稳定性决定的。受季节、习惯、气候、传统、消费者的感受或偏好以及各种政治、经济、社会、文化等因素的影响，旅游需求具有较大的不稳定性，由此决定了旅游业的不稳定性。

因此，旅游管理体制应该具有灵活的自我调整能力，能够及时适应旅游经济活动外部因素和内部条件的变化，能够对全球旅游环境的变化作出灵敏的反应。

三、旅游经济管理体制的构成

（一）管理主体

管理主体一般包含两个方面，即政府部门和行业组织。

政府部门主要包括中央旅游管理部门和地方旅游管理部门。中央旅游管理部门是国家旅游局，其主要职能是运用法律、经济和行政手段，对旅游经济活动及其组织者进行控制、指挥、监督和管理，保证国家关于旅游业发展的方针、政策、战略及规划能够实现。地方旅游管理部门是各省、自治区、地、市、县的旅游局或旅游业主管机构，其主要职能是运用法律、经济和行政手段，对本地区旅游经济活动及其组织者进行控制、指挥、监督和管理，保证本地区旅游业的健康发展。

旅游行业组织是政府和企业之间的市场中介组织，是旅游行业利益的代表。例如全国旅游协会、全国旅游饭店协会、全国旅行社协会等，其主要职能是协助政府管理旅游市场，保护旅游业的合法权益，推动旅游行业自律机制的形成。

（二）管理对象和管理内容

旅游经济管理体制的管理对象是旅游市场。具体而言，旅游经济管理主要就是培育市场机制，建立市场规则，维护市场秩序，规范市场行为，为企业的发展创造良好的外部环境。

旅游经济管理体制的管理内容主要是：通过长远规划和短期计划引导旅游业的投资和经营方向；通过产业政策和经济手段调节市场规则；建立执法队伍进行市场监督；开展行业性服务，培育和完善市场组织；优化配置重大的经济技术项目；组织全行业的市场促销，提高旅游业的整体形象；协调行业、部门之间的关系，形成有利于行业发展的市场体系；开展行业性的国际交流，建立旅游业国际合作体系。

（三）管理手段

行政、经济及法律是旅游经济管理体制的基本手段。具体可以概括为：政策与法规手段、金融与财税手段、计划与审批手段、监理与检查手段、考核与评比手段、奖励与奖罚手段和舆论与宣传手段等。

四、旅游经济管理体制的基本结构

旅游经济管理体制是以国家的旅游发展战略和规划为依据，以计划、税收、信贷等经济政策为调控手段，以旅游经济信息为媒介，以旅游相关法律法规为监督保证体系的一个完整的管理系统。该系统与市场机制的作用相配合，才能实现旅游经济资源的有效配置。根据旅游经济管理体制的运行规律，我们不难发现，旅游经济管理的运行系统由5个子系统所组成，它们相互作用，相互影响。

（一）旅游经济决策系统

这是旅游经济管理体制的中枢。旅游经济决策就是对旅游经济发展目标、旅游经济政策和重大措施作出抉择。旅游经济决策是进行旅游经济管理的基本依据。旅游经济决策系统的内在结构问题，主要是指正确划分决策权限和保证决策的科学性。在市场经济条件下，旅游经济决策结构是多层次的，中央、部门、地方、企业都有相应的决策权，国家旅游经济决策要集中在真正涉及宏观旅游经济全局性的问题上，对微观经济活动的决策则要体现在微观主体的自主权方面。另外旅游经济决策应经过一定的程序，进行充分论证，以保证其决策的科学性。

（二）旅游经济调控系统

这是旅游经济管理体制中连接宏观经济决策和微观经济决策的中介，只有通过调控系统的作用，才能把宏观旅游经济决策所确定的目标和方案变为各微观经济主体的行动方向，从而实现宏观旅游经济发展目标。与社会主义市场经济要求相适应，旅游经济调控主要采取间接调控的方式，如通过财政金融、价格等经济政策，调节企业的经济利益，从而引导旅游企业作出符合宏观旅游经济发展总目标的决策。要使旅游经济调控系统发挥有效的调控作用，首先要协调各宏观调控部门之间的关系，使计划、财政、价格、劳动等部门合理分工，互相配合；其次要健全各种调控手段，如合理的价格体系、严密而科学的税收制度、完备的经济法规等，并根据各种调控手段的特点，发挥各自的特长，对旅游经济活动起到综合协调的作用。

（三）旅游经济信息系统

这是旅游经济管理体制中沟通各管理环节、各经济主体之间联系的媒介。旅游经济决策与调控都离不开旅游经济信息的作用。旅游经济信息最初来源于市场，尤其在市场发育水平较高的各类旅游经济中心，旅游经济信息比较集中。国家宏观管理部门各自的专业统计机构，如旅游统计、商业统计、财政统计、金融统计等部门搜集、加工各有关经济信息，然后再进行汇总、提炼，形成了供宏观决策的旅游信息。宏观决策结果的信息及调控方向的信息又通过纵横交错的渠道传递到各旅游经济主体，成为其决策的指导和参考。因此，旅游经济管理的信息系统是一个由多层次、多环节的信息搜集、处理、传输工作所构成的互相关联的整体。

（四）旅游经济监督系统

这是旅游经济管理体制中正确决策的产生和实施的保证。旅游经济监督系统由各级党、政府和人民全面监督，专业和综合的旅游经济行政管理机构的业务监督和职能监督，审计和工商行政部门的专门监督，司法机构的经济法律监督以及人民群众团体的社会监督与舆论监督组成。监督系统，一方面为旅游经济决策系统反馈信息，提高决策科学性；另一方面保证正确旅游决策的实施，维护正常的旅游经济运行秩序。尤其在社会主义市场经济条件下，旅游经济管理不再主要依靠行政命令，而主要依靠经济政策、经济手段起调节作用，这就更加需要一个强有力的监督系统的辅佐。

（五）旅游经济组织系统

它规定着旅游经济管理体制各子系统的职能和相应机构，并使这些子系统相互衔接，紧密配合，形成旅游经济管理系统整体。具体地讲，旅游经济组织系统不是独立存在的，而是融于旅游经济的决策、调控、信息、监督各子系统中。它一方面使各子系统有自身相应的组织机构，充分发挥各自的管理职能，保证旅游决策的科学性、调控的有效性、监督的严格性、信息的及时准确性；另一方面，各子系统能互相沟通，围绕着统一的宏观旅游经济管理目标而运行，共同完成旅游经济管理的任务。因此，旅游经济组织系统构成了旅游经济管理的基本框架，没有健全的组织系统，旅游经济就无从谈起。

五、我国旅游经济管理体制改革的原则

要走出一条“中国式的旅游道路”，改革日益不适应的原旅游经济管理体制，必须遵循以下几项原则。

（一）必须坚持社会主义制度

无论是改革的前期目标——公有制基础上的有计划的商品经济体制，还是后期目标——社会主义市场经济体制，都表明是在“社会主义条件下”或“社会主义制度下”的经济体制。因此，旅游业的所有制结构，既要反映和有利于公有制经济的不断巩固和完善，又要反映和有利于多种所有制形式的平等竞争、共同发展。自然，在发展市场经济的过程中，所有制结构会有所变化，各种所有制之间也会发生交叉。至于各种所有制在经济体制中所占的比重究竟以多大为宜，这应看是否有利于社会生产力的发展。在分配制度上，要以按劳分配为主体，其他分配方式为补充。还要坚持效率与公平相统一的原则，运用包括市场在内的各种调节手段，既鼓励先进，促进效率，合理拉开收入差距，又努力实现共同富裕。

（二）必须符合国民经济发展的要求

旅游经济作为国民经济这个大系统中的一个子系统，其未来发展必然受到国民经济体制中有关所有制结构、分配方式、运行形式以及资源配置和政策环境等制约。如果在改革旅游经济管理体制时忽视这一点，不符合国民经济发展的要求，不服从国民经济整体发展的全局性需要，或者单兵冒进，超前发展，由于缺乏相关产业的有力支持或受到政策、资源配置方面的限制而将无法健康发展；或者因为节奏“慢半拍”，错失有利时机，不能充分利用国民经济发展所提供的各种有利条件、有效制度而终将造成停滞落后。

在现阶段建立社会主义市场经济体制的进程中，旅游业的体制改革应促使旅游市场在国家宏观调控下对旅游资源配置起基础性作用，使旅游经济活动遵循价值规律的要求，适应供求关系的变化，通过价格杠杆和竞争机制的功能，把资源配置到效益较好的环节中去，并给旅游企业以压力和动力，实现优胜劣汰；运用市场对各种经济信号反应比较灵敏的优点，促进供求的及时协调。同时仍应加强和改善国家对旅游经济的宏观调控，运用经

济政策、经济法规和必要的行政管理，引导市场健康发展。

（三）必须适应我国的具体国情

改革我国的旅游经济管理体制必须从实际出发，其中最主要的就是从具体国情出发。具体国情包括两个大的方面：一是我国的社会经济发展现状和未来可预计的基本变化趋势，二是有关旅游经济发展的各种条件和环境因素。我国旅游经济管理体制的改革，应是“中国式”的。我国是一个有13亿人口，其中有8亿多农民的社会主义国家，由此派生出一系列制约现阶段社会主义市场经济发展的因素。主要表现在：一方面，先进的社会主义经济制度、政治制度已经确立，国家经济实力有了巨大增长；另一方面，我国还处在社会主义的初级阶段，人口多，底子薄，人均国民总收入仍居于世界后列，属于低收入国家，商品经济还很不发达，经济活动的市场环境条件尤其不足。就我国旅游经济发展的条件及环境因素而言，我国地域辽阔，旅游资源丰富而分散，不同地区旅游业的发展极不平衡，有的地区由于经济水平的低下、地理区位与交通等多种因素的制约，旅游业很不发达；而有的地区则旅游资源集中、交通发达、进出口岸建设良好，旅游业迅猛发展。鉴于上述因素，我国旅游经济管理体制的改革，既要遵循社会主义市场经济规律的一般要求，又应从我国的具体国情出发，要对我国的社会经济发展现状和可预测的未来变化趋势以及有关旅游经济发展的各种条件和环境因素进行科学的调查、研究、分析、判断，从而把握我国旅游经济发展的条件和可能所在、优势和劣势所在，从而扬长避短，取长补短。

六、建立适合我国国情的旅游体制

经过20年的发展，我国旅游业已颇具规模，现代企业制度逐步建立，市场机制正在形成。为适应我国旅游业进一步发展的客观要求，必须改革原有的旅游管理体制，建立符合社会主义市场经济规律和旅游业自身特点的旅游管理新模式。

众所周知，我国原有的旅游管理体制主要是部门管理的模式，国家和地方旅游局只对其直属企业进行管理，对其他行业或部门的旅游企业只有业务指导的责任，没有宏观调控的职能，加上本部门利益的制约，使得我国旅游行政管理机构的权威性普遍不高，对旅游业的行业管理很难有效进行。对此，我们应当认识到，旅游业是一个综合性产业，产业关联性强，社会化程度高，客观上需要一个能够实行统一领导和综合协调的行政管理机构。该机构应当具备以下职能：能够对旅游六要素进行宏观调控和综合协调；能够将核心旅游企业和相关旅游企业组织起来并实行行业管理；能够对旅游资源进行大规模、深层次的开发或整合；能够推动跨地区、跨行业、跨所有制的大型旅游企业集团的组建；能够对旅游产品进行整体宣传和统一促销；能够引导观光、休闲、娱乐和专项旅游同步发展；能够使我国旅游业早日迈上大旅游、大产业和大市场的坦途。

按照以上原则，我国旅游管理体制的基本构架如下：

（一）全国旅游管理机构

1. 国家旅游工作领导小组

国家旅游工作领导小组是国家最高的旅游决策和综合协调机构，由主管旅游的国务院副总理担任组长，国家旅游局、国家民航总局等相关部门的负责人任小组成员。国家旅游工作领导小组的基本职能是：调节旅游供求关系，保持旅游供求平衡，协调各部门各行业之间的关系，为旅游业的发展创造良好的外部环境；根据国家的方针、政策、法规，决定旅游业的发展方向、发展道路和发展目标。

2. 国家旅游局

国家旅游局是国务院的直属部门，代表中央政府在全国行使旅游行政管理的权利，其基本职能是：运用行政、经济和法律手段对旅游经济活动进行组织、指挥和监督；提出并执行有关旅游业的方针、政策、法规和发展目标，制定旅游业的发展战略、远景规划、年度计划和具体的管理办法；会同有关部门，负责旅游业的行业管理；运筹旅游业的发展资金，引导大型旅游项目的开发和运营，控制旅游企业的生产经营活动，优化旅游产品结构和产业结构；与有关国家和国际组织建立双边或多边关系，开拓旅游客源市场，调节旅游产业内部的各种关系；负责旅游企事业单位的审批、评比、审计和培训工作。

（二）地方旅游管理机构

1. 省旅游管理委员会

根据一些省区改革旅游管理体制的经验和作法，以上海市为代表的旅游委员会是比较符合我国旅游业特点的一种模式。按照上海模式，旅游管理委员会是领导本省旅游业的最高决策机构和综合协调部门，旅游管理委员会由本省主管领导任主任，旅游局和各相关局的负责人任副主任或委员，下设有关职能处室及咨询机构。旅游管理委员会的基本职责是：决定本省的旅游发展战略并监督实施；决策或审批重要的旅游项目并监督实施；处理旅游活动中出现或涉及的重大问题，提出解决意见并监督有关部门执行；协调各地区、各部门之间的关系，保证旅游业的顺利发展。各省、市、自治区可以根据本地区旅游产品的类型，组织有关部门构建旅游管理委员会，为本地区旅游业的发展提供相应的制度保障。

2. 省旅游局

省旅游局是省政府下属的旅游业主管部门，其主要职责是：在国家旅游管理机构的指导下，在省政府和省旅游管理委员的领导下，负责执行国家和本省有关旅游业的政策、法规、条例和计划；结合本省的实际情况，提出本省旅游业的发展规划和年度计划，负责本省旅游业的整体宣传和统一促销工作；发展省区间的横向联系，协调不同地区、不同部门之间的相互关系，会同有关地区和部门对本省的旅游企业实行全面的行政管理；会同有关部门开发和保护本省的旅游资源，确定本省旅游投资的方向，统筹安排本地区重大的旅游建设项目；负责本省旅游业的数据统计、信息交流和市场预测工作；负责本省主要旅游企业的审批、审核、评比、检查和培训工作；受理旅游者的投诉，处理本省旅游活动中的各类重大问题和突发事件，保护旅游者的合法权益。

3. 地县旅游管理机构

地县旅游管理机构应当按照双重领导、分级管理、条块结合、以块为主的原则设立，即在业务上接受上级旅游管理部门的领导，在行政上接受当地政府的领导。地县旅游管理机构的职责是：对所辖区域内的旅游业实行统一的行业管理；制定当地旅游业的发展战略并负责实施；制定当地旅游资源的开发规划并负责实施；负责当地旅游产品的宣传促销工作；处理当地旅游工作中出现的各种问题，提出解决意见并监督有关部门执行。各地县应该根据当地的社会经济状况、旅游资源条件和旅游业的发展水平，单独或合并、统一或分级设立旅游管理机构。

（三）旅游企业的经营管理体制

旅游企业的经营管理体制是我国旅游管理体制的一个组成部分，根据我国经济改革的目标和旅游业的特点，旅游企业经营管理体制的理想模式可以概括为：现代企业制度和企业集团化。

旅游企业要建立现代企业制度并实行集团化经营，这是由旅游产业的特点决定的。单项旅游产品是以一定地域内的自然景观和人文景观为依托的，既难以移动，也不能替代，若按某条线路或某种方式将各单项旅游产品组合起来，必然要跨越地域障碍。旅游活动是一项综合性的消费活动，集吃、住、行、游、购、娱为一体，若要满足旅游者的各种需求，众多行业或部门必须联合起来，冲破行业或部门的界限。以上两点决定了旅游业必然是一个社会化、市场化程度较高的综合性产业，也决定了旅游企业必须建立现代企业制度并实行集团化。

现代企业制度主要指产权明晰、责权利相统一、自主经营、自负盈亏、充满生机和活力、运行科学规范的股份制企业或股份公司。它们是现代企业制度的基本模式。旅游企业特别是大中型国有旅游企业，应积极实行股份制改造，逐步建立股份公司式的现代企业制度。

随着旅游经济活动的迅猛发展，旅游业的竞争日趋激烈，旅游企业的集团化趋势在我国也日益明显。上海锦江集团公司和华亭集团公司、北京旅游集团公司、陕西旅游集团公司等大型旅游企业集团已先后组建。这些旅游企业集团一般是以骨干企业为核心，以财产关系为纽带，通过生产要素的联合，逐步吸附其他企业，进而形成资产雄厚、操作规范、分工明确、各种要素优化配置、极具竞争力的大型旅游企业集团。

组建大型旅游企业集团具有以下三个方面的意义。第一，确定了旅游业的支柱地位。大型旅游企业集团规模巨大，资产雄厚，产业链完备，综合实力强，它的运行必将带动旅游业乃至整个国民经济的发展。第二，奠定了大产业的基础。中小型企业大多分属各地区、各部门，产品开发和市场竞争的能力普遍不强，经营管理水平也比较低。大型旅游企业集团冲破了条块分割的藩篱，在大范围内重组旅游业资产，把众多中小型旅游企业联合起来，从根本上改变了我国旅游企业地区所有、部门所有的状况。第三，促成了大旅游的格局。大型旅游企业集团改变了旅游业以旅行社、饭店为主的狭隘模式，把各相关行业或部门紧密结合在一起，融吃、住、行、游、购、娱为一体，极大地优化了旅游产业结构，增强了旅游业的吸引力和竞争力。

我们相信，随着社会主义市场经济体制的建立和完善，我国旅游企业的股份制和集团化进程一定能够顺利完成。

第二节　旅游经济的行业管理

一、旅游经济行业管理的概念及构成

行业管理，一般是指国家对经营同类商品的企业所进行的分行业的统一组织与管理。由于企业经济行为构成市场的主体，因此行业管理实际上是对市场的管理。旅游经济行业管理，是通过政策法规引导市场行为，建立统一的旅游市场规则，维护市场秩序，统一规

范所有旅游企业的行为，为各旅游企业经营活动的正常进行创造统一良好的运营环境。

由于旅游业内部经营活动的差异，可进一步将旅游业划分为不同的行业，如旅行社行业、旅游饭店行业、旅游交通行业、旅游目的地、旅游资源等等。

二、旅行社管理

（一）旅行社的性质和任务

旅行社是依法设立并具有法人资格，从事招徕、接待旅游者，组织旅游活动，实行独立核算的企业。从旅行社的存在形式来看，它是一个从事旅游经营活动的企业。从企业的活动来看，旅行社主要从事招徕、接待旅游者，并推销旅游产品，组织旅游活动，具有连接旅游产品和旅游者的作用，是联系旅游活动供需双方的桥梁。

旅行社的任务主要是通过计划、组织、协调旅游者的旅游活动来为旅游者提供相应的服务，为企业创造一定的效益。其具体任务主要包括以下几个方面。

(1) 设计与组织旅游产品。各个旅游企业或部门所提供的通常只是一些单项旅游产品，只有经过旅行社的设计与合理组合（包括路线的设计、交通工具、食宿、游览项目的确定），才能形成一个完整的满足旅游者需求的旅游产品。因此旅行社的首要任务就是根据旅游者的需求，设计与组合旅游产品。

(2) 协调、安排与有关部门的合作业务。旅游业是一个综合性行业，其业务涉及众多相关行业和部门。旅行社通过与相关部门的经济合作关系，安排旅游活动中发生的与相关部门有关的业务内容，以保证旅游活动的顺利进行。

(3) 接待旅游者。这是旅行社的基本任务和主要经营目标。为了接待好旅游者，旅行社必须配置专职接待人员，安排好旅游者途中交通、食宿和参观游览，并妥善处理旅游活动中遇到的其他事项，使旅游者的旅游需求更好地得到满足。

(4) 承办同旅游相关的各种委托代办业务，包括替社会团体和散客代订机票、车船票，安排客房，行李托运，接送及其他有关的委托业务等。

（二）加强旅行社管理的意义

旅行社是旅游经济中各行业的“龙头”，对旅游业的发展具有重要的作用，因此，必须加强旅行社的管理。加强旅行社管理的重要作用表现在以下几个方面。

(1) 加强旅行社管理有利于旅行社行业的健康发展。对旅行社行业的宏观调控与正确引导，可以使旅行社在公平竞争中更好地为旅游者服务，避免市场的无序竞争以及损害旅游者利益等不良现象的发生，为旅行社行业的健康发展奠定良好的基础。

(2) 加强旅行社管理有利于合理引导旅游者的消费行为，调剂旅游产品的时空余缺，提高旅游资源的利用率，保护好生态环境。旅行社的线路设计、产品组合开发，对旅游者具有一定程度的引导作用。根据旅游资源、交通、住宿条件、价格、淡旺季等各种因素，合理组织价格合理、内容丰富多样的旅游（产品）线路，既可满足旅游者的不同需求，又能使各种旅游产品要素得到合理的配置，缩小淡季与旺季、热点与冷点之间的差距，以充分有效地利用各种旅游资源，避免旅游者过于集中对环境带来的不良影响。

(3) 加强旅行社管理有利于旅行社自身的发展。旅行社要生存发展，就必须在市场竞争中立于不败之地。这就要求在公平的市场环境下，旅行社必须在企业内部实行严格的、高水平的管理，包括合理组织内部的人、财、物，降低内部消耗，合理安排旅游线路和旅游时间等。只有不断提高服务质量，扬长避短，发挥优势，才能使旅行社在市场竞争中稳步发展，不断取得较好的经济效益。

（三）旅行社的行业管理内容

旅行社的行业管理，是指国家在整体上对旅行社行业的宏观管理，是旅行社搞好经营管理的前提。具体包括以下几方面的内容。

(1) 健全有关旅行社管理的法律、法规与政策，这是对旅行社宏观管理的出发点和依据。旅行社的法律、法规及政策，既有国家的，也有地方性的，可根据全国和各地旅游业发展的实际需要而制定。

(2) 建立合理的旅行社等级结构，明确各类旅行社的职能和任务。旅行社的等级类型的划分应尽可能与旅游市场接轨，以便顺利地在旅游市场中与其他旅行社开展业务交往。旅行社等级的划分主要根据经营业务和主要经济指标来划分。目前我国明确将旅行社划分为两大类，即国际旅行社和国内旅行社，并明确规定各级旅行社的职能和经营范围。这样有利于对旅游市场进行统一的管理，保证旅游市场规范、有序地运行。

(3) 营造有利于旅行社健康发展的外部环境。要实行统一的服务标准、价格、政策、税率等市场规则，做好市场管理和监督工作，正确协调旅行社与相关行业的关系，为旅行社的发展创造统一的外部环境。同时也要做好对旅行社经营业务的监督检查工作，既要运用法律手段，也要运用年检、统计、质量监督、财务抽查、合同管理、履约保证保险等经济手段，强化旅行社的法律观念和质量意识，切实维护旅游者的合法权益和旅行社行业的长远利益。

(4) 旅行社行业的政企分开。政企分开可以保证企业自主经营。旅行社外联权和签证权的分离也是旅行社行业政企分开的重要内容之一。外联权属具有一定级别的旅行社所有，而签证权则是行政管理部门的职能，不能随意下放，以避免造成旅游市场的混乱。

(5) 做好为旅行社服务的工作。如建立完善的信息咨询系统，包括业务信息、政策法规信息、旅行社行业发展状况信息的咨询；开展统一的宣传促销；合理引导旅游者的消费行为；人员培训；指导旅行社行业组织和旅行社企业的业务工作。

三、旅游饭店管理

（一）旅游饭店的特点

旅游饭店是指以为旅游者提供住宿和饮食为主的综合服务性旅游企业。首先，它是一个服务性企业。旅游饭店提供的产品包括劳务服务和实物产品，但其中以劳动服务为主，实物产品为辅。实物产品销售只起到促进服务销售的作用。其次，旅游饭店提供的服务以满足旅游者住宿和饮食为主，这是旅游饭店的基本功能。此外，为了满足旅游者的多种需求，旅游饭店还尽量提供全面的辅助服务，如代办票务、邮电服务、银行服务、医疗服务、娱乐服务、商业服务、美容健身服务等等。再次，旅游饭店提供的劳务服务具有明显的不可贮存性，客房一天没有出租出去，就永远失去了这一天的销售机会，而不可能像其他商品一样可暂时贮存起来。最后，旅游饭店服务产品还具有无形性和差异性，即饭店提供的服务产品看不见、摸不到，非物质性非常明显，而且在不同时期生产的产品不可能完全一样。

（二）加强旅游饭店管理的意义

旅游饭店的管理包括旅游饭店的宏观管理和旅游饭店的微观经营管理，二者的途径、方式不同，但目标都是一致的，即促进旅游饭店业的健康发展。旅游饭店管理的水平直接关系着旅游饭店的运行状态及经济效益，其具体表现在以下几方面。

（1）旅游饭店管理是规范旅游饭店市场、创造良好的旅游饭店运营环境的重要保证，它是旅游饭店存在与发展的基础。

（2）旅游饭店管理能使饭店企业增强市场竞争力。竞争是市场经济的要求，随着旅游饭店数量的增加，增强对客源市场的竞争力是提高经济效益的根本保证。在饭店的硬件水平越来越高的同时，饭店必须更加注意管理水平的提高，要提供高质量的服务，以保持其市场竞争的优势。

（3）旅游饭店管理是提高旅游饭店经济效益的途径。通过旅游饭店管理，旅游饭店可以合理配置饭店的各种资源，充分发挥各种资源的作用，以较少的投入获得尽可能高的收益。

（三）旅游饭店的行业管理内容

旅游饭店的行业管理，是国家通过一系列政策、计划与投资，对旅游饭店规模、数量及布局进行的宏观管理。其具体内容包括以下几个方面。

（1）合理规划旅游饭店的布局、规模和风格。旅游饭店的建设计划一般由市场需求来决定，但在我国旅游饭店建设计划要由旅游行政部门根据市场要求统一部署、合理安排，以杜绝无计划盲目建设，做到旅游饭店的布局、规模符合旅游经济活动的客观要求。合理的旅游饭店布局、适宜的规模和独特的风格，一方面与游客流量、流向相协调，能够满足旅游者的需求；另一方面又可避免布局及规模不当所造成的资金浪费。

（2）建立统一的旅游饭店管理方针、政策及法规，创造统一的市场环境。旅游饭店的经营活动要接受旅游行政部门的统一监督、检查。如通过对旅游饭店的星级评定和检查，促进饭店服务水平的提高和管理的改善，从而有利于旅游饭店行业的健康发展。

（3）为旅游饭店集团的建立与运行提供有利条件，创造有利环境。旅游饭店的横向联合是提高旅游饭店竞争力和运行效率、增加饭店经济效益的重要途径。因此，旅游行政管理部门或旅游饭店行业组织要为旅游饭店集团的发展进行正确的引导，并提供必要的服务，创造良好的发展条件。

四、旅游交通行业的管理

（一）旅游交通管理的概念

旅游交通是为旅游者提供优质服务、满足旅游者的需求而存在的，为了达到这一目的，严格、完善的管理是必不可少的。旅游交通管理是指旅游交通管理部门和经营者对旅游交通运输和经营活动所进行的计划、指挥、组织、协调、监督等行为的总称。

（二）旅游交通管理的意义

旅游交通管理对旅游业的发展具有重要的意义，主要表现在以下几方面。

（1）旅游交通管理通过计划、指挥、组织、协调、监督等手段为旅游交通的顺利运行提供保障。旅游交通行业的运行需要统一的行业规则。经营者的经营活动需要有良好的外部环境和正确的管理措施。只有在旅游交通管理部门的统一指挥、协调下，并创造一个统一的运行环境和管理体系，才能保证旅游交通业的高效运转和正常发展。

（2）旅游交通管理是实现旅游供需双方利益的首要条件。一般来说，旅游者居住地与旅游目的地总是有一定的空间距离。为了到达旅游目的地，旅游者必须凭借各种交通方式来实现。于是旅游交通状况直接影响着旅游者的旅游需求，而旅游目的地的旅游产品供给方也必须依靠旅游者的到达才能销售其产品。因此，合理地安排旅游交通可同时满足供需双方的要求，是顺利实现双方联系的保障。

（3）加强旅游交通管理可以提高经济效益，丰富旅游内容。通过有效管理和合理组织各种交通方式，以尽可能少的投入去满足旅游者的需求，能够使旅游交通运营保持较高的经济效益。根据市场需求，合理规划、科学安排各种特殊旅游交通方式，不仅能够丰富旅游内容，同时也是增加旅游收入的必要措施。

（三）旅游交通的行业管理内容

旅游交通管理的主要目标，必须使旅游交通达到安全、舒适、快捷、完善和高效。安全在旅游交通中处于重要地位，它是开展旅游活动的出发点。旅游交通要首先保证游客的安全，它是旅游交通管理中的重要任务之一。舒适与快捷，既是旅游者的愿望，也是经营者的需求，旅游者可以从中得到满意的服务，经营者可以得到更高的效益。完善的旅游交通“硬件”设施和“软件”服务则是满足旅游者需求的根本保障。为实现上述目标，旅游交通管理，既要重视宏观计划的调控，又要重视市场的完善，并根据市场的要求，搞好旅游交通运营的管理。

（1）设置合理高效的旅游交通管理机构体系是加强旅游交通行业管理的前提条件。机构的设置要根据不同级别及不同行业的特点和需要，以有利于对相应级别的旅游交通管理为原则，以能加强相应全行业的宏观调控为主。

（2）建立完整的政策法规体系，规范旅游交通的行业管理。要研究、制定旅游交通全行业以及各分支行业的发展方针、政策，研究和制定旅游交通各行业发展的总体规划及分阶段实施计划，协调各旅游交通行业、地区、企业之间的经济关系，并根据需要制定切实可行的价格政策及收费标准，建立完整的法规体系，依法培育和监管旅游交通行业的市场行为。

（3）加强旅游交通企业的内部管理。旅游交通运营管理是针对整个运营过程的经营人员、交通工具及设施而言的。通过计划、组织、控制等手段实施管理，可以保证旅游交通运营活动正常进行，是实现旅游交通企业的经营目标与计划、增强企业在旅游交通市场的竞争能力、取得较高的经济和社会效益、确保旅游交通行业健康发展的根本保证。

五、旅游目的地管理

（一）旅游目的地管理的内容

旅游目的地管理是针对旅游目的地的旅游资源、旅游设施、旅游经营服务，发挥旅游资源的优势，为旅游者提供优质服务，提高社会、经济、环境效益所进行的综合管理。主要内容包括：合理布局旅游区网点，建立旅游区网络，旅游目的地旅游区域规划的制定，等等。旅游目的地管理对旅游目的地获得较高的综合效益具有十分重要的作用。

（二）旅游目的地规划管理

旅游目的地规划管理，包括旅游区的布局管理和旅游区的发展规划管理，是旅游目的地管理的重要内容之一，其具体包括以下两方面。

（1）旅游区布局。首先，要注意加强吸引力较大的重点旅游区的建设，充分利用这些地区的旅游资源和旅游设施优势，形成旅游经济的“增长点”，并以此为中心和枢纽逐渐向周围辐射，带动其周围或其间的旅游资源开发，最终形成合理的旅游区域网络。其次，旅游区的建设要注意发挥优势，避免雷同，形成各具特色的旅游区网点；同时在以特色为主的前提下，为满足不同层次旅游者的要求，也要注意综合发展。

（2）制定并执行旅游区发展规划。旅游区域发展规划是充分发挥区域旅游资源优势，提高旅游经济效益，保护环境，促进地区旅游业健康稳步发展的基础。因此，制定并有效监管执行这一规划也是旅游目的地规划管理的重要内容之一。

六、旅游资源的开发与管理

旅游资源是指对旅游者具有吸引力的一切因素的总和，一般可分为自然旅游资源和人文旅游资源。它是旅游者进行旅游活动的目的物，在旅游目的地的诸因素中处于核心地位。要使旅游资源具有使用价值，并发挥其最大的效用，必须对其进行合理的开发和利用，并对旅游资源合理开发利用进行管理。旅游资源开发和利用的管理是指对旅游资源在开发、利用、保护等整个运行过程中的全面综合的管理。通过对旅游资源开发和利用的管理，要做到在开发、保护的基础上，使旅游资源的利用具有持续性，并取得较高的综合效益。在旅游资源开发和利用的管理中，要坚持以下几条主要原则。

（1）在旅游资源的开发中要注意形成鲜明的地区特色，在保护特色的基础上，做到综合开发，内容丰富多样。

（2）在旅游资源开发利用中还要遵循经济效益原则，做好投资效益分析，旅游资源类型、数量和市场需求分析等。

（3）在旅游资源的开发利用中，要注意景区内旅游景观景点空间结构的合理组织，做到配置合理，既充分满足游客的需求，又保持合理的环境容量，并使各景区、景点流量达到合理的分配。

（4）在旅游资源开发和利用的整个过程中，要注意保护资源和生态环境，坚持可持续发展原则。

七、旅游区的经营管理

旅游区的经营管理要以提高经济效益为中心，合理组织安排好经营活动的各个方面，包括对外宣传、销售、线路设计、服务质量、财务、资源及设施的维护以及对区内各部门的协调管理。具体有以下几方面的内容。

（1）发挥旅游资源的区域特色优势，以此为“龙头”，积极开展系列特色旅游。具有地区特色的旅游资源可形成地区对外经营的拳头产品。要重视对外宣传，树立品牌形象，并以此为“龙头”，不断开拓新的旅游产品，进一步带动相关旅游项目的开展。

（2）开展区域联合，发挥整体优势。区域联合是指区域内的各行业既要发挥本行业的优势，更要注意相互之间的协作。协作默契，才能充分发挥各方面的作用，突出整体优势，提高总体经济效益。主要内容包括：实行统一的经济政策，建立公平的市场竞争体系；根据旅游市场需要，联合推出结构合理的旅游产品体系；联合宣传促销，扩大对外影响；各行业的服务要做到相互配合、衔接有序。

(3) 开展区际协作，建立旅游经营网络，充分合理地利用旅游资源。只有将本地区与其他旅游目的地的经营横向联合，开发合理多样的旅游线路，建立旅游网络，才能使本地旅游资源的价值得到充分的体现，最大限度地提高利用率，取得较好的经济效益。

(4) 建立高效的旅游区服务体系。旅游区的服务具有综合性特点，包括区内为游客服务的各个行业。因此，只有规范区内各行业的服务，提高服务质量，形成高效的服务体系，才能保证旅游活动的顺利开展，吸引更多的旅游者。这就要做到：一方面各行业要建立统一的服务标准，并落实到具体服务过程中；另一方面要注意各行业服务的衔接和联合，形成“一条龙”式的高效的综合服务体系。

第三节　旅游经济管理制度和法规

一、旅游经济管理制度与法规建设的重要性

旅游经济管理制度与法规是为保证旅游经济活动顺利进行而制定的一系列具有法律效用的行为规范，是旅游经济管理体制的重要内容。旅游业的经济性质，使得与旅游业有关的一切法规制度都直接或间接地与旅游经济活动有关，都可作为旅游经济管理的法律依据。其中直接针对旅游经济活动的顺利开展而制定的旅游经济法律制度更是旅游经济管理的重要依据。旅游经济法规、制度的重要性具体表现在以下几个方面。

（一）加强旅游经济法制建设是社会主义市场经济的要求

市场经济的正常运行必须有一个统一的市场规范来保证。作为市场经济领域的一个部门，旅游经济的健康发展也必须有完备的法制来规范和保障，这是完善作为法制经济的市场经济体制的客观要求，也是建立社会主义市场经济的重要内容。

（二）加强旅游法制建设是对旅游市场进行宏观调控的重要手段

为了使旅游经济的发展有一个良好的环境，保证各旅游企业进行公平竞争，国家必须采取经济的、法律的、行政的手段对旅游市场进行宏观调控。但是，由于旅游经济活动跨部门多、涉及面广，与交通、邮电、商业、环保等众多行业交叉关联，并涉及有关地方行业部门的具体利益，因此完全依靠行政和经济手段是远远不够的，有时甚至是无能为力的。于是就需要通过法律手段和方法来加强对旅游市场的调整和管理。加强旅游法制建设，既能保证旅游经济稳定有序地运行，又能充分发挥市场经济优势，促进旅游经济快速发展。

（三）为协调旅游经济活动中各方的关系和保证各方的权益提供法律依据

旅游经济活动涉及许多因素和部门，并与各相关部门发生各种关系，旅游经济活动的

开展实际上就是如何处理这些关系的过程。这些关系包括旅游行政部门与旅游企业之间的关系、旅游企业相互之间的关系、旅游企业与旅游者之间的关系以及旅游行政部门与旅游者之间的关系等。其中最经常发生的主要是旅游企业相互之间以及旅游企业与旅游者之间的经济关系，每一项旅游经济活动的开展都离不开各类旅游企业和旅游者。旅游企业和旅游者在旅游经济活动中的各种行为都包含一定的法律意义。如旅游企业之间的业务往来都必须有一定的经济合同等法律约束来规范其行为，旅游者购买旅游产品也要通过各种合同、票据来规定各自的权利和义务。因此，为旅游经济活动制定的各种法规制度对保证各旅游企业和旅游者的合法权益，协调旅游经济活动中各方的关系，保证旅游经济活动顺利进行具有重要的意义。

（四）促进旅游企业改进服务质量和提高经济效益

在缺少法制的市场里，旅游企业为了经济利益可以不择手段，提供以次充好的旅游产品而无后顾之忧，旅游服务质量投诉问题也难以得到根本解决。因此，在社会主义市场经济体制下，必须有一套严格的法规制度，它直接约束着旅游企业的行为，规范着旅游企业的服务质量；同时，在统一的市场规范下，企业自身也会不断通过改善服务质量来达到增强市场竞争力的目的。服务质量的提高、良好信誉的保证，也是旅游企业不断提高经济效益的根本措施。

二、建立健全旅游经济管理法制体系

健全旅游经济管理法制体系是一个系统工程，包括制定全面严密的旅游法规制度以及为顺利贯彻实施各项法规而采取的监督检查措施和对违法违规行为采取的处罚措施等，它贯穿旅游经济活动的整个过程，为旅游经济活动的健康运行提供全过程、全方位的法制保障。

（一）建立全面的旅游法规体系

旅游法规是以各种旅游关系为调整对象的，而旅游关系涉及的面非常广泛，包括旅游行政管理机构、各旅游企业及旅游者等不同因素之间的各种关系。因此，必须建立针对不同因素及其相互关系的全面的法规制度，才能规范旅游经济活动中的各种市场行为。具体的旅游法规体系应包括以下几个层次。

(1) 国际条约和国际协定。这是国际间旅游活动交流应遵循的统一规范。如《关贸总协定》中的《服务贸易总协定》，是旅游经济活动向国际化方向发展、旅游业与国际市场接轨的一个基础性的法律规范，是加强国际旅游市场管理、规范国际旅游市场行为的重要法则。

(2) 综合性的旅游法规。它是确定国家发展旅游业的方针、政策，以及旅游业在国民经济和社会发展中的地位的基本法则，是进一步制定单项旅游法规、条例、制度以及各地方法规的依据。例如，我国在“九五”期间颁布的《旅游法》就是一部综合性的旅游法规。

(3) 旅游行业单项法规。它涉及旅游业的各行业和部门，主要包括旅游资源、旅游景区管理、文物保护、旅行社管理、旅游饭店管理、导游管理、旅游交通管理、旅游价格管理、旅游保险、旅游者出入境管理、旅游合同、旅游法律责任与诉讼、旅游购物品管理等方面的法规和条例。如我国“九五”期间颁布的《旅行社管理条例》、《导游人员管理条例》、《旅游投诉条例》以及早已颁布的《中华人民共和国文物保护法》、《风景名胜区管理条例》、《古建筑消防管理规则》、《旅行社质量保证金暂行规定》、《旅游外汇管理暂行办法》等等。这些法规是针对旅游行业某一方面的行为规范而定的，但对整个旅游经济活动的运行都有重要的影响。

(4) 地方旅游法规。这是对国家相应旅游法规的补充。由于各地旅游资源、自然条件、经济环境不同，因而各地方可以根据本地的实际情况制定一些对国家旅游法规的补充法规，但不得与国家旅游法规相冲突，以保证本地旅游业的健康发展。

(5) 根据旅游业不同发展时期的具体需要，由国家或旅游行政管理部门随时发布的旅游方面的条例、规定和办法。这也是对国家正式法规的必要补充与调整。因为与旅游有关的各因素都是在不断变化的，旅游市场规则也要适应旅游市场的发展作出相应的调整与补充，以满足旅游业在不同发展阶段对旅游法规的新要求。

(6) 适用于旅游经济活动的相关法规。这些法规虽然不是专门为旅游业发展而制定的，但对旅游经济活动也有一定程度的制约作用。旅游法规未涉及的内容可执行相关法规的有关规定。如我国已颁布的《中华人民共和国环境保护法》、《中华人民共和国海关法》、《中华人民共和国食品卫生法》、《森林和野生动物类型自然保护区管理办法》、《中华人民共和国公民出境入境管理法》、《中华人民共和国外国人入境出境管理法》、《中华人民共和国经济合同法》、《中华人民共和国涉外经济合同法》、《工商企业登记管理条例》、《中华人民共和国会计法》、《国务院关于审计工作的暂行规定》、《物价管理条例》等等，也分别适用于旅游经济活动的各有关方面。

（二）建立监督检查机制，切实保证旅游法规的贯彻执行

有了健全的法规体系并不等于有了规范有序的旅游市场，要发挥旅游法规的作用，还必须采取各种措施保证法规的顺利执行。其中，监督检查和处罚制度则是必不可少的。这就要求各级旅游行政部门必须设立专门的监督检查机构，制定严格的检查制度，设立举报中心，采取定期或不定期的年检、季检及日常检查来保证各项旅游法规的贯彻和实施。旅游业涉及的部门比较多，除了行业内的自查之外，还要配合各级工商、物价、司法、外事等部门的监督检查，使旅游市场的一切行为都能时刻受到监控，从而规范市场中各主体的行为。

对旅游市场中出现的违法违规行为要作出及时的处理。对负有不同法律责任的行为通过不同的途径来处理。对负有行政责任的，主要通过旅游行政管理部门、公安部门或其他有关部门的行政处罚来实施，包括警告、罚款、拘留、没收、停业整顿、吊销执照等方式。对负有民事责任的可以通过自行协商和诉讼等途径来实施。对负有刑事责任的则主要通过刑罚的形式来实施。旅游经济活动中的违法违规行为大都是与各自的权益有关的，主要包括行政责任和民事责任。除行政处罚外，大量的由相互之间的权利和义务争议所造成的旅游纠纷主要通过自行协商、调解或仲裁的处理方式来解决。仲裁不能解决的，还可通过旅游诉讼得到最终的处理。

对旅游市场的监督检查和对违法违规行为的处罚是健全旅游法规体系不可缺少的重要组成部分。有法必依、执法必严和违法必究是旅游市场健康发展和旅游经济活动顺利运行的坚强后盾和保障。

[思考与练习]

1. 简述旅游经济管理、旅游经济管理体制、旅游经济行业管理的概念。
2. 什么是旅游经济管理体制？有何特点？
3. 如何建立有中国特色的旅游经济管理体制？
4. 试述我国旅游经济的行业管理是如何实施的。
5. 结合实际，谈谈旅游经济管理体制的改革。

第十二章　旅游经济发展战略

自上个世纪中期以来，旅游业以持续的增长速度而发展成为世界上规模最大的产业，并在发展过程中显示出旺盛的活力和广阔的发展前景。本章在对旅游经济发展模式概念、类型、比较特点进行分类的基础上，阐述了中国旅游经济的发展模式，并就旅游经济发展战略的制定和我国旅游经济发展战略的内容进行了论述；同时对旅游经济发展计划的制定依据、内容和方法进行了阐述。

第一节　旅游经济发展模式

一、旅游经济发展模式的概念

旅游经济发展模式是指一个国家或地区在某一特定时期内旅游业发展的总体方式。具体来讲，旅游经济发展模式是以旅游经济发展的主要内容为目标，在一定的社会经济条件下所形成的旅游经济运行方式和管理体制。它是对某一类型的旅游经济系统所作的理论概括和理论抽象。不同的国家和地区，由于国情或地区的情况不同，其旅游经济发展模式也可能完全不同。决定和影响旅游经济发展模式的主要因素有以下几个方面。

第一，不同国家或地区的社会经济发展水平存在着较大差异。如经济发达国家由于经济发展水平高，科学技术先进，各种基础设施、公共设施完善，旅游产业发展的内外环境良好，旅游业的发展成为整个社会经济发展的必然结果，因此在发展方式上是顺其自然的，即随着国民经济的发展旅游产业也自然而然地得到了发展。相反，在经济不够发达的国家或地区，由于经济发展水平较低，旅游产业发展所需的各种基础设施缺乏，因而其发展方式必然有别于经济发达国家。

第二，不同国家的经济制度和经济模式不同。经济制度是指一个国家在一定历史时期的生产关系的总和。目前世界各国的经济制度主要有两大类型：即社会主义经济制度和资本主义经济制度。经济制度的这种根本差别，会对其旅游业的发展模式产生重要的影响。经济模式是指一个国家经济运行的主要原则和抽象图式。它是对某一类型的经济系统所作的理论概括和理论抽象。市场经济模式已成为当代经济发展的主要模式。在市场经济发展模式中，有资本主义市场经济模式和社会主义市场经济模式两大类。其中，资本主义市场经济模式又有不同的现实模式，如美国的垄断主导的市场经济、德国的社会市场经济、日本的政府主导型市场经济、法国的有计划经济及瑞典的福利市场经济等。这些不同的经济发展总体模式对旅游业的发展模式也产生了重要影响。

第三，不同国家或地区旅游产业形成的时期和发展阶段也不同，对旅游产业发展模式也会产生影响。如前所述英国和美国等欧美国家，其旅游产业早在 19 世纪后半叶便已形成，至今已有一百多年的历史，而世界许多国家或地区的旅游业发展则始于 20 世纪下半叶，产业形成期不同，发展旅游业的目的和推动力量也不同，从而也会引起旅游产业发展模式的不同。

二、旅游经济发展的模式类型

旅游经济发展模式可从不同的角度划分为不同的类型。通观世界各国旅游产业发展的历史和现状，旅游经济的发展模式主要有以下几种类型。

（一）超前型发展模式和滞后型发展模式

这是从旅游产业的形成、发展及其与国民经济的关系出发来划分的。

超前型旅游经济发展模式，是指旅游经济的发展超越国民经济总体发展水平和发展阶段，通过率先发展旅游经济来带动和促进国民经济中与其相关联的其他产业和地区发展的一种发展模式。这种模式一般发生在经济不够发达的发展中国家，它们利用拥有的旅游资源，在政府的支持下首先发展入境旅游，以获得经济发展所需的外汇并推动相关产业和地区的发展。采取这种发展模式必须具备的条件是：第一，拥有足以吸引游客的旅游资源，这是采取这种发展模式的内部条件；第二，在境外存在着对其旅游资源的相应需求，并有必要的外部资金的注入，它们是采取这种发展模式的外部条件；第三，政府的政策支持，它是采取这种发展模式的前提条件。对于大多数发展中国家来说，具备这些条件的一般是其经济其础较好的城市和沿海地区。

滞后型旅游经济发展模式又称自然发展型模式，它是指国民济发展到一定阶段后，旅游经济便自然而然地形成和发展起来的一种发展模式。这种发展模式是建立在国民经济发展的基础上的，即随着经济的发展、人们收入水平的提高，一方面在居民中产生了对旅游的需求，另一方面社会也具备了适应这种需要的条件。因此它是一种常规的旅游产业发展模式，反映了旅游经济活动是整个社会经济活动发展的必然产物的客观规律。这种模式主要产生于经济发达国家。如西欧、北美一些国家，在 18、19 世纪产业革命后，伴随着社会经济的发展，其旅游业于 19 世纪下半叶便已形成和发展起来。

（二）市场型发展模式和政府主导型发展模式

这是从旅游产业发展的调节机制出发来分的。

市场型旅游经济发展模式，是指旅游经济的发展主要依靠市场调节机制来推动的一种发展模式。市场调节主要包括价格调节、供求调节和竞争调节等。在这些机制的作用下，实现旅游产业资源的配置，推动旅游产业内部的自行调节和自行均衡，在供求不均衡——均衡——不均衡的适应和不适应的矛盾运动中实现发展。所以，这种发展模式具有如下几个特点：第一，旅游产业的发展主要依靠市场机制来实现内部的自行调节和自行均衡；第二，政府的作用是间接的，主要是通过一定的市场参数来实现调节；第三，国家产业政策对旅游产业的影响主要侧重于市场需求。

政府主导型旅游经济发展模式，是指以各个时期的旅游产业发展规划或通过制定旅游产业政策来实现其发展的一种发展模式。它通过制定旅游规划或旅游产业政策来规划各个时期旅游产业发展的战略、目标和实现战略、目标的各种对策和措施，从而达到干预旅游产业发展的目的。这些对策和措施有行政的、经济的和法律的，但也不排除利用市场调节机制的作用，然而相对政府宏观调控来说，市场调节居于辅助地位。一般说来，这种旅游经济发展模式的产生具有两个重要前提：一是具有国家干预和控制经济的历史传统；二是短时期内有快速推进旅游业成长的战略目标。

（三）延伸型发展模式和推进型发展模式

这是从旅游产业旅游类别发展的先后顺序来分的。延伸型旅游经济发展模式，是指旅游产业的发展先以发展国内旅游为先导，在国内形成旅游产业的基础上，再发展入境旅游和出境旅游，最终实现国内旅游、入境旅游和出境旅游全方位发展的发展模式。这种模式的特点是：第一，它的发展是由境内向境外延伸；第二，它是在社会经济发展的基础上自然形成的。

推进型旅游经济发展模式，是指先以发展入境旅游为主，在由入境旅游形成旅游产业的基础上，随着社会经济的发展来发展国内旅游，最终实现入境旅游、国内旅游和适度出境旅游全面发展的发展模式。这种模式的特点是：第一，它是以先发展入境旅游来推动其他类型旅游的发展；第二，旅游产业的发展虽然主要以社会经济的发展为基础，但政府的作用不可忽视。

上述旅游经济发展模式是从世界范围旅游产业发展的全局归纳出的几种理论模式。但即使是同一种理论模式，在不同的国家或地区由于社会、经济等因素的不同，其现实发展模式也必然存在着差别。

三、旅游经济发展模式比较

国际旅游业经过一个多世纪的发展，经历了崛起、大发展而进入到稳定发展的阶段。但由于政治、经济以及地理位置、资源条件等方面的不同，不同国家和地区旅游业发展的水平也千差万别。下面主要从发展旅游业的目的、旅游业发展的形式、旅游业的管理体制与旅游业的经营体制几个方面作一些比较分析。

（一）旅游业发展目的比较

当今世界上，几乎没有哪一个国家不在开展旅游活动，但是由于政治、经济体制不同，各国发展旅游业的目的与追求的目标也不尽相同。一般来说，旅游业的有下面几个重要的目的。

1. 赚取外汇，改善国际收支平衡

西班牙是发展旅游赚取外汇收入的典型，旅游业是其外汇收入的主要来源。日本政府则鼓励本国居民出国旅游度假，或以旅游消费作为补偿贸易，以减缩其国际收支平衡中过大的顺差。

2. 增加就业机会，稳定社会秩序

英国把旅游业当做开辟就业机会的重要途径，重点扶植旅游企业，特别是在失业率较高的地区积极投资旅游业，鼓励人们参与旅游服务，力争每年通过旅游业发展增加纯就业机会 5 万个，使旅游业直接、间接就业人数达 15 万，占全国总就业人数的 6%。

3. 促进地区经济发展

如一些沿海地区拥有充足的阳光、海水和沙滩，也许发展农业和工业比较困难，但经过建设则是人们休闲度假的好地方。因此，许多国家把旅游者引向那些经济比较落后的地区，以促进那些不发达地区的经济发展。

4. 促进民间交往，改善国家关系

不少国家发展旅游业主要是为了扩大影响，把旅游业当做一种外交事业来发展，特别是比较封闭的国家更是如此。如1978年以前的中国是这样，目前的朝鲜、阿尔巴尼亚也是如此。

5. 发展社会文化

世界上不少国家把开展旅游活动，发展旅游业，特别是“社会旅游”或“奖励旅游”看做一种社会福利。独联体与许多东欧国家的国内旅游均属此类。法国发展旅游旨在提高人民的生活质量，澳大利亚把旅游活动与体育活动一样看待，而有些国家则把旅游业置于国家的文化部或体育、娱乐部的管辖之下。

（二）旅游业发展形式比较

1. 常规发展与非常规发展

一个国家的经济发达程度决定着它的旅游业发展水平。对西方发达国家来说，旅游活动首先在国内开展起来，而后是出国旅游，由近及远，同时接待海外入境旅游者。这种先国内后国外、以国内旅游为基础的旅游业发展形式，称做常规发展型。美国、英国等欧美重要的旅游国均属此类。对大多数发展中国家来说，国家经济落后，在国内旅游不发达、整个旅游设施不大完备的情况下，先开展入境接待国际旅游，再发展国内旅游，这是一种非常规型的发展模式。赚取外汇是这种发展模式最为突出的目的。由于国内旅游不发达，旅游设施使用者的替代性差，因而旅游业的发展不大稳定，旅游服务水平也难以保证。

2. 稳定发展与畸形发展

对大部分工业国家来说，旅游业的发展是循序渐进的，旅游业发展成为国家经济发达水平的象征。一般来说，这些国家的旅游业发展比较稳定，不大会出现大起大落的现象。但有些国家，特别是发展中国家，一味追求旅游入境人数与旅游收入的高指标、高速度，往往缺乏科学的规划和引导，从而造成旅游企业的畸形发展，出现某些旅游设施的数量、档次或布局不合理，配套设施不足，使已有的设施难以发挥应有的效益。

3. 大众市场与高档市场

欧美一些国家，依靠海水、沙滩、阳光的休养地来吸引外国旅游者。这些旅游地容量大，而且又有严重的季节差。这些国家发展国际旅游多以大众市场为目标，实行“薄利多销”的做法，保住人数就能保住收入，如欧洲的地中海地区和美洲的加勒比海地区的旅游国多属此种类型。但另外一些国家，或由于地域狭小，或因设施缺乏，或其他原因，不适宜发展大众性旅游，而是着眼于高收入、高消费或特殊兴趣的高档市场，以保旅游收入不减和其特殊的吸引力，如亚洲的不丹、尼泊尔、印度等。

（三）旅游管理体制比较

随着旅游业的发展，每个国家几乎都形成专门的机构，负责制定与执行国家的旅游政策，一般称之为国家旅游组织或国家旅游管理机构。这些国家旅游组织或国家旅游管理机构可能是一个部、局、委员会或者理事会，它们的地位、权力、职能也各不相同。世界各国旅游组织与管理机构大致分为以下几类。

1. 最高级的全国旅游决策机构

这个机构由各国政府有关部门的负责人（或代表）组成，由它制定全国性的重大旅游规划与政策方针，协调各部门的关系。大部分东欧国家采取这种形式。

2. 国家的旅游行政管理机构

国家的旅游行政管理机构大致有三种形式：一种是有一个完整的部或相当于部的国家旅游局，如埃及、墨西哥、菲律宾、泰国、叙利亚等；另外一种是与其他部门合为一个部，如意大利为旅游与娱乐部，法国为工业、邮电与旅游部，葡萄牙为商业与旅游部；再一种是旅游局归属政府的某一部负责，如日本为运输部，挪威为交通部，德国为经济事务部，美国为商业部等。

3. 半官方旅游机构

这种机构不算是政府部门，只是其主要负责人由政府部门任命，部分经费来自政府。这种形式在欧洲较为普遍，在一些国家仍称做半官方的旅游局，如爱尔兰、瑞典、芬兰、丹麦等；在另一些国家或地区则是旅游协会，如新加坡旅游促进协会。

4. 国家大型骨干旅游企业代行国家旅游组织的职能

如苏联的国际旅行社、捷克的“切多克”旅行社、马来西亚的国家旅游发展公司等，都属这种模式。

（四）旅游业经营体制比较

旅游业和其他行业一样，它的经营体制、经营方式与这个国家总的经济和政策体制是分不开的。从总的情况来看，世界各国旅游业的经营体制有以下两种主要形式。

1. 以私营大企业为主导，小企业为基础

在工业发达、旅游发达的市场经济国家，旅游业的经营者绝大部分是私有企业，其中大型的旅游公司、旅游托拉斯、旅馆联号和大型航空公司在这些国家的旅游业中起着主导作用。在美国，旅馆联号拥有的旅馆数占全国旅馆总数的60%以上。但是在许多旅游业发达国家中，私营小企业仍发挥着重要的作用，而且旅游业的历史越悠久，小企业的作用越明显，特别是旅行代理商、旅馆业与餐饮业。在英国，全国有各种旅行代理商6000多个，但真正的旅游经营商才几百个；英国的旅馆中，绝大部分旅馆的客房数在20间以下，客房在100间以上的旅馆仅占旅馆数的1%左右。

2. 国有旅游企业是本国旅游业的主体

在一些发展中国家，特别是一些后起的旅游国家，为了集中财力、物力和发挥国家的整体优势，专门成立了旅游发展公司（或者拥有这个公司的绝大多数的股份），促进旅游业的发展。如印度早在1967年就建立了国营印度旅游发展公司，经营旅馆、餐馆、汽车运输、免税商店等业务。巴基斯坦的旅游发展公司也是商业公司，国家拥有96%的股份。在大多数社会主义国家里，国家直接投资与经营的旅游企业，对旅游业实行垄断性经营。

四、中国旅游经济的发展模式

我国旅游经济发展模式是在政府主导下的超前的、推进型发展模式，这是由我国的基本国情决定的。

我国旅游业是伴随着我国对外开放政策的实施而发展起来的一个新兴产业。从产业运行环境来看，这种产业是建立在较弱的经济基础之上的，要使旅游业在短期内形成较强的产业体系，就要加大对旅游业的资金投入。因此，从短期效益分析，产业的投入与产出严重失衡，在这种情况下，旅游业本身所具有的“投资少，见效快，收益大”的经济特性难以充分体现。如果仅从旅游产业自身效益分析，在国民经济基础较弱的条件下，旅游产业的投入，似乎是没有道理的。但是，如果从旅游产业的宏观功能去分析，以下三点是值得思考的。

首先，从1978年以后，我国逐渐改变对外封闭的政策，打开国门，向全世界开放。我国实行对外开放政策，必须寻找一个开放的“切入点”，而这个“切入点”就是旅游业。旅游业是一个具有特殊优势的外向型国际性产业，它的运行依赖于世界范围的客源不断注入。通过旅游业的发展，我国可以广泛地吸引世界各国的旅游者，向他们提供产品和服务。大量来自世界各国的旅游者通过旅游这个对外窗口，了解我国对外开放的方针、政策以及投资的各种有利环境，有利于我国对外开放政策的落实。

其次，旅游业具有较强的综合性。旅游产业体系的形成，涉及众多的相关产业，对旅游业高强度的资金投入，可以带动一定区域范围内国民经济的全面发展。尤其对那些拥有较丰富旅游资源的地区来说，旅游业的带动作用更为显著。

最后，中国在经济大发展的历史时期里，需要从国外引进技术与设备，这就必须建立一大批创汇能力大、见效快的产业，以满足技术与设备引进对外汇资金的需要。与其他产业相比较，作为外向型产业之一的旅游业，在获取外汇方面，具有得天独厚的产业优势。大力发展旅游产业，在一个较短的时期内，可以得到一定数量的外汇流入，对于急需外汇，又缺乏强有力创汇产业的国家，不失为一种行之有效的举措。

综上所述，中国旅游经济发展现状和基本国情，使得中国的旅游业发展必须采取超前、推进型发展战略。按照这种发展战略，在评价中国旅游产业运行质量时，不能就其产业内在效益去评价，而应从旅游产业外部效益，特别是从波及与连带效益去评价，只有这样，才能对中国旅游业发展作出客观的评价，提高对发展旅游业的认识。

第二节 旅游经济发展战略

一、三种类型的旅游发展观

纵观世界旅游业的发展历程，基本存在着三种类型的旅游发展观。第一种是从经济和产业角度出发的旅游发展观念；第二种是从经济和社会角度出发的旅游发展观念；第三种是从经济、社会、文化和环境等方面综合考虑的旅游发展观念。第一种可称之为经济动力型发展观；第二种可称之为经济与社会双重动力型发展观；第三种可称之为经济、社会、文化、环境等多种目标型发展观或可持续发展观。

（一）经济动力型发展观

经济动力型发展观是从经济的角度划分的，是国家、地区和企业将旅游发展的经济功能置于首位的发展观念。这种发展观多见于发展中国家。这些国家一方面经济不够发达，另一方面发展经济又缺乏资金，尤其是外汇资金，因而把发展入境旅游作为获取外汇的一个重要渠道，并借此带动其他相关产业的发展。事实证明，许多发展中国家通过发展旅游业，赚取了可观的外汇收入，使之成为弥补外贸逆差和平衡国际收支的重要力量；也有不少国家或地区，尤其是一些岛国，其经济结构单一，通过发展旅游业带动了相关产业的兴起和发展；还有一些国家，在旅游业的发展中已取得了可观的经济效益，其旅游业产值已占到国内生产总值的30%左右。至于旅游企业，无论是公营的还是私营的都是以获取利润为主要目标的。

在这种发展观的指导下，旅游业发展的主要特征有以下三个方面。

(1) 旅游业的发展以发展入境国际旅游为主。发展入境国际旅游可以为国家或地区带来所需要的外汇，因而它便成为大多数发展中国家或地区发展旅游业的首要目标。在这种发展观的指导下，旅游业的发展主要是围绕满足境外游客的需要展开的，其旅游产业政策的制定、旅游设施的建造、旅游产品的设计、旅游价格的确定和旅游产业体系的建立多是以境外游客为对象的。

(2) 政府主导下的超常规发展。在经济动力型发展观指导下的旅游业的发展，一般属于政府主导下的超常规发展。所谓超常规发展是指其旅游业的发展不是随着国民经济的发展自然而然产生的，而是主要依靠政府的推动，借助国外的资金和吸引境外的旅游需求发展起来的。其中，政府的主导作用是关键。因为没有政府制定吸引外资的优惠政策，境外资金不可能投入旅游业中；没有政府优先配置旅游发展所需要的各种资源要素及采取吸引和招揽境外游客的种种措施，境外游客也不会大量进入。

(3) 外延型的数量扩张。在经济动力型发展观指导下，旅游业的发展往往容易以旅游接待人次和旅游收入作为衡量其经济效果的主要指标。特别是在旅游业发展的初期阶段，其主要特点是以旅游资源要素的大量消耗为代价换取旅游业产值的数量增长，它是一种典型的外延型数量扩张。这种外延型数量扩张的好处是能使旅游业以较高的速度取得发展，国家旅游外汇收入会较快增加，旅游企业收入也会迅速增长。但是，这种数量扩张消耗的资源甚巨，不仅容易引起对旅游业经济效果质量上的忽视，而且也易于导致由于外资和境外经营管理人员的进入所形成的大量旅游外汇收入的流失。

(二) 双重动力型发展观

双重动力型发展观是从社会和经济相结合的角度划分出来的，是既考虑旅游业发展的社会功能又考虑其经济功能的发展观念。这种发展观多见于经济发达国家。在这些国家，经济发达，人均收入水平高，对旅游具有强烈的需求。为适应这种需求，政府一方面给予积极支持，另一方面鼓励私人资本投资于旅游业。政府的支持主要表现在：第一，成立相应的旅游管理机构，制定旅游发展的有关政策；第二，开展旅游宣传活动，吸引境外游客前来旅游；第三，在主要客源国或地区设立旅游办事处，开展旅游宣传、调研和促销；第四，给予旅游业一定的资金补贴，支持其开展有关活动。政府通过这些措施，促进旅游业社会和经济功能的发挥。政府支持旅游业的目的是：第一，树立国家自由开放的形象，增进外国游客对其的了解；第二，拓宽就业渠道，缓解国内失业的压力；第三，满足国内居民不断增加的旅游消费需求，以稳定社会秩序；第四，积极发展入境旅游，以弥补或抵减由于本国居民大量出境旅游带来的旅游逆差。当然，持这种观念的发达国家的情况也不尽相同，如西班牙是以发展入境旅游为主，而日本自20世纪80年代以来一直鼓励居民出境旅游，以缓解因其外贸大量顺差而引起其他国家对它的压力。

由于这些国家经济比较发达，旅游业的发展是其社会经济发展顺乎自然的结果，因此，在这种发展观指导下，其旅游业发展一般具有如下主要特征。

（1）旅游业的发展主要是由本国居民的旅游消费需求推动的。这些国家经济发展水平高，居民的支付能力强，出外旅游已成为人们生活中的一种必需，旅游产业的发展主要是建立在这种强烈的消费需求基础上的。并且，国家各项基础设施和公共设施的完善和发展也为这种消费需求的顺利实现提供了便利。

（2）旅游业的发展主要由市场机制调节。在这些国家，市场机制对经济的各个方面起主要的调节作用，旅游业也不例外。市场机制就像一只“看不见的手”，对旅游资源要素的配置、旅游设施的建设和游客的流动起着调节作用。这种调节在正常情况下主要通过旅游供求、旅游价格和市场竞争来实现，政府很少干预，只是在特殊情况下，政府才采取某些限制措施，如提高旅游税收、限制居民出境旅游所携外汇数额等。

（3）旅游业发展的规模较大，速度相对较低，但旅游服务质量高、效益好。在这些国家，由于经济发达，旅游设施完善，交通、通讯手段先进，旅游活动的开展十分便利，因而无论是国内旅游，还是入境旅游和出境旅游，其旅游人次的规模都比较大，旅游市场比较繁荣。其中一些国家既是世界国际旅游的重要旅游目的地国家，又是重要的旅游客源国家。在这些国家，双向旅游十分发达，但是，由于其基数大，发展速度便相对较低，然而每个增长的百分点包含的绝对数较大。由于这些国家旅游业发展历史较长，人们受教育水平较高，因而旅游从业人员的素质较好，管理水平也比较高，经济效益也比较显著。这种发展观虽然兼顾了旅游业发展的社会和经济利益，但是由于市场竞争激烈，旅游业经营者各自追求自身的利益，而政府又干预较少，因此常常会对旅游资源和环境造成破坏和污染，影响国家和地区的旅游形象和整体利益。

（三）可持续发展观

可持续发展观是从旅游业发展要和经济、社会、文化及环境等方面利益相协调的角度划分的，是确保旅游业发展可利用的资源能用来“满足当代人的需要而不危及满足今后各代人需要的能力”的发展观念。

按照这种发展观，一是旅游业的发展要满足当代人的需要，无论是富国还是穷国，富人还是穷人，都有生存权和进行旅游的权利；二是旅游业的发展要与自然、文化和人类生存环境形成一个整体，必须建立在生态环境和旅游资源可承受的能力之上，符合当地经济发展状况和社会道德规范，使之与经济、社会、文化等方面的发展相协调；三是旅游业的发展既要满足当代人的需求，又要从长远观点出发，考虑今后各代人的需要；四是在旅游业的发展中，要同时注重维护和改善自然环境和社会环境，节约使用资源，这应成为所有参与旅游活动的人们的共同责任。总之，“地球不是我们从先辈那里继承来的，而是我们从后代那里借来的”。

在可持续发展观的指导下，旅游业发展应具有的特征有以下几个方面。

（1）政府主导下的循序渐进发展。要实现旅游业的可持续发展，政府应充分发挥主导作用，制定与各时期的经济、社会、文化和环境发展相协调的旅游发展规划，在规划的指导下加强管理。同时，制定切实可行的法规和制度，对旅游投资者、经营者、旅游从业人员、当地居民和游客的行为进行规范，调节国家、地方、社区、当地居民和旅游投资者、经营者的利益，以确保旅游业健康、协调、有序地发展。

(2) 资源得以永续利用的发展。旅游业发展需要利用的资源分为两大类，一类是能形成旅游吸引物的资源，即旅游资源；另一类是旅游发展所需要的经济资源和人力资源，如资金、原材料、能源、技术、人才等。前一类资源又分为可再生的和不可再生的两种。对于可再生的资源，应充分利用来为旅游服务；对于不可再生的资源，应坚持“保护第一”的原则，实行保护性开发，有限利用。对于后一类资源，其利用应是集约型的，要使同量的资源能产生最大效益，并根据旅游业中饭店、旅行社和旅游购物品生产的资金密集、人才密集和劳动密集的不同情况，合理配置和利用资源，以保证旅游发展所需要的资源的有效利用和永续利用。

(3) 经济效益、社会效益和环境效益相统一的发展。按照可持续发展观，旅游业的发展不仅要努力实现其经济效益，为国家和地方经济的发展扩大内需，增加税收，赚取外汇；而且要扩大其社会效益和环境效益，为社会创造更多的就业机会，改善居民的生活质量，更好地满足人们日益增长的物质和文化生活需要；还要精心地保护和管理好自然生态环境，从而实现经济发展目标、社会发展目标和环境发展目标的结合。

上述三种旅游发展观是在不同的社会经济基础上产生的，是不同社会经济发展水平的反映。

二、旅游经济发展战略的概述及制定

(一) 旅游经济发展战略的内容

旅游经济是一个国家或地区国民经济体系中的一个重要分支。旅游经济发展战略是指在国家或地区整体发展战略的指导下，对旅游产业的发展所作的总体性长期谋划，即对一定时期内旅游产业发展的方向、规模、阶段、原则、任务等进行的总体性谋划和同期内旅游产业与其他产业关系的全局性协调谋划。

旅游经济发展战略的主要内容有两个方面。

第一，旅游产业发展的战略目标。它是制定旅游经济发展战略的首要问题，主要包括旅游产业发展所要达到的数量指标、增长速度、产业结构的变化、技术进步，以及提高旅游经济效益、社会效益和环境效益的要求等。

第二，实现旅游产业发展战略目标的对策、途径和手段，即战略重点、战略步骤、战略措施等。实现旅游产业发展战略目标的对策、途径和手段主要有：旅游产品的发展、旅游资源的开发、旅游设施的建设、旅游市场的开拓、旅游产业结构的调整、旅游人才培养以及资金的筹措等。

旅游经济发展战略可分为三个层次，即全国旅游经济发展战略、地方旅游经济发展战略和旅游企业（景区）经济发展战略。三个层次的旅游经济发展战略既相互区别又相互联系，低一层次的发展战略总是上一层次战略的组成部分。所以，全国性的旅游经济发展战略是最重要的，它对下面层次的旅游经济发展战略具有指导意义，下面层次的旅游经济发展战略必须根据全国旅游经济发展战略来制定。

三、旅游经济发展战略的制定依据

世界上不同的国家和地区，由于国情或地区情况的不同，社会经济发展水平不同，旅游资源状况和发展潜力不同，旅游产业发展所处阶段不同，因而各国、各地区在各个时期的旅游经济发展战略也不一样。一般说来，影响和决定旅游经济发展战略的因素主要有以下三个方面。

（一）社会经济发展水平

社会经济发展水平是影响和决定一个国家和地区旅游经济发展战略的基础因素。一方面社会经济发展水平的高低会对旅游产业的发展提出不同的要求，即社会经济发展水平高，居民的收入水平也高，旅游消费需求强烈，要求旅游业快速发展；经济发展水平低，虽然国内居民旅游消费需求薄弱，但为了促进经济的发展，要吸收外汇以积累建设资金，加速发展入境旅游便成为一种较好的选择。另一方面，社会经济发展水平又会对旅游产业的发展形成制约，即国民经济中同旅游相关的其他产业能对旅游业提供多大支持。若经济发展水平高，这种支持就比较有保证；反之，经济发展水平低，这种支持就相当有限，从而会制约旅游产业的发展。所以，在制定旅游经济发展战略时，尤其是在考虑战略目标时，必须充分考虑不同国家和地区在不同时期的社会经济发展会对旅游业提出什么要求和能提供多大的支持。

（二）旅游资源的丰富程度与开发潜力

一个国家或地区旅游资源状况是其旅游产业发展的前提条件，对制定旅游经济发展战略有直接影响。如果旅游资源丰富，又各有特色，就可以为游客提供多种类型的旅游产品，满足各种不同的旅游需求；并且，由于其开发潜力大，旅游产业发展的后劲也大。因此，在制定旅游经济发展战略时，着眼点可以放宽、放远。反之，若旅游资源比较匮乏，或比较单一，如某些岛国，除了海滨度假不能提供其他的旅游形式，其旅游产业的发展便会受到一定的限制，旅游经济发展战略也会有别于前一类型的国家或地区。

（三）旅游产业发展所处的不同阶段

不同的发展阶段意味着旅游产业发展的基础和水平的不同，进一步发展的要求也不同，这对旅游经济发展战略的制定也起着重要作用。一般说来，旅游产业的发展若处于初期阶段，各项旅游基础设施还不完善或配套，旅游产业体系也处于构建之中，那么旅游业的进一步发展不仅需要投资大，而且还需做好旅游产业内部和外部的协调；并且，旅游业在发展初期，虽然发展速度较快，但质量低，主要表现为数量增长。在成长阶段，旅游产业体系初步建立，各方面关系也基本理顺，旅游产业的发展虽然在速度上有所减缓，但在数量上仍有较大增长，需要的投资仍然较大。在这个阶段，在数量继续扩张的同时，开始注重质量和效益。在成熟阶段，各种旅游基础设施已成龙配套，各种接待设施已很完善，服务质量和管理水平也较高，产业体系健全，旅游经济运行通畅，旅游产业的发展主要表现为低速度、高质量和高效益，即以内涵扩大再生产为主的效益型发展。在旅游产业上述发展阶段，由于各阶段的具体情况不同，对发展战略的要求也不同。因此，旅游经济发展战略的制定必须充分考虑旅游产业所处的不同阶段。当然，影响和决定旅游经济发展战略的因素除以上三个方面之外，还有其他因素，如国家和地区的产业政策、旅游市场需求与格局、政治、经济环境等。在具体制定过程中，也应对这些因素进行深入分析，全盘考虑。

（四）旅游经济发展战略的制定原则

制定旅游经济发展战略一般应坚持以下几项主要原则。

1. 因地制宜的原则

发展旅游业不仅需要以一定的资源为基础，同时旅游地所处的地理位置也是一个重要因素，不能强求一律。一些经济不发达的地区，在找不到经济发展的有效途径时，往往就把旅游业确定为支柱产业或主导产业，最终可能事与愿违，这种不顾具体条件的做法，既浪费了时间、机会，也浪费了发展资金。因此，要因地制宜，让旅游资源丰富、区位条件又好的地方优先发展旅游业，条件不具备的地方应发展其他优势产业，或创造条件后再行发展旅游业。

2. 旅游经济与国民经济相适应原则

旅游经济的发展是与国民经济水平紧密相连的。国民经济的发展为旅游经济发展提供必要的基础和前提，包括技术水平、资金保障、市场基础、社会环境等；旅游经济的发展又为国民经济其他产业的发展提供所需的积累、外汇和市场环境等。因此，旅游经济的发展战略应坚持与国民经济发展相适应的原则。

3. 旅游经济的发展要与国际旅游市场接轨的原则

我国加入 WTO 以后，旅游经济的发展更要加快和国际旅游市场接轨，参与国际市场的竞争，这就要涉及旅游产品的设计、产品标准、接待规范、价格标准、市场运作等方面的工作，只有这样才能使旅游经济发展战略面向国际市场，适应国际市场的要求。

4. 旅游产品间相互平衡的原则

旅游经济是一个复杂的整体，它由众多的旅游活动所组成，这些活动都是旅游企业和旅游者共同构建起来的。旅游产品构成联结旅游企业和旅游者的纽带，形成旅游经济的需求与供给体系。因此，在旅游经济发展中必须保持旅游产品相互间的平衡，保持食、住、行、游、购、娱等各个环节的平衡，以充分发挥旅游综合生产力的作用。

（五）我国旅游经济发展战略

1. 适度超前的旅游发展战略

长期以来，我国的旅游业仅仅被看做一种接待性的政治工作，国家没有把旅游作为一种经济活动来对待。随着我国改革开放的深入，旅游经济活动在我国已被认同，并纳入到国民经济发展的计划之中，成为一个产业。1987 年，面对着旅游业蓬勃发展的局面，我国迫切需要开展对旅游经济发展战略问题的研究，以推动这一新兴产业长久地健康发展。鉴于此，在国务院主管领导的提议下，“中国旅游经济发展战略”课题被列为国家“七五”哲学社会科学重点课题。这是一项高层次、大规模的系统研究工作，经过课题组全体成员的共同努力，课题研究取得了丰硕的成果。这项课题研究的核心成果概括为一句话就是：中国旅游业要实行适度超前的发展战略。旅游业的适度超前发展的基本含义包括两个方面。首先是“超前”，即其发展速度既要超过我国国民生产总值的增长速度，又要超过国际旅游业的平均增长速度，以体现一个新兴产业的内在生命力，从而达到一个外向型产业的国际化要求。其次是“适度”，这是由我国基本国情与旅游业的综合性和依托性较强的特点所决定的。由于旅游业涉及的面较广，与其他产业相关性较强，旅游业的发展不可能不顾及各个方面的主客观条件的制约而孤军奋进。因此，“超前”与“适度”二者是相辅相成的，都是国民经济发展对旅游业的基本要求，都是从我国的基本国情出发的，或者说，“超前”是战略配置的要求，“适度”是策略配置的要求，战略与策略构成一个完整的体系。另外，在今后的长期发展过程中，具体把握还有一个动态协调的问题，既要坚持“超前”，又要把握“适度。具体说来，我国旅游业适度超前发展战略包括以下五个方面的内容。

(1) 主要经济指标发展速度的超前。旅游业发展速度要高于国民经济发展速度和工农业的发展速度。

(2) 产业发展水平的超前。旅游业的管理水平、技术水平、服务质量、经济效益水平要超前于国民经济的总体平均水平。到 2020 年，中国将成为世界旅游大国。

(3) 人才培养的超前。旅游业是国际性的行业，也是一个特殊的产业，要达到国际标准，必须建立一支熟练掌握现代化管理技术和操作技能，适应国际化大生产，政治、业务素质都相当高的队伍。要建立这样一支队伍，人才培养必须超前。

(4) 旅游业的适度超前发展。适度超前而不是盲目超前。适度的尺度在于，发展速度高于国民经济及工农业的总体速度，但必须与密切相关的产业，如民航、铁路等产业发展保持基本协调，切不可不顾这些产业的发展情况而盲目超前。

(5) 旅游业的适度超前是对全国总体在相当长一段时期而言的。一方面全国各地应根据各地旅游资源条件和环境条件区别对待，并不要求所有地区不顾自身条件一律超前；另一方面在时间上，并不是要求每一年度都超前，而是就一个相当长的时期而言要超前。因此，适度超前发展是有条件的，不是无条件的，并不排除某些地区或某些年份发展的滞后。对于那些旅游资源丰富、配套设施相对完备、可进入性强、商业价值高、投入产出效益大、发展旅游业利益显著的地区，应当做到适度超前发展。

2. “四位一体”的旅游经济发展战略体系

所谓“四位”，就是指该发展战略体系主要是由政府主导型战略、经济新增长点战略、旅游强国战略、可持续发展战略这四个方面构成的。所谓“一体”，就是这四个战略集中为一体，构成一个战略体系，形成合力，以推动我国旅游业的发展。

(1) 政府主导型战略。

政府主导型战略，是指在旅游经济活动中，在以市场为主配置资源的基础上，充分发挥政府的主导作用，以促进旅游业快速发展的战略。政府主导型战略的主体是政府，基础是市场。因此，在制定和实施这一发展战略过程中，涉及各方面的关系是复杂的，如各级人民政府及其旅游主管部门与各企业的关系、政府与市场的关系、企业与市场的关系等等。按照旅游经济活动的实际情况和要求，各个层次和各个方面应有所侧重和分工，以构成完整的促进旅游业发展的体系。

政府主导型战略的主要内容包括：观念主导、政策主导、管理主导和资金主导等四个方面。参照国际经验，实施政府主导型战略的主要措施有以下几条：建立和完善旅游法制体系；旅游管理部门升格；开征旅游税；增加旅游宣传促销的投入等。

(2) 经济新增长点战略。

社会经济发展，就其产品而言，是一个不断推陈出新的过程；就其产业结构而言，是一个不断调整的过程，产业结构的变化是受不断变化的消费结构所制约的。由于社会不断发展，人们的消费观念不断更新，消费方式不断转变，从而使消费结构处于不断的变动过程中。因而在经济发展过程中，经济增量的调整是解决经济结构优化的途径。大力开辟新的消费领域，寻求和培育新的经济增长点，不断增加新的产品，满足人们不断增长和变化的消费需求就成为宏观决策的重大问题。在选择和确定新经济增长点时，一般要坚持如下原则：一是要符合经济增长方式转变的要求，要有利于经济增长由传统的粗放型向集约型转变；二是市场需求的潜力大，有利于增加有效供给；三是产业的关联度高，有利于带动相关产业的发展和经济结构的升级；四是国际竞争力强，有利于增加出口创汇；五是投入产出比大，投资效益好，有利于形成经济的良性循环。这五项原则也是新的经济增长点的基本特征。旅游业的发展，完全符合新的经济增长点的五个基本特征，因此，很多地区都把旅游业的发展作为本地区新的经济增长点。从全局来说，新的经济增长点战略自然成为旅游业发展战略体系的一个重要组成部分。

（3）旅游强国战略。

我国是一个具有悠久文化传统的文明古国，几千年的传统文化沉淀，使我们拥有得天独厚的旅游人文景观资源。经过近几十年的发展，我国已经是世界上的旅游大国，但还远远不是一个旅游强国。因此，旅游强国战略，必然要成为我国旅游经济发展战略体系中的一个组成部分。为了增强我国在国际旅游市场上的竞争力，必须提高我们的旅游发展质量。质量是提高国际竞争力的核心，没有质量就没有竞争力。旅游发展质量是一个综合性的概念，它所包含的内容相当广泛，概括起来主要有：旅游产业结构完善化，宏观管理法律化，行业管理规范化，经济运行有序化，旅游消费普遍化，旅游产品系列化，旅游促销多样化，服务质量标准化，技术装备高度化，产业组织集团化等。我们只有把上述各个方面逐一加以解决，才能提高我国旅游发展的质量，才能最终提高我国旅游总体竞争力，使我国真正由一个旅游大国成为一个旅游强国。

（4）旅游可持续发展战略。

人类社会在长期发展过程中，尤其是进入工业化阶段后，人们对自然资源和环境采取了掠夺性的消费，使得社会的资源逐渐匮乏，环境日益恶化。因此，摆在人类面前的首要问题，就是人类怎样保证社会可持续发展的问题。目前，可持续发展战略已成为世界性和世纪性的话题，引起了世界各国政府和人们的广泛关注和普遍重视。旅游可持续发展战略自然成为旅游经济发展战略的组成部分。

1989 年 4 月，在荷兰海牙召开了“各国议会旅游大会”，从议会的角度提出了对旅游发展的认识。这次会议，第一次明确地提出了旅游可持续发展的思想。旅游与可持续发展有着一种天然的偶合关系，在可持续发展战略中占有重要的地位。这是由于：

（1）旅游与环境之间存在着不可分割的关系。旅游活动的开展要以优良的环境为条件，优良的旅游环境才能增强旅游的吸引力。旅游业的发展，要求我们必须对环境进行严格保护和改善。旅游业与环境二者的关系呈正相关关系。如果我们不能保护旅游环境，旅游业的发展必将受到影响和扼制。

（2）从代价的角度来看，旅游业的发展，不会像工业化生产那样可能给环境造成毁灭性结果。它与多数行业相比，不仅环境代价小，同时所耗费的资源也较少，所以旅游业曾赢得“无烟工业”的美誉。因此，旅游业是天然的具有可持续发展的优势产业。

(3) 旅游活动与人的生活质量直接相关。追求生活质量，是人类的共同意愿。旅游活动是人类生活中较高层次的活动，是物质消费与文化消费的统一。旅游已成为体现当代社会人们生活质量的重要因素，是人们生活质量提高的重要内容。可见，旅游可持续发展战略的实施也正是人类发展的目的所在。

当然，人类如果无控制、无计划地发展旅游业，也会给自然环境和社会环境带来一定的负面作用。如某些地方急功近利，盲目地开发旅游资源，不合理地利用旅游资源等，也会使生态环境遭到破坏，造成环境的污染，而且容易在旅游者与当地居民之间引起社会、经济和文化方面的消极摩擦等等。正因为如此，旅游可持续发展战略的选择，要求各国政府在发展旅游业时，要克服和消除开展旅游活动可能带来的负面影响，发挥旅游在社会可持续发展中的积极作用，使旅游业真正成为“永不衰竭”的朝阳产业。

上述四个旅游经济发展战略构成了一个综合协调旅游经济发展战略的体系，我们称其为一体化战略体系。在旅游发展的一体化战略体系中，政府主导型战略居主导地位，起着决定性作用；经济新增长点战略的实质是行业规模的扩大与作用的增强；旅游强国战略的实质是旅游发展质量的提高与竞争力的增强；可持续发展战略的实质是经济效益、社会效益和环境效益的统一。

第三节　旅游经济发展计划

一、制定旅游经济发展计划的必要性

计划是指在发展战略目标和行动纲领的指导下制定出相应的政策和策略的过程，而这些政策和策略是实施计划的重要手段和方法，它具体制定了为实现战略和规划而形成的旅游经济阶段性发展方向、发展规模和速度、行动准则和实施途径等各种计划要素。

旅游经济的有计划发展，就是要求国家通过自觉地制定旅游经济发展计划，实现综合平衡，使旅游经济发展中的一切要素处于互相适应的状态。旅游经济作为社会主义市场经济的一个组成部分，实行有计划发展是极其必要的。

第一，旅游经济有计划发展是旅游产品生产的内在要求。

旅游产品具有综合性的特点，因为生产旅游产品的部门与行业是众多的，不仅包括旅游部门中的各个行业，还包括旅游部门外的其他部门与行业，它们共同合作，向旅游者提供满足其多方面需要的整体旅游产品。旅游产品生产的这一特点，决定了必须实行有计划的发展。否则，任何一方发展上的脱节，都会影响整个旅游产品的供应和质量。

第二，旅游经济有计划发展是国民经济按比例协调发展的要求。

国民经济按比例协调发展是社会化大生产的客观要求。社会化大生产，使国民经济各部门联结成一个有机的整体，它们之间是互相联系、互相制约的，其中某一环节比例失调，都会导致整个国民经济的比例失调。旅游经济是国民经济链条中的一个环节，它的发展必须与其他部门的发展相协调。如果旅游经济发展比例失调，整个国民经济就不能协调

发展。因此，只有包括旅游经济在内的各部门的有计划按比例的发展，才有可能使整个国民经济按比例发展。

第三，旅游经济有计划发展也是经济合理布局的客观要求。

旅游资源、旅游服务设施及交通状况的地区差异，导致旅游经济发展地区的不平衡。实行旅游经济的有计划发展，国家可以根据各地旅游资源分布情况和客源市场特征，在充分发挥各地特色的基础上，有计划地分配资金和劳动资料，合理安排旅游资源的开发，有效地进行经济的合理布局，建设相互联系、各具特色的旅游区域，从而取得综合的整体的经济效益。

二、制定旅游经济计划的主要任务和原则

制订旅游经济计划的主要任务是，在旅游经济发展战略的指导下，确定合理的宏观调控目标，制定相应的产业政策，搞好旅游经济预测和分析，规划旅游经济结构和旅游生产力布局，安排组织重点建设项目。

在大力发展社会主义市场经济的条件下，旅游经济运行要依靠市场供求关系变化加以调节，但这并不意味着计划失去了作用。计划和市场在旅游经济运行中作用的侧重点是不同的，计划主要从宏观上指导旅游经济发展，而市场更多的是从微观上调节利益主体的行为。这种微观调控往往带有一定的盲目性，必须由宏观计划加以指导。因此，制定旅游经济计划的主要任务之一是确定合理、客观的调控目标，并依据该目标的要求确定相应的产业政策，以引导微观经济主体的行为朝着符合旅游经济发展战略的方向发展。

加强对旅游经济信息的收集、研究，搞好旅游经济预测和分析，也是旅游经济计划的主要任务。随着科学技术的不断发展，整个社会处于剧烈变革和激烈竞争之中。信息在经济运行中的作用越来越大，旅游业作为国际性产业，要加入国际经济大循环中，其市场竞争的激烈程度更强。要在激烈的市场竞争中取胜，关键是对旅游经济发展作出科学的预测和分析，这需要建立在对旅游经济信息的收集、整理和分析研究的基础上。要通过一系列分析研究，指明旅游经济走向，使旅游经济计划的预测性、导向性和政策性作用得到进一步发挥，更好地引导市场主体行为，以符合旅游市场发展的趋势。

规划旅游经济结构和旅游生产力布局，安排组织一些重点建设项目，同样是旅游经济计划要解决的主要任务。旅游经济结构包括旅游行业结构、旅游产品结构、旅游组织结构、旅游企业所有制结构等内容，旅游生产力布局实际上反映的是旅游资源合理配置的问题。虽然在旅游生产力的布局上，市场也发挥着重要作用，但这种作用具有一定的盲目性和自发性，并且在形成后出了问题才会自发地调节，所以带有一定的破坏性。因此，必须加强宏观计划的调控指导，使市场在宏观调控下对旅游资源配置起基础作用，引导旅游生产要素实现合理流动，完成旅游经济结构的优化与升级，提高旅游经济效益；同时，要把一些旅游重点建设项目的开发纳入旅游经济计划之中，依据旅游市场发展需要及财力状况加以安排。为了提高建设项目的投资效益，要把旅游重点项目的开发推向市场，由投资主体自主决策，自负盈亏。但在项目的选择安排上，要加强计划的指导作用，严格筛选，以保证项目的准确性和效益性。旅游经济发展计划作为指导旅游经济实际活动的方案，其制定过程必须依照以下几个原则。

（一）科学性原则

计划是对未来经济活动的自觉指导，旅游经济计划是对未来旅游经济活动的自觉指导。要达到对未来旅游经济活动自觉指导和自觉控制的目的，旅游经济计划必须严格遵守科学性原则来制定。旅游经济计划的科学性主要表现在按比例和综合平衡两个方面，科学性程度反映人们在过去的旅游经济活动的基础上形成的对客观规律的认识深度和认识水平。因此，旅游经济计划总是对未来的预测和对过去的总结的统一。凭主观意志制定的旅游经济计划，不仅不能达到对未来旅游经济活动的自觉指导和有效控制，相反，会破坏旅游经济活动协调和按比例发展的关系。只有具有科学性的计划，才能进一步符合旅游经济内在发展规律的要求，才能促使旅游经济活动向着合理的、协调的方向发展。

（二）灵活性原则

旅游经济计划是对未来经济的预测和对过去的总结的统一。对未来经济的预测是制订旅游经济计划的重要前提，而预测只是对未来经济现象的推测，并不能完全掌握旅游经济活动的全部内容。一般情况下，很难作出全面的准确无误的预测。因此，旅游经济计划必须保持一定的灵活性，以便能适应未来变化的旅游经济实际情况。

应当指出的是，旅游经济计划是对未来旅游经济活动进行控制的依据，对这种旅游经济活动过程的控制，客观上必须有一个确立的标准量，计划就是这种标准量。对旅游经济活动的控制就是不断修正运行的实际结果与计划标准量之间的偏差。在旅游经济控制过程中，按照灵活性原则，允许计划与实际存在一定的偏差，但是计划作为控制旅游经济活动的依据地位不能改变。调整计划只能是调整标准量，而不是不要标准。不以计划为依据施行控制，必然会导致旅游经济活动的失控。

（三）群众性原则

旅游经济计划不论采取自下而上，还是自上而下的方式制定，都应坚持群众性原则。因为旅游经济是一个综合性经济，它涉及社会和经济生活的方方面面。旅游经济计划作为指导这个综合性经济系统运行与发展的纲要，是在充分听取各有关部门、地区和专家的意见的基础上，根据大量的历史统计资料、对未来旅游经济情况的预测和各种客观约束条件的分析，并采取各种经济技术方法而制订出来的。编制旅游经济计划实质上是了解情况、掌握信息和处理信息的过程。因此，计划的制订遵循群众性原则就显得十分重要。只有多方面吸收各种信息和建议，反复论证与比较，才能使计划制订得更为科学，更为可行。

（四）优选性原则

制订旅游经济计划的目的是要使未来的旅游经济活动的运行与发展克服自发性和随机性的问题。从这个意义上，计划具有两个明显的特征：一是具有可行性；二是具有优化性。在计划过程中既要遵循可行，也要追求优化。不追求优化就失去了计划的本来意义。要做到计划的优化，就必须具有多种计划方案并从这多种方案中进行选择。因此，计划过程实际上也是一个优选过程，计划过程总是对各种可行性方案比较、选择或综合的过程。

三、旅游经济发展计划体系

旅游经济发展计划是一个国家或地区制订的在未来一定时期内旅游经济发展的目标以

及实现该目标所作的各方面的安排和部署，它明确了国家或地区在未来一定时期内旅游经济的发展方向、规模和速度。为了保证旅游经济有计划、协调地向前发展，必须建立一套时间上前后衔接、内容上互相联系的计划体系。旅游经济发展计划体系具体包括以下内容。

（一）长期计划、中期计划和短期计划

这是根据计划期时间的长短而进行的划分。这些计划各有自己的职能。长期计划一般期限至少5年以上，具有发展战略性、预见性和纲领性的特点。其主要任务是解决旅游经济有计划发展的一些重大问题，如确定旅游经济的战略目标、战略重点，调整旅游经济结构，确定旅游经济的发展速度和战略布局，确定新旅游区、路线的开发及人才培养目标等。制订旅游经济长期计划的主要依据是国家经济发展计划中对旅游经济提出的任务和要求、旅游供求状况及国际旅游市场的发展趋势等。中期计划的期限一般为2～5年，作为旅游经济计划的基本形式，它是长期计划的具体化。中期计划的不确定因素较少，可以比较准确地衡量计划期各种因素的变动及影响，它需要对长期计划的各项任务给以具体的数量表现，并对实现计划目标的各项措施作出具体的安排，从而为编制年度计划提供依据。短期计划一般指年度计划，也包括更短的季、月计划，是实现中长期计划目标的具体执行计划。它需要具体规定本年度的具体任务和实施方案。

从旅游经济发展计划的时间序列上来看，长期计划具有决定性意义；中期计划是联结长期计划和短期计划的纽带，负有把长远的战略任务具体化和指导近期发展的使命；短期计划是具体的行动计划，是实现中、长期计划的保证。由于中长期计划期限较长，许多因素难以预测，因此应具有适当的弹性，即在执行过程中，可以根据客观条件的改变而适当加以修正，从而保证最终目的的实现。中、长、短期计划互相联系，互相制约，缺一不可。

（二）国家计划、地区计划和地方计划

这是根据制订计划的使用范围不同而进行的划分。国家旅游经济发展计划是由国家旅游局编制的。它是根据国家不同时期国民经济发展计划的安排，这是从整体利益出发，对整个国家的旅游经济在一定时期发展所作的全面安排。其主要任务是确定每一个时期和每年国家旅游经济发展的规模、旅游接待人次、旅游收入及增长率；确定主要的旅游客源市场，在国外设立旅游宣传与推销机构，进行旅游市场的调查研究，选择理想的旅游代理人；计划旅游产品的生产；促进与旅游有关的行业的发展，保证全国旅游从业人员的供给、培训和教育等。地区旅游经济发展计划是由省、自治区、直辖市的旅游局编制的。它是根据全国旅游经济发展计划和本地区的实际情况编制的，其主要任务是确定本地区的旅游接待目标，确定本地区旅游资源的利用和开发、旅游设施的建设，计划旅游物资的供应和旅游人才的培养等。地方旅游经济发展计划，是指有关市、县的旅游经济发展计划。它是根据前两种计划编制的，主要是从本地旅游资源出发，确定旅游点的建设和有关配套设施的建设，并在人、财、物的分配使用上作出具体的安排。

上述三级旅游经济发展计划，对一个国家来说，构成一个互相联系、互相制约的完整的计划体系。

四、旅游经济发展计划的主要比例和招标

旅游经济的发展是许多部门、行业组成的有机整体的协调工作的结果，它们之间客观上存在着一定的比例关系。为了旅游经济按比例协调发展，就必须正确计划这些比例关系。具体来说，这些比例关系主要包括以下几方面。

（一）国际旅游与国内旅游的比例

国际旅游和国内旅游是现在旅游经济的两大部分。对于经济发达的国家来讲，其旅游业的发展采取了先国内旅游、后国际旅游的发展模式。国内旅游在达到一定水平的基础上，自然过渡到国际旅游。因此，国际旅游与国内旅游基本上是同一个系统，无论从消费水平还是从其他方面讲，两者并无严格差别。但对一些经济不发达的国家来讲，其旅游经济的发展走的是一条先国际旅游、后国内旅游的发展模式。按照这个模式，二者之间必然会在一定时期内形成较大的差别。这种差别不仅体现在旅游消费层次上，而且体现在旅游接待设施水平及服务标准上，从而形成两个差别极大的专门系统。国际旅游与国内旅游既互相依存、互相促进，又互相矛盾。国内旅游是国际旅游发展的基础，它的发展规模和速度制约着国际旅游的发展规模和速度，如果没有国内旅游的发展，国际旅游的发展就没有充分的依靠和保证。同时国际旅游对国内旅游也有一定的促进作用。两者在相互依存的同时也存在着相互的矛盾。在一定量资金的情况下，投在某一方面的资金多了，投在另一方面的资金就要减少了；而且在旅游旺季的时候，国内旅游者与国际旅游者在某些共同的旅游基本设施与景点的使用上会形成相互争夺的局面，使供求矛盾更为尖锐。因此，在旅游经济计划中，要处理好两者的比例关系，以利于两者互相协调地发展。

（二）基本旅游设施与基础设施的比例

基本旅游设施，是指直接为旅游者提供旅行游览服务的设施，如饭店、餐厅、交通工具、娱乐游玩场所等，这是发展旅游经济的物质基础，其发展程度标志着一个国家旅游经济发展的水平。基础设施是使基本旅游设施得以运转的一切地下或地面的工程或建筑设施。它们虽然不直接为旅游者提供服务，但与旅游经济发展有着密切关系，如果基础设施不健全，旅游经济也是难以发展的。因此，基本旅游设施与基础设施之间的比例关系也是旅游经济发展计划应处理好的问题。

（三）基本设施各组成部分之间的比例

基本旅游设施之间，客观上也要求保持一定的比例关系。这种比例关系一方面体现在量上要相互协调，如交通设施与住宿设施之间、住宿设施与娱乐设施之间等数量上的协调，要保证各类设施充分发挥作用，不致出现有的闲置、有的不足的状况。另一方面，在质上即设施之间及同一设施各组成部分之间在规格、等级、类型等方面也要互相保持一定的比例关系，否则便会出现结构性的失衡。因此，必须保证基本旅游设施之间在量和质两方面的比例协调，才能使旅游经济活动形成比较协调的、适应不同需求的综合接待能力。

（四）旅游设施与旅游从业人员的比例

旅游设施是进行旅游经济活动的物质保证，设施正常运转需要会管理、懂技术、能操作的旅游从业人员，两者要保持恰当的比例关系。这一比例关系同样体现在量和质上：量

上要相互协调，避免设施闲置或人员冗余；质上要相互配套，要保证不同类别、不同层次的人员的需要，使不同的设施设备与不同层次的人员相互配合，提供高质量的服务。

此外，旅游经济发展需要国民经济中众多部门的协作。在计划主要比例的同时，不应忽视它与其他部门或行业的发展比例问题，特别是与交通、建筑、轻工、商业、农业等部门的比例关系问题。

旅游经济发展计划指标主要包括旅游入境人次、有组织接待人次、接待人天数、旅游外汇收入等。其中有组织接待人次是指旅游部门有组织接待的国际旅游者人数，它既包括外国旅游者，也包括我国的港澳游客和台湾游客；既包括入境过夜游客，也包括当日出入境的一日游游客。

五、旅游经济发展计划的编制与实施

（一）旅游经济计划的编制程序

计划工作的程序一般包括以下内容：估量机会，制定目标，确定计划工作的前提条件，拟订可供选择的方案，评价各种备选方案，选择方案，制订辅助计划，通过预算使计划数字化。

为了保证旅游经济发展计划编制的正确性，必须按照科学的计划编制程序来编制。旅游经济发展计划的编制是一项很复杂的工作。首先，要做好编制计划的准备工作，因为旅游经济发展计划不是凭空产生的，它是建立在大量的旅游经济信息的基础上的。因此，必须进行市场调查研究，收集必要的资料，在分析旅游经济各方面资料的基础上，预测未来旅游经济发展的趋势。其次，要选择适当的计划编制方法或模型，对这些信息进行定量分析。最后，在众多方案中选择最优方案，并确定计划指标。

旅游经济发展计划的编制应贯彻民主集中制原则，在制订计划时，要广泛吸收各界人士参加，包括有关部门、企业、院校代表。同时，要充分利用现代的计算手段，做好预测分析工作。列入计划的项目一定要经过可行性研究和经济技术论证。只有计划切实可行，才能保证旅游经济的稳步协调发展。

（二）旅游经济计划的编制方法

1. 投入产出法

这种方法最早是由美国经济学家瓦·列昂节夫提出来的。目前，世界上已有许多国家编制了投入产出表，并利用它来研究一个国家或地区的经济结构，预测未来时期的经济情况。1968 年，该法被联合国推荐为各国统计系统的组成部分。我国从 1974 年开始运用投入产出法编制全国的投入产出表。投入产出分析是利用数学方法和计算机的分析，考察国民经济各个部门之间数量依存关系的一种方法。所谓投入，是指各部门为了从事经济活动需要消耗的物质财富和劳务；所谓产出，就是指每个部门生产出来的产品和劳务。利用该法既有助于正确地确定各部门之间的比例关系，又有助于检查各种比例关系是否协调，也有助于在外界发生变化时，及时调整计划，以达到综合平衡的目的。

投入产出法的主要内容是编制投入产出表和经济数学模型，并利用它来进行经济分析和计划预测。由于编制时所采用的计量单位不同，投入产出法可以分为实物形态的投入产出表和价值形态的投入产出表。但由于这种方法计算过程过于复杂，实际运行中有些因素也无法分析，因此应用起来仍具有一定的局限性。

2. 线性规划法

线性规划是一种现代数学方法，是管理科学或运筹学中最成熟和应用最广的分支之一。一般认为，它是为解决第二次世界大战中的后勤供应问题而产生的，在1947年丹齐裕提出解线性规划的单纯形法之后，线性规划的理论体系和计算方法日趋完善。当今，随着计算机的发展，在发达国家，线性规划几乎已成为所有商业活动、工业生产和军事行动的一部分。在我国，线性规划的应用也日益广泛。

旅游经济发展计划追求的主要目标是在限定的客观条件下使旅游经济活动最优化，即在有限的资源条件（包括人力、原材料、资金、能源、设备等）下，使企业获得最大的经济效益。要达到这样一个目标，就必须在编制旅游经济发展计划时采用线性规划法。因为线性规划要解决的问题概括起来就是在一系列约束或限制条件下，把有限的资源在许多竞争性活动之间进行最优或合理的分配，这正是旅游经济发展计划所追求的目标。线性规划法的实质就是一个优化问题。它研究的主要内容包括两个方面：一方面是线性极大问题，即在资源给定的情况下，如何充分利用这些资源，使产量最高或利润最大；另一方面是线性极小问题，即在任务给定的情况下，如何合理地调配资源，使消耗最小或成本最低。旅游产品与其他产品一样，其产销经营同样要受到有限的资源、旅游设施设备、旅游人才、原材料、交通工具、能源、资金等条件的限制。要最大限度地发挥它们的作用，就必须运用线性规划法，合理统筹调配这些资源。例如，通过线性规划，确定交通运输工具发展到何种规模和水平，才能保证旅游接待量最大或最优；在接待量给定的情况下，确定如何合理安排旅游设备设施，减少闲置，降低成本，从而达到获取最大经济效益的目的。

3. 德尔菲法

这是一种借用希腊预卜未来的古神殿的名称命名的一种预测方法。这种方法是专家意见法的一种。它是邀请来自不同领域的有关专家若干名，由他们对所预测的问题提出各自独立（背靠背）的估计和假设，以量化指标书面提交主持人，经汇总后将结果发回给每位专家，专家们再进行新一轮的预测。如此反复，直到各位专家不再修改自己的意见为止，将最后一轮预测的中位数作为预测结果。

（三）旅游经济发展计划的实施

为了旅游发展战略目标的顺利实现，必须要有一定的落实措施做保障。旅游经济发展计划的实施就是将计划转化为行动的过程。为了更好地保证计划的执行，必须加强对计划实施的管理工作，通过目标管理，将计划指标分解落实到执行单位和部门，各执行单位和部门依据计划的要求，安排落实具体措施，采取有效的手段检查计划落实的情况。

旅游经济发展计划实施的过程，一方面是将计划的预测转化为现实的过程，另一方面是对计划不断修改的过程。因为计划是在一定预测基础上编制和预测的，预测由于受未来不确定因素的影响，经常会和实际发展产生一定的差距。因此，必须建立完善的计划监督机制，随时注意将实际与计划加以对比分析，找出形成差距的原因。如果是计划本身的问题，就要对计划进行修订，这就是所谓的滚动式计划编制法，即在每次制订和调整计划时，将计划期按时间顺序向前推进一个计划期，也就是滚动一次，而不是等全部计划执行后，再重新编制下一个计划期的计划。这种动态的计划编制方法，使计划更加符合旅游经济发展的实际，从而更具有权威性和指导性。

[思考与练习]

1. 简述旅游经济发展模式、旅游经济发展战略和旅游经济发展计划的概念。
2. 世界各国的旅游发展模式可归结为哪些类型?
3. 不同旅游经济发展模式的比较说明了什么问题?
4. 不同旅游发展观指导下的旅游业发展呈现哪些特征?
5. 制定旅游发展战略的依据是什么? 旅游经济发展战略有何内容?
6. 制订旅游经济发展计划的原则是什么?
7. 旅游经济发展计划有哪些编制方法?
8. 试述我国旅游经济发展模式的特点。
9. 试述我国旅游经济发展战略的内容。

参 考 文 献

1. 田里．旅游经济学．北京：高等教育出版社，2002
2. 马勇．旅游经济管理．天津：南开大学出版社，1999
3. 田孝蓉，李峰．旅游经济学．郑州：郑州大学出版社，2002